高中语文教学实践与核心素养

张宁建 著

海峡出版发行集团 | 海峡文艺出版社

图书在版编目(CIP)数据

核心素养与高中语文教学实践/张宁建著.—福州:海峡文艺出版社,2023.6
ISBN 978-7-5550-3343-1

Ⅰ.①核… Ⅱ.①张… Ⅲ.①中学语文课—教学研究—高中—文集 Ⅳ.①G633.302-53

中国国家版本馆 CIP 数据核字(2023)第 079552 号

核心素养与高中语文教学实践

张宁建 著

出 版 人	林 滨
责任编辑	蓝铃松
出版发行	海峡文艺出版社
经 销	福建新华发行(集团)有限责任公司
社 址	福州市东水路 76 号 14 层
发 行 部	0591-87536797
印 刷	福建新华联合印务集团有限公司
厂 址	福州市晋安区福兴大道 42 号
开 本	720 毫米×1010 毫米 1/16
字 数	310 千字
印 张	19
版 次	2023 年 6 月第 1 版
印 次	2023 年 6 月第 1 次印刷
书 号	ISBN 978-7-5550-3343-1
定 价	68.00 元

如发现印装质量问题,请寄承印厂调换

教育者,非为已往,非为现在,而专为将来。

——蔡元培

前　言

核心素养是21世纪初现代人所必备素养的集中体现。核心素养的培养，不仅有助于国民素质的提高，同时也为中国教育现代化的持续推进提供了方向。在核心素养理念的指引下，中国学校素质教育的发展方向、内涵和方式被内化在新时期经济社会发展需要的新型人才培养的要求当中。笔者认为，教育核心素养是指由教师按照学生的身心发展规律，引导学生健康成长，并帮助学生在身心发展的历程中根据不同的需要，学到相应的专业技能以及树立正确的价值观、人生观、世界观的综合表现。学生核心素养的培养，有助于他们在以后的人生道路上实现更好的发展。

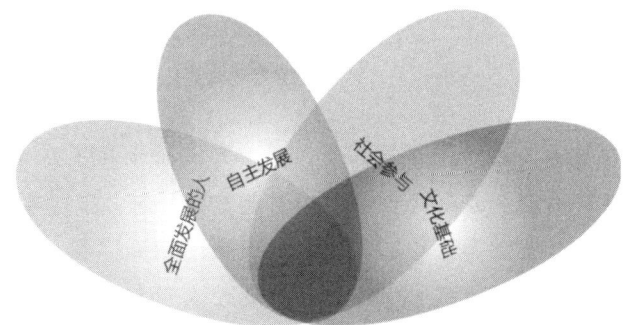

中国学生发展核心素养

从教育实践方面来说，核心素养必须与实际的教学活动相结合才能取得良好的效果，这就表明核心素养必须融入不同的学科，从而形成更加具体的学科核心素养。但从整体上来说，学科核心素养是一个学科的本质体现，也是该学科教育价值理念的体现。① 对于学生学科素养的培育有助于他们在这一

---

① 中华人民共和国教育部. 普通高中语文课程标准（2017年版）[M]. 北京：人民教育出版社，2018：6-7.

学科学习的过程中形成具有学科特色的正确的价值观以及关键能力和必备的品质。① 老师们唯有明白学科核心素养背后的教育理念，明白自己教学的课程对学生成长的重要作用和意义，充分发挥本学科在学生发展进程中的特殊作用，才能使学科教学与学生的发展方向相一致，从而推动每一个学生的全面成长。《普通高中语文课程标准》（2017年版2020年修订）指出，语文学科核心素养的发展离不开教师对学生语言能力的培养，它是在现实生活的运用过程中体现出来的语言能力及语言品质；是学生在语文学习的过程中得以培养的语言知识及能力、思维方法及品质、情感态度价值观的综合体现。② 语文学科核心素养主要包括4个方面，分别是："语言建构与运用""思维发展与提升""审美鉴赏与创造""文化理解与传承"。③（如下图所示）语文课课程的核心素养指学生在长期修习语文课程的教学实践中，逐步形成的适应个人终生成长的基本要求、适应国家经济社会蓬勃发展所需要的、具备语文课程本质特征的必要品质和基础技能。

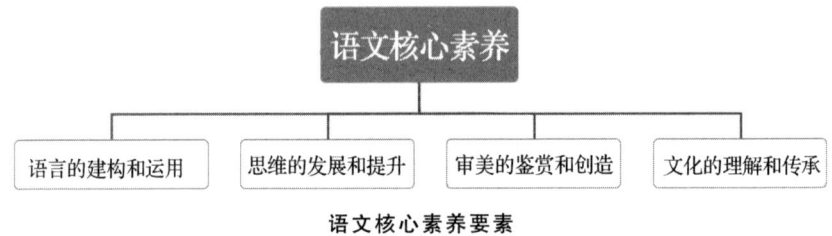

语文核心素养要素

时代在前进，社会在发展，我国的教育理念也在不断地更新发展，中国现阶段的教育内涵变革也逐步由"知识点基础"趋向于"素养基础"的体现。除了我国之外，全世界已经有相当多的国家意识到了核心素养在课程改革中的重要作用，他们不约而同地在进行课程改革时将发展学生核心素养放在了主要位置。由此看来，致力于发展学生的核心素养已经成为主流趋势。语文作为高中生学习中最重要的一个科目，并且是母语科目，对它的研究应该放在首位。首先，通过语文教学，一方面可以帮助学生积累与建构优美语言、

---

① 余文森. 从三维目标走向核心素养［J］. 华东师范大学学报（教育科学版），2016，34（01）：11-13.
② 中华人民共和国教育部. 普通高中语文课程标准（2017年版）［M］. 北京：人民教育出版社，2018：6-7.
③ 中华人民共和国教育部. 普通高中语文课程标准（2017年版）［M］. 北京：人民教育出版社，2018：6-7.

锻炼学生的语言表达及逻辑思维能力；另一方面也能促进我们民族的优秀传统文化在学生中得到传播，引导学生建立正确的人生理想，实现全面发展和终身发展。其次，伴随国家新一轮课改的全面展开，普通高中教学模式需进一步深化、教学方法需进一步变革、教学实践能力需不断增强。但是，目前高中语文老师在诸多原因的干扰下，在具体的语言课堂教学中还有许多局限性。这些局限性限制着高中学生语言专业基础素质的形成与提高。除此之外，在"应试教育"的作用下，很多语文老师对于学习对象的认识较为模糊，一些容易掌握、不是考核要点的东西只能一笔带过，而不能展开深层次的教学；针对比较复杂的语文知识点，老师在授课过程中很少给出有价值的信息，来帮助学生了解知识背后的真实含义。如此只是生硬地将知识点强塞给学生，这使得学生没有建立完整的认识框架，基础不扎实。由于老师们只是侧重对于表面知识点的介绍，却忽略了文本后面的人文内涵，也忽视了语文课程的教育价值，从而导致了学习者只能麻木地接触知识点，却不善于实践使用知识点。长此以往，将不利于学习者的语言建构与使用、逻辑思维的发挥与提高、审美欣赏与创作以及对中华文化的理解和继承。基于此，高中语文教师应改变教育教学的理念，从语文学科核心素养入手，逐步转变教学方法，以帮助学生形成真正的语文教学价值观；保持语文教学的激情和趣味，并寻找更适合学生的教学方式，提升教学效率，培养学生思维才能，从而促进学生坚定文化自信心，建立真正的价值观。

  教育部文件（2018年）明确提出，普通高中的语文教学要以中国特色社会主义理论体系为指导，根据中国语言教学的基本特征和高中生学语文的普遍规律，教学活动必须以语文课程的核心素养为活动纲领，以建设符合中小学生知识特点的语言实践活动为主线，设置"语文学习任务群"，以优化教师教学方法。基于学科核心素养进行高中语文教学设计，可以加强教师对核心素养的理解和在实际教学活动中的运用；创新教师教育理念，促进教师专业发展；让语文核心素养渗透进学生发展的方方面面，更好地帮助他们学习和生活。

  在这些背景下，本书的第一章对高中语文课程的发展现状、语文核心素养的四个维度以及核心素养在高中语文教学中的具体表现做了整体的介绍。从中我们了解到语文核心素养渗透于高中语文教学之中，有助于培养学生满足个体终身发展的需要、顺应社会发展要求的关键能力。本书的第二章介绍了基于核心素养理念的语言文字教学，主要包括语文素养下的语言文字运用以及语言文字运用的教学策略，对现代文语法教学的核心素养提升以及文言文语法教学的核心素养培育做了进一步介绍。本书的第三章介绍基于核心素养理念的阅读教学，主要从语文素养下的阅读能力培养、语文阅读教学策略、课内阅读中的语文核心素养提升、课外阅读中的语文核心素养培育四个方面进行详细讲解。本书的第四章对基于核心素养理念的写作教学进行介绍，主要包括语文素养下的写作能力培养、语文写作教学策略、写作教学中的技能培养、写作教学中的思维塑造四个方面。本书的第五章主要是介绍基于核心素养理念的课堂教学活动，其中包括语文素养下的课堂教学活动、教学设计目的、高中语文教学活动设计策略以及高中语文核心素养提升策略。本书的最后一章从学生观入手，以学生的眼光来看待语文教学中所体现的核心素养。如下图所示：

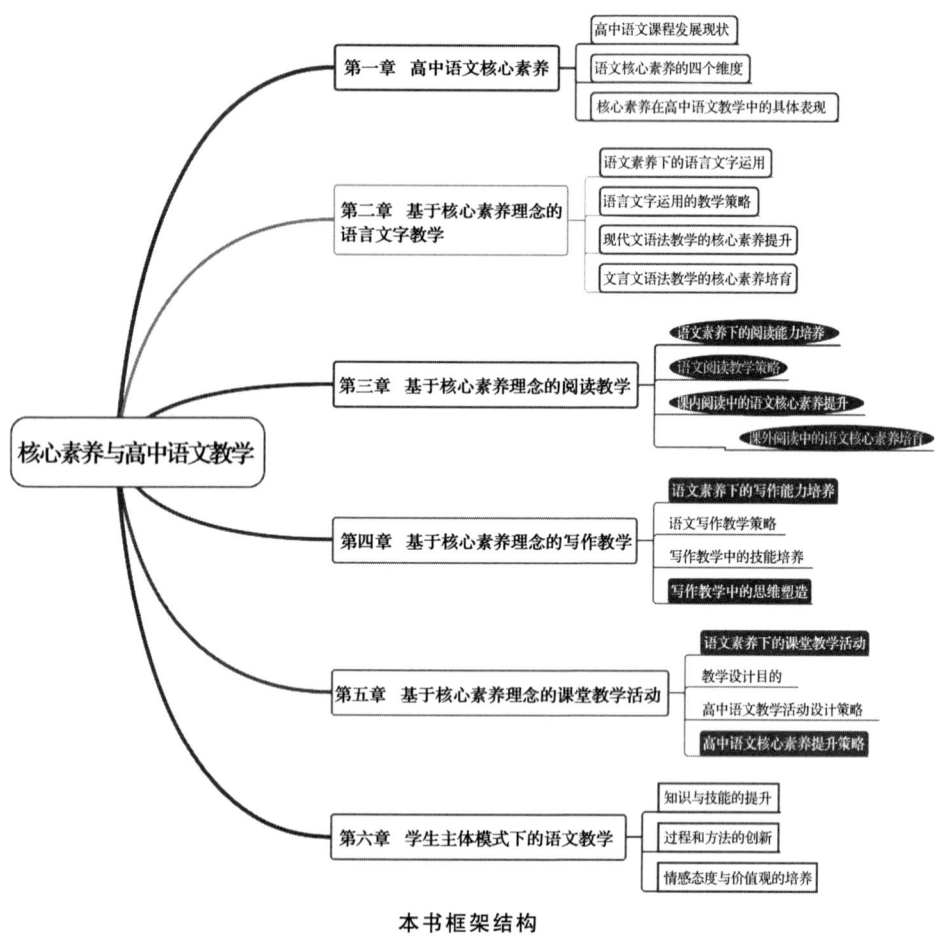

本书框架结构

目　录

第一章　高中语文核心素养 …………………………………………（ 1 ）
　第一节　高中语文课程发展现状 ……………………………………（ 2 ）
　第二节　语文核心素养的四个维度 …………………………………（ 13 ）
　第三节　核心素养在高中语文教学中的具体表现 …………………（ 24 ）

第二章　基于核心素养理念的语言文字教学 ………………………（ 30 ）
　第一节　语文素养下的语言文字运用 ………………………………（ 33 ）
　第二节　语言文字运用的教学策略 …………………………………（ 44 ）
　第三节　现代文语法教学的核心素养提升 …………………………（ 58 ）
　第四节　文言文语法教学的核心素养培育 …………………………（ 71 ）

第三章　基于核心素养理念的阅读教学 ……………………………（ 87 ）
　第一节　语文素养下的阅读能力培养 ………………………………（ 88 ）
　第二节　语文阅读教学策略 …………………………………………（ 95 ）
　第三节　课内阅读中的语文核心素养提升 …………………………（106）
　第四节　课外阅读中的语文核心素养培育 …………………………（123）

第四章　基于核心素养理念的写作教学 ……………………………（134）
　第一节　语文素养下的写作能力培养 ………………………………（135）
　第二节　语文写作教学策略 …………………………………………（140）
　第三节　写作教学中的技能培养 ……………………………………（158）
　第四节　写作课程中的思想塑造 ……………………………………（178）

第五章　基于核心素养理念的课堂教学活动 （187）
　　第一节　语文素养下的课堂教学活动 （187）
　　第二节　教学设计目的 （199）
　　第三节　高中语文教学活动设计策略 （202）
　　第四节　高中语文核心素养提升策略 （216）

第六章　学生主体模式下的语文教学 （237）
　　第一节　知识与技能的提升 （237）
　　第二节　过程和方法的创新 （257）
　　第三节　情感意识和人生观的养成 （271）

参考文献 （283）

后记 （289）

第一章

高中语文核心素养

核心素养是全球化与信息时代对人才培养提出的最新需求，指向核心素养的人才培养成为全球所有国家和地区的共同要求。我国的核心素养教育，具体到教学改革中，就需要根据学校教育的本质，形成各学科各阶段的核心素养体系，如表1-1所示。语文核心素养作为学校课程核心素养体系中最重要的一部分，是我国学校教育的主要构成，语文课堂则是培育学校核心素养的主要阵地。通过对语文核心素养构成要素的甄别及表述，我们形成了高中语文核心素养框架，如表1-2所示：

表 1-1 核心素养指标体系

三个方面	文化基础		自主发展		社会参与	
六项指标	人文底蕴	科学精神	学会学习	健康生活	责任担当	实践创新
八个要点	人文积淀／人文情怀／审美情趣	理性思维／批判质疑／勇于探究	乐学善学／勤于反思／信息意识	珍爱生命／健全人格／自我管理	社会责任／国家认同／国际理解	劳动意识／问题解决／技术运用

表 1-2 语文核心素养指标

素养指标	内涵阐释
语言运用	学生在语言实践中，积累语言材料和语言活动经验，掌握祖国语言文字的特点及规律，丰富语言个性，在具体语境中有效地运用祖国语言文字进行交流与沟通。
文学审美	学生在语文活动中，鉴赏、评价、表现文学作品的美的能力及品质。
文化理解	学生在语文学习中，积淀、继承、理解优秀语言文化的能力及品质。

第一节　高中语文课程发展现状

一、语文课程内容的内涵

关于语文课程内容的研究，很多学者已经认识到其无可比拟的重要性。"语文课程内容研究的缺失或含混，导致了教材内容代替课程内容和教学内容，导致了语文教学随意性太多而确定性不够，导致语文教学过多地依靠教师个人的才气和悟性，一些成功的教学样式难以得到推广。"[①] 越来越多的学者开始研究语言课程的内容。王荣生是最早关注"语言课程内容"的学者之一，他首先区分了什么是"语言课程内容""语言教材内容"和"语言教学内容"。从学生学习的角度来看，它是学习的对象，同样也是学习什么的规定。[②] 在著作《新课标与"语文教学内容"》中，王荣生依据张华的研究结果，进一步指出，语言课程的内容，可以分为两组。第一类是由学术界作出的作家、作品和解释，必须通过研究才能形成一定的读写能力和文化，我们称之为"定义文本"；第二组涉及概念、原则、技能、策略、态度、价值观等，这些是必须教授和学习的，以达到课程标准中所规定的阅读、写作和口头交流等熟练目标，我们统称为"语言知识"。[③] 倪文锦、谢锡金主编的《新编语文课程与教学论》一书中借鉴了夏特的课程观点，构建了"一个平衡的语文课程"，认为，语文课程内容由"学习语言、关于语言的学习、通过语言学习（这里的'语言'与我们的'语文'是同义词）三个部分组成"。[④] "学习语言"是"具有实践意义的听说读写的语言运用"，"通过语言学习"是"我们如何

[①] 李学. 搭建语文课程理论与实践的桥梁——评李山林教授《语文课程研究》[J]. 当代教育论坛. 2008.4.
[②] 王荣生. 语文科课程论基础 [M]. 上海：上海教育出版社，2003：292.
[③] 王荣生. 新课标与"语文教学内容"[M]. 南宁：广西教育出版社，2004.4.
[④] 倪文锦，谢锡金. 新编语文课程与教学论 [M]. 上海：华东师范大学出版社，2006：81-83.

使用语言来构建我们生活的世界图景","关于语言的学习"是"有关语文知识的学习",这三者在学生语文学习的"探究"活动中得以融会贯通。其实,有什么样的课程观就有什么样的课程内容,李山林从"课程即经验"的课程来源视角,把语文课程划为间接经验(语文知识)和直接经验(语文活动)。因此,他认为语文课程内容由语文知识内容和语文活动内容两大块构成。统观上述"语文课程内容"的研究,我们发现,"语文知识"是其殊途同归的指向,而关于"语文知识",基本上依据的是广义的知识观,即包括陈述性知识、程序性知识和策略性知识,如表1-3所示。因此,知识是语文课程内容的一个重要维度。依据王荣生对语文课程内容的区分,语文课程内容就是要承载语文课程的价值,达成语文课程目标的现实要素。对"课程内容"进行定义要接受"课程"定义的制约。

表1-3 语文知识内容安排表

知识与能力系统	知识内容
汉语	1.词语的积累和掌握;2.语境和词义;3.结构复杂的句子;4.句子之间的关系和句子的变化;5.语言的锤炼和规范。
读写与文体	1.文章的整体和局部;2.文章的构思;3.文章的情和理;4.质疑、阐发和评价;5.多角度观察和辩证思考;6.素材和题材;7.行文和修改。
口语	1.使用口语和演讲、辩论。
文学	1.文学鉴赏常识;2.文学发展常识;3.传统戏曲和影视文学常识。
文言	1.常见文言实词、虚词、句式和固定格式。
工具书	1.工具书和图书资料的运用。

但是事实上,我们研究的课程内容往往综合了三者的因素。依据李山林"课程即经验"的研究主导思路,语文活动主要是进行听说读写的活动,包括"言语认识性活动和言语实践性活动"。语文知识主要是关于听说读写的知识,包括进行听说读写的"材料性知识""概念性知识"和"方法、策略性知识"。[①] 韩雪屏研究语文课程内容的要素分解,首先审视了语文的传统定义,区分了语言和言语的不同,提出了语文课程内容的五大支点:"语文基础知识""言语范例""言语技能""语言文化"以及"语文生活"。如图1-1所示。

---

① 李山林.语文知识与语文活动关系之探讨[J].湖南教育,2006.8.

她进一步尝试语文课程内容的整体观念建构时，提出培养语文能力是主线，全面提供语文素养是终归。而她就德国、法国、英国、美国、苏联、日本和中国七国中小学的语文课程文件作比较研究时，确立的分析架构是三大要素项目，分别为"言语技能要素项目""语文知识要素项目"和"文学教育要素项目"。如图1-2所示。这里借鉴国外语文课程文件选择中的课程内容，认为语文课程内容就是由"言语技能""语文知识"和"文学教育"三大块构成。"言语技能"主要是阅读技能、写作技能和听说技能；"语文知识"则是语言学、语用学知识和语言的历史知识；"文学教育"主要从其知识功能、认识功能和发展功能上以及"文学教育的深层结构"上选择组织课程内容。

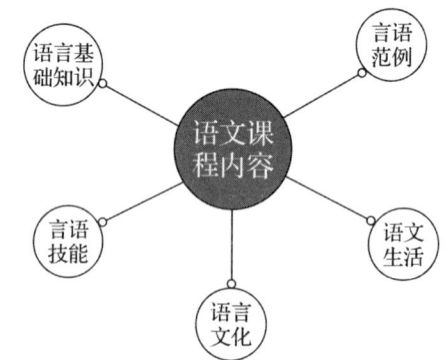

图 1-1　语文课程内容图

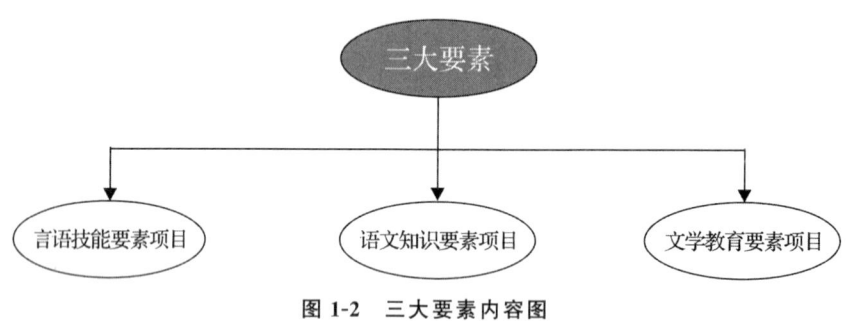

图 1-2　三大要素内容图

从一般课程内容选择的角度看，自然状态的语文课程内容要接受教育学和心理学的筛选。皮亚杰的认知发展概念将学生认知思维的发展分为四个年龄阶段：知觉—运动阶段、前操作阶段、具体阶段和形式阶段，如图1-3所示。从这个角度看，语言课程的内容具有连续性和阶段性的特点。而且，面对受过教育的人群，语言课程的内容应该是有一定顺序的，它是螺旋形的。

语言课程内容的连续性和结构化体现在我们对教育阶段的划分上，教育阶段应该呈螺旋状分布，由简单到复杂，由具体到抽象，如图1-4所示。李善林仔细考察了语言课程的内容，从语言课程和韩国的语言课程的内容分析框架中汲取灵感，按照"领域"—"项目"—"要素"—"要点"的顺序，对语言课程的内容进行了由粗到细、由小到大、由模糊到具体的研究。

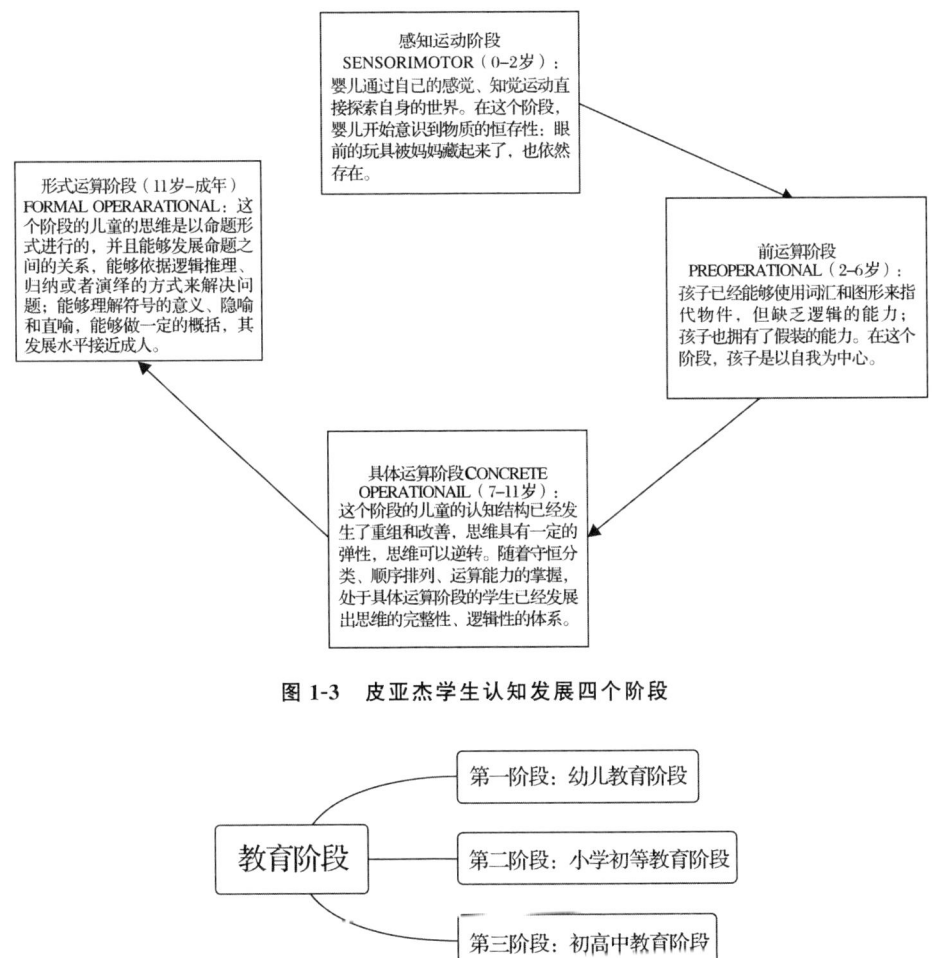

图1-3　皮亚杰学生认知发展四个阶段

图1-4　教育阶段分布图

因此，在某种程度上，语文课程内容具有确定所指，应该得到清晰的表述。语文课程内容的特点还表现在它具有区别语文课程内容与其他课程内容的独特性。首先，语文课程内容特殊在其目的是提高学生的言语技能。其次，语文课程内容必须由语言学、语用学来提供学生言语实践的环境。再者，语文课程内容关注学生的生命活动，与学生的情意联系起来，不但求真、求善，更求美。

二、高中语文课程的发展趋势

1922年新学制颁布后，我们开始着手课程改革，6月份刊布了"课程标准"《中小学课程标准纲要》，其中"语文"科就包含了四个，一律以"国语"称呼，高中部分这一时期有两份文件，其总体结构上都是沿着目的—内容（内容与方法）的编制思路。这两份由胡适起草的文件，分别是就高中公共必修的国语课程、"高中第一组必修的特设国文课程"而草拟的。这两份文件应该算是我国第一次正式颁布使用的高中语文课程文件。1927年开始，中国的政局发生了巨大的变化，中华民国大学院召开全国教育会议，决议聘请专家组成"中小学课程标准起草委员会"，着手制定课程标准。1929年中华民国政府教育部颁布三份语文课程标准，相对于小学的"国语"，中学称为"国文"。1929年的《高级中学普通科国文暂行课程标准》，整体上看，其架构是由"目标"—"作业要项"—"时间支配"—"教材大纲"—"教法要点"—"毕业最低限度"六部分来构成。语文课程内容主要呈现在"作业要项""教材大纲"和"教法要点"里，它由阅读、文法及修辞、作文练习三个要目组成。"作业要项"里，"精读"的对象是"教员选定整部的名著"，要关注的是"文学的技术"，这里"文学的技术"包括材料运用、思想条理性、人物描写的技术等。"时间支配"呈现出"讨论"读物、文法、修辞，作文练习与"评论"作文的课程内容。"教材大纲"里呈现出因精读的内容不同分为"专书精读"和"选文精读"；略读的内容则主要是名著或名著选本或文学总集或有价值的杂志。1932年和1936年分别颁布的《高级中学国文课程标准》，1940年颁布的《修正高级中学国文课程标准》以及1948年的《修订高级中学国文课程标准》，基本上都是以"目标"—"时间支配"—"教材大纲"—"实施方法概要（实施方法）"为架构，对"国文"课程作相关规定。1940年修正的课标，框架和内容呈现的方式几无变动，只在内容的细枝末节上稍作修饰，教材大纲部分，对精读的选文体式分年级作出了明确的比例标准，文体上，按照记叙文、说明文、抒情文、议论文的比重，逐学年有侧重。1948年的修订本高级中学国文课程标准，整体架构为"目标"—"时间支配"—"教材大纲"—"实施方法"，依然以1932年的为蓝本。在内容的呈现上有了变化，开始从选材范围、选择标准、选材分类、选材分配的角度，初现语文课程内容的教材化。首先，选材范围较广，涵括"一般公民在日常生活中，须要阅读的写作的语文部分"①。有关欣赏方面的，以文学的文体呈现；有关解说方面的，以书写对象的内容主体呈现；有关应用方面的，以应用文体的样式呈现。其次，选择标准，从内容、层次、论据、词调和生字生词的数量上以及文体的实际功用性上来选择，描述性语言的呈现上，表现出对学生前经验的尊重和语文实用性的关注。第三，选材分成了阅读与精读两类，这里就增加学生的阅读兴趣设定阅读教材的篇幅、字词难度、费解程度，精读酌量增选古代作品。1941年的《六年制中学国文课程标准草案》是个特别的文件，它是教育部根据第三次全国教育会议的"设六年制中学"的决议而制定的，学生一般是特别优秀的学生，专为升学目标而准备，为日后进入高等教育培植好基础，颁布后开始在指定的优秀学校试验。我们看其构架仍然是沿着之前的课程文件思路进行，而高中（相当于中学的第四五六学年）语文课程内容在时间分配的表格中，展现为：精读、略读指导、研究和习作四大课目。1986年，《义务教育法》颁布，全国开始普及义务教育，国家教委响应"减负""降低难度""要求具体明确"的精神，颁布了《全日制中学语文教学大纲》。因为文件名称本身没有任何的附加说明，这算是我国第一份正式的教学大纲，也是向实施义务教育过渡的大纲。而高中语文课程内容是以"教学内容和要求"的面目出现，包括能力训练、基础知识和课文三项。这三项的具体内容又是分条目细说的。能力训练中则涵盖了阅读、写作、听说三大领域。其中对阅读速度有了量化指标，"一般现代文每分钟不少于600字"，这在课程文件中是第一次对默读速度的要求达到如此精确程度。附录由推荐选文篇目和课外阅读书目组成，这里却是处于待补状态，篇目的选择由各地选择，由相关权威机构来审定。2000年颁布的试验修订版《全日制普通高级中学语文教学大纲》，在1996年的大纲基础上，修缮了框架，改为：教学目的—教学内容和要求—教学中应重视的几个问题—教学评估—教学设备—附录一、

---

① 课程教材研究所.20世纪中国中小学课程标准·教学大纲汇编·语文卷[C].北京：人民教育出版社，2001：320.

二、三。高中语文课程内容还是呈现在"教学内容和要求"中,调整为:阅读、写作、口语交际和课文四块,每一块的内容又是以细条目的形式呈现的。根据表1-4和表1-5,我们可以清楚地看到近百年来语文课程内容的变化。

表1-4 高中语文课程目标知识体系(1904—1941)

时间	文件名称	高中语文课程知识体系
1904	《奏定学堂章程》	凡学为文之次第:一曰文义……二曰文法……三曰作文……次讲中国古今文章流别、文风盛衰之要略
1912	《中学校令施行规则》	国文首宜授以近世文,渐及于近古文,并文字源流、文法要略及文学史之大概,使作实用简易之文,兼课习字
1913	《中学校课程标准》	讲读、作文、文字源流、文法要略、中国文学史、习字
1923	《新学制课程标准纲要国语课程纲要》	1.读书(精读、略读)。2.文法。3.作文。同时为文科生特高级中学公共必修的国文课设"文字学引论"和"文学史引论",教授中国文字学和文学史知识,以满足不同学生的需要
1929	《高级中学普通科国文暂行课程标准》	1.阅读(精读、略读)。2.文法及修辞。3.作文。4.读解古书的准备工作
1932	《高级中学国文课程标准》	1.阅读:(1)精读:语体文言分授,文言文第一学年以体制为纲,第二学年以文学源流为纲,第三学年以学术思想为纲;(2)略读。2.文章作法(文法、修辞、辩论术、3.作文
1936	《高级中学国文课程标准》	1.阅读:(1)精读:选取各时代中主要作家、作品,使学生对文学之源流及其发展有系统之概念;(2)略。2.文章作法(文法、修辞、辩论术)。3.作文
1940	《修正高级中学国文课程标准》	1.阅读:(1)精读:选取各时代中主要作家、作品,使学生对文学之源流及其发展有系统之概念;(2)略。2.文章作法(文法、修辞、辩论术)。3.作文
1941	《六年制中学国文课程标准草案》	1.阅读(精读、略读)。2.书法。3.文章法则(语体文法、文章体裁及作法、修辞学、辩论术)。4.应用文。5.文学源流、文字学大意及国学常识

表1-5 高中语文课程目标知识体系(1963—1996)

时间	文件名称	高中语文课程知识体系
1963	《全日制中学语文教学大纲(草案)》	语法、修辞、逻辑知识,文学常识,读写知识,工具书知识,识字、写字

续表

时间	文件名称	高中语文课程知识体系
1978	《全日制十年制学校中学语文教学大纲（试行草案）》	字、词、句、篇基本知识（文字、词汇、语法、逻辑，读写基本知识）
1980	《全日制十年制学校中学语文教学大纲（试行草案）》	字、词、句、篇基本知识（文字、词汇、语法、逻辑，读写基本知识）
1986	《全日制中学语文教学大纲》	读写知识、语法修辞知识、文学知识、文言语法知识
1990	《全日制中学语文教学大纲（修订本）》	读写知识、语法修辞知识、文学知识、文言语法知识
1996	《全日制普通高级中学语文教学大纲（供试验用)》	16项基础知识（词语的积累和掌握；语境和语义结构复杂的句子；句子之间的关系和句子的变化；语言的规范和锤炼；文章的整体和局部；文章的构思；文章的情和理；质疑、阐发和评价；多角度观察和辩证思考；素材和题材；行文和修改；实用口语演讲、辩论；文学鉴赏常识；文学发展常识；传统戏曲影视文学常识；常见文言实词、虚词、句式和固定式；工具书和图书资料的运用）

通过对近百年高中语文课程文件的考察与比较，我们发现，高中语文课程内容在呈现方式、构成要素、表述上都发生了不同程度的变化，这种变化的背后有着复杂的原因。政治制度因素是其中较大的原因之一，高中语文课程内容的每次大波折，必然受到政治制度的制约。政局的变化，或者学制的更改，必然影响到课程文件的制定。自然，语文教育不能脱离政治，但政治因素多了，必然导致语文课程内容偏离语文教育本身的规律。这就必然要求高中语文课程内容要按照语文教育自身的发展规律而存在。语文课程本质属性和功能的认识也是高中语文课程内容变化的原因之一。关于语文学科的性质，大致经历了工具说、文化性、人文性、实践性的变化，每一次的认识变化，课程内容便相应变化。工具说的背景下，高中语文课程内容多集中于狭隘的语文知识。文化性的统观下，高中语文课程内容多着眼于传统文化，以提高学生的人身修养。人文性的背景下，语文课程内容开始变得富有语文气息却不可捉摸。实践性的认定，使语文活动摆在一个非常明确的位置。如何统筹这种认识，是确定语文课程内容的一个窗口。汉语语言的模糊性也是一

大原因，它使得课程内容在表述上难以尽意。"汉语语法系统缺乏严整的非此即彼的规则"①。汉语本身就富有弹性，任何材料被汉语言表述后，便可能有丰富的内涵，因此对课程文件的解读会各有不同，我们只有尽量使用确定性的表述方式对语文课程内容给予尽可能清晰的界定。

"趋势分析的项目，就目的和品质而言，范围甚广，这类研究者在沿着时间洪流，追溯变化的主要趋势。"② 从内容维度分析高中语文课程文件，意在看到内容变化的一种发展趋势。语文知识是语文课程的核心内容，是朝向开放性动态发展的。新中国成立前课程纲要课程标准时期，语文知识由最狭义的文法知识扩展为语法知识和文章知识，以读者的"读懂"为基础。20世纪中期，除了之前的语法修辞知识外，语文知识吸纳了文艺理论知识，更加关注文体知识，强化了作家作品的常识性知识，帮助学生对文章的理解和欣赏。20世纪90年代以前，语文知识大多是陈述性知识，静态地存在于语文教学中。1996年的《全日制普通高级中学语文教学大纲（供试验用）》中所列的语文知识，已经初具操作性、策略性的观念，反映出知识观的改变。2003年新的普通高中语文课程标准从阅读与鉴赏、表达与交流两大模块出发，对学生操作性的程序性知识和策略性知识的学习提出了要求。高中语文课程内容的呈现方式上，从教学领域上"教学内容""教学要求"渐渐转向课程领域的"课程目标"。这涉及课程目标和内容之间的相关性问题。对此，王荣生认为语言课程内容与课程目标之间有三种对应关系，分别是"归属"关系，即课程内容属于课程目标，是"课程目标的直接组成部分"；"成就"的关系，即"课程的内容使有效实现课程目标成为可能"；"合规性"的关系，即程序的内容必须与程序的目标相对应。高中语文课程的内容在作文方面日益丰富，这可以从知识的扩展中看出来。在高中语文课程内容的呈现上，有几种方式，一般为条纹式和图解式，而在具体的言语构成中，则由封闭的提法逐渐向开放的提法靠拢，向学生达到"最低标准"而驰骋任意。指导知识和过程内容的活动是最具决定性和可操作性的表达。

---

① 乌兰哈斯. 关于语文课程内容的不确定性的思考［J］. 语文学刊，2009.3.
② 王石番. 传播内容分析法：理论和实证［M］. 台北：幼狮文化事业公司，1989.4：88.

三、高中语文课程发展现状

由于时代的发展，很多学生对语文课程比较关注，语文课堂的氛围也随之更加有活力，语文教学更加受到学生们的欢迎。语文老师的教学积极性也在不断提高，他们凭借自身多年来的教学经验以及对语文学科教学方式的理解，在高中语文教学领域获得了显著的成就。一些学生，或者在学校和教师的培养下，或者受到父母的帮助，或者受到了社会的某些因素的作用，语言知识更加稳固，并且掌握了相当优秀的语言文学技能。不过，从对高中生的调研也了解到，最常见的表现就是对语文阅读兴趣总体不大。如图1-5所示。受到未来职业需要和社会不同思想的影响，学生对语文课程缺乏广泛关注。在各种媒介的冲击下，中小学生普遍没有培养起读书的兴趣和习惯，课外读书的时间也较少。很多学生觉得学习语文就是为了应付考试，如图1-6所示。而语文教学的教材和技巧也全是围绕考试转。有些地区的语文教学中，老师片面地重视实际功能，偏重功利性的目标、立竿见影的目标，而忽视了对学生思想的培养；过度追求课程的体系，过分强调哲学理性知识的传播，而疏忽了语文教学的特色，从而弱化了对语句的积淀与语感的训练。所以，从总体上来说，由于高中生语文水准普遍不高，高中语文教学的确面临许多突出的问题。此外，学校在过去的教学体系中，往往忽视了教学主体和各地方学

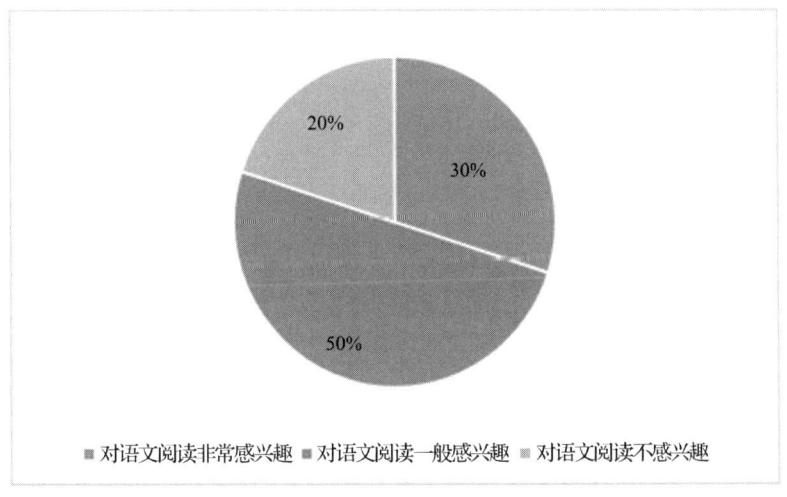

图1-5 中学生对语文阅读感兴趣状况

生的共同要求与特色，统一的班级、统一的课程、统一的考试，以一致的标准与方法来评价具有千差万别的学习者。简单的教学方法和简单的考核要求，限制了多维度的思维和个性化的感受、认知、表现，培养的是统一标准的人。而今天的世界需要多元化、有特点的人，在未来的世界更是如此。统一规范的语文课程体系已远远无法满足现代社会对教育内容的多元化要求，也已无法适应当代中国高中学生的需求。

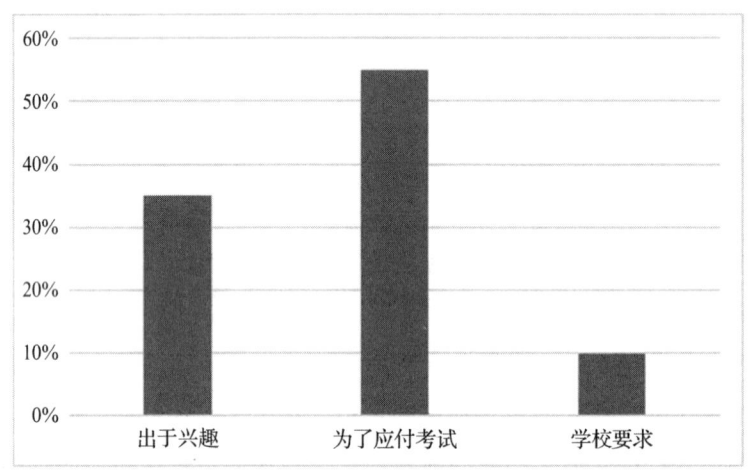

图 1-6　中学生出于什么目的学习语文

不断发展的经济社会变革对中学各学科教学普及提供了新的条件，而高中语文教育亦不例外。中学语文课需要符合经济社会发展的客观要求，准确体现国家意志和发展精髓，提升中学生的综合素养，让中学生增强喜欢祖国语言文字文学的思想感情，进而能够正确认识和使用祖国语言，有较丰富的话语积淀，语感和逻辑思维获得较完善的发挥，了解祖国语言文字文学等各方面的知识和适合自己的学习方式，进而具有较好的认知才能、表达与交流才能、基本的语言文本处理能力和较好的阅读习惯；在语言文学的陶冶中培育起高雅的审美趣味和能力，能自觉地传承和弘扬中华民族的先进文明，吸取人类社会先进文明，通过增加文化底蕴提高文化品位。中学语文课程还必须反映中学师生的共同人生价值追求，培养爱国敬业精神、乐于协作和为人民的敬业精神，富有社会主义思想道德、民族责任感和强大的社会责任心，富有科学技术素养和人文科学素养、宽广的眼界、创新能力和一定的创造力，最终养成自信进取的人生态度和积极健康的生存方式，学会正确认识事物的思维方式，尊重不同观点和多样文化；能参与社会实践，并在学习与活动过程中基本掌握独立思考与独立决策。由于我国社会主义市场经济体制改革的不断推进，经济社会发展的各个方面对人才培养的要求都出现了变化，这就需要彻底改变过去千篇一律的人才培养方式。面临工业社会和信息化社会发展的新趋势，学校也必须根据学生的学习风格特点、求知愿望和成长与发展目标等方面的个性化需求，来考虑构建全新的课堂。高中语文教育要能满足新时代发展的需求，就应该从教学的对象、内容以及学生的学习方法、教育方式和考核手段等方面进行整体的改造，要使全体学生都掌握必需的全面的语文素质，同时也要尽量适应学校对语文课程的多元需要，并尽量满足学校发挥自身办学优势的需要。

第二节　语文核心素养的四个维度

一、语言建构与运用

不同于其他学科，语文学科对语言的建构与运用的要求是独有的。因为语言是语文学科教学的基础，学生只有正确、熟练、灵活地运用语言，才能够真正掌握语文这一门学科所包含的知识内容；对于语言文字的有效运用也有助于培养学生的学科素养，让他们对我们民族的语言文字有更加深刻的了解。

"理解'语言建构与运用'的含义，首先需要弄清'建构'的内涵，其次需要弄清建构与运用的关系。"[1] 王宁教授的话为我们提供了梳理"语言建构与运用"内涵的思路。不仅如此，为了更具针对性地在教学中落实核心素养，应当对"语言建构"和"语言运用"二者作出更有实践性的内涵概括和意义确定。目前已经有学者和教师在对新课标理解的基础上对"语言建构"作出

---

[1] 中华人民共和国教育部. 普通高中语文课程标准［S］. 北京：人民教育出版社，2020：4.

了自己的分析和研究。王焕和乔桂英在《语言建构与运用视角下的阅读策略教学》指出：语言建构是在对语感、语理、语境意义理解的基础上，对语言运用规律的把握与运用。① 魏志军在《"语言建构与运用"在语文教学中实施的策略》中提道："学生语言能力的形成不是一蹴而就的，而是循序渐进的过程。学生往往在丰富的语言材料和言语活动经验的基础上，凭借直觉感悟和归纳逐步形成良好的语感。"② 这两篇文章都共同强调了"语言建构"应当建构的是学生的语感。关于语感的解释已经有了基本的共识。也有人认为语感也是一种能力③，官炳才认为"语感，是比较直接、迅速地感悟语言文字的能力，是语文水平的重要组成部分。它是对语言文字分析、理解、体会、吸收全过程的高度浓缩"④。王宁教授说过："语言感觉是一种不需要刻意组织就能自然运用语言和不需要来自外部的压力就能关注语言现象的习惯。语言感觉本身就是一种能力，又是形成更高语言能力的基础和初阶。"⑤ 由此，笔者认为语感是一种可以积累和培养的能力，是对语言文字的一种自觉且敏锐的感知能力。它是在长久反复的言语实践中，不断亲身体察，得到巩固和加强才形成的。魏志军进一步提出"语言建构"的教学实施步骤，认为首先要通过诵读来加强语感，其次要有目标、有联系地进行言语经验的建构，最后在文本的联系中，发现语言规律，增强语言理解能力。杨蚯鹏在《语言建构与运用在高中语文教学中的内涵浅析》写了语言建设和语言使用在高中语言教育中的意义。当我们强调语言学科的工具性和人文性时，我们实际上是在寻找文本意义的建构。显然，意义的建构建立在语言建构的基础之上。⑥ 所以我们认为脱离意义建构的"语言建构"是僵化且短暂的，要想"语言建构"是有效的、成功的，意义建构一定是与之相伴相随的，而不是机械的建构。郑桂华在《关于"语言建构与运用"理解的两个问题》对"语言建构"作出了详

---

① 王焕，乔桂英.语言建构与运用视角下的阅读策略教学［J］.吕梁学院学报，2019（04）：83.
② 魏志军."语言建构与运用"在语文教学中实施的策略［J］.学语文，2018（03）：8.
③ 徐云知.语感和语感教学［M］.北京：高等教育出版社，2004：19.
④ 官炳才."语言建构与运用"的教学实施策略［J］.中小学教师培训，2017（07）：46.
⑤ 王宁，巢宗祺.普通高中语文课程标准（2017年版）解读［M］.北京：高等教育出版社，2018：59.
⑥ 杨蚯鹏.语言建构与运用在高中语文教学中的内涵浅析［J］.语文教学通讯，2019（10）：17.

细且清晰的分析,"'语言建构'是一个缩略短语,要使其含义明确,需要加上主语成分,变成'学生通过语文学习建构自己的语言素养'或'教师通过教学促进学生建构一定的语言素养'"[1],明确了"语言建构"的主体和对象。郑桂华进一步补充:"合理制定内容目标,设计学习情境,示范学生曝光,参与语言学习活动"[2],来有效促进学生语言素养的建构。王宁教授对"语言建构"作了一个概括:"一方面,它指明了表达思想的目的,指明了根据语言的内部系统来建构言语的目的,指明了以词造句、以句造段、以章造句的目的。就是在个人演讲经验的基础上,逐步建立起自己的演讲体系,包括属于个人的心理演讲词典、措辞和表达风格。要在积累的基础上做,没有一定的积累是达不到这个程度的。"[3] 从中可以看出对一篇文章的细读的重要性,以及基于积累和经验的语言建构方法。王宁教授关于"语言建构"的内涵解读中还涉及一对关系,"语言"和"言语"。著名语言学家索绪尔首次区分了"语言"和"言语",即语言是同一个社会群体共同掌握的且意义是概括的;"言语"是个人的说话行为,是含有个人理解体验在内的,是具体的。王宁教授和巢宗祺教授在《普通高中语文课程标准(2017年版)解读》中说道:"语文课程面向的不是抽象的语言符号,而是活在人们口中和笔下,承载着思想感情的言语作品。"[4] 由此可以总结出,"语言"是具有普遍性、系统性、客观性和概括性的研究对象,而"言语"是个性的,带有主观意识的人与生活相联系下的头脑的产物;语文教学是在他人的言语作品中,提高学生语言能力的。在借鉴和提炼老师和学者的研究和解读基础上,笔者认为培养学生"语言建构"的能力是可以在教学中具体实施的;教学中的"语言建构"是有意义的建构;在教学中培养学生的"语言建构"能力,是一个基于广泛的语言篇目细读和实践活动来积累语感、积累言语经验的探索性、联系性的动态的教学过程。

《普通高中语文课程标准》(2017年版2020年修订)中对"语言建构与运用"的阐述,和"语言运用"对应的部分是"在具体的语言情境中正确有效

---

[1] 郑桂华.关于"语言建构与运用"理解的两个问题[J].语文学习,2019:5.
[2] 郑桂华.关于"语言建构与运用"理解的两个问题[J].语文学习,2019:6.
[3] 王宁.谈谈语言建构与运用[J].语文学习,2018(01):9.
[4] 王宁,巢宗祺.普通高中语文课程标准(2017年版)解读[M].北京:高等教育出版社,2018:59.

地运用祖国语言文字进行交流沟通的能力"。① 可以总结出"语言运用"的两个内容，一个是语言情境，一个是交流沟通。在教学实践中培养学生"语言运用"素养需要更加具体和有针对性的解读和边界的明确。杨帆在《"语言建构与运用"在课堂教学的实践路径》中的"语言运用"指在一定的情境中运用语言进行表达、交流、写作的行为。② 官炳才的《"语言建构与运用"的教学实施策略》认为，达成交际，是语言建构与运用的目的，具体而言，是指根据特定的语言情境，有效地使用口头和书面语言与不同的对象进行交流和沟通的能力，是指在交际情境和特定的历史文化情境中理解、分析和评价特定语言作品的能力；它是一种通过提炼和整合，将语言活动中获得的经验逐步转化为充满个性的语言学习方法和策略，并在语言实践中自觉运用的能力。③ 官炳才进一步明确，要在"说""读""写"中践行语言运用的教学过程。倪佳敏在《"语言建构与运用"管窥语文教育的规律》中认为"语言运用"是语言材料经过思维的整合概括所提炼出来的运用方式。④ 王宁教授在《语文教学与提高语言运用能力》中提到"语言运用是人的一种行为，没有语感靠着刻意的理性分析是无法提高语言运用水平的"。⑤ 王宁教授的观点说明了语言运用中语感和语理结合的重要性，这就要求在广泛的语言材料和实践中来总结语理和培养语感。

在分别解读"语言建构"和"语言运用"的内涵时可以发现，二者之间存在着密切的联系。明白二者之间的关系有利于在教学中更好地进行内容设计和实践操作。已有学者对"语言建构"和"语言运用"之间的关系作出自己的阐述。杨帆在《"语言建构与运用"在课堂教学的实践路径》中说到"语言的建构是为了运用，语言的运用又促进了语言的进一步建构，所以'建构'和'运用'相辅相成、相互促"。⑥ 时健红在《浅谈核心素养视角下语言建构与运用能力的培养策略》中写到"语言的建构与运用是一个由外到内，又由

---

① 中华人民共和国教育部. 普通高中语文课程标准［S］. 北京：人民教育出版社，2020：4.
② 杨帆. "语言建构与运用"在课堂教学的实践路径［J］. 语文建设，2018（12）：16.
③ 官炳才. "语言建构与运用"的教学实施策略［J］. 中小学教师培训，2017（07）：49.
④ 倪佳敏. 从"语言建构与运用"管窥语文教育的规律［J］. 东南传播，2018（10）：135.
⑤ 王宁. 语文教学与提高语言运用能力［J］. 中学语文教学，2005（08）：59.
⑥ 杨帆. "语言建构与运用"在课堂教学的实践路径［J］. 语文建设，2018（12）：18.

内到外的这样一个循环又综合的过程"。① 曹蕾在《"语言建构与运用"的理论理解与实践反思——兼对高中语文阅读教学的思考》中认为建构与运用背后存在着一定的逻辑思维，语言建构与运用都是逻辑的产物。② 郑桂华从逻辑关系的角度分析"语言建构"和"语言运用"之间的关系，认为这二者之间存在三种关系，第一种是"同质关系"，即"语言建构"和"语言运用"是同一个事物，讲的是一件事；第二种关系是"并列关系"，即二者没有包含关系，只是属于同一个类型里的两个事情；第三"因果关系"，即两者之间有前后发展的顺序，有系统的结构。最后她从建构主义原理出发，认为"人这一认知主体对客体世界的认知过程，同时也是主体认知能力的建构过程，一个人的语文学习过程，就是语言运用过程，同时也是其语言素养的建构过程"。③ 王宁教授和巢宗祺教授在《普通高中语文课程标准（2017年版）解读》中也说过："建构是运用的前提，而运用则是建构的重要途径"。④

二、思维发展与提升

思维发展是最根本的语文教学核心素养，同时也是"语文教育的重要使命和目标"⑤。思考活动是指人脑依据对客观事物的反馈，自主完成概念、判断、推论等认知行为的活动。而思想拓展与提高，则需要教师在课堂教学中，更加重视对学生的思维能力的训练，以及思想素养的提高。在语言练习中，学习者能掌握对语言文学形式的直观感受，并积极进行思考与联想，从而培养形象思维能力；能辨别、对比、分类、归纳文学语言形式和意象，并能辩证地看待文学作品，有条理地表达自己的观点，从而开展逻辑思想；强化逻辑思考练习，培养学生逻辑思维深刻性、灵活性、快速性、批判性、独创性

---

① 时健红.浅谈核心素养视角下语言建构与运用能力的培养策略［J］.科学大众（科学教育），2019（1132）：23.
② 曹蕾."语言建构与运用"的理论理解与实践反思——兼对高中语文阅读教学的思考［J］.语文教学通讯，2019（06）：23.
③ 郑桂华.关于"语言建构与运用"理解的两个问题［J］.语文学习，2019：7.
④ 王宁，巢宗祺.普通高中语文课程标准（2017年版）解读［M］.北京：高等教育出版社，2018：60.
⑤ 贡如云，冯为民.高中语文核心素养的实质内涵及培育路径［J］.教育理论与实践，2017，37（05）：52.

等，从而提高思想素养。

美国教育家杜威主张中学教师要注重学生的思维能力训练，并把激发学生思考、培育学生思维能力，作为教育评判的重要尺度之一。杜威在思想和教学中强调思想的可形成性。他认为，教师必须在教学中创造情境，以激发学生的心理活动。受杜威思想的影响，美国心理学家布鲁纳提出了"在发现中学习"的概念。布鲁纳在教育中主张把培养学生独立思考的能力作为教学发展的目标，优先发展探索性思维，强调学生独立发现和解决问题的能力。基于概念的教学。"支撑并贯穿所有形式的教育的中心目的——教育的基本理念——是培养思维能力"，美国国家教育协会在其2011年的文章《美国教育的中心目的》中断言："强化并贯穿于所有各种教育的中心目的——教育的基本思路——就是要培养思维能力。"① 中国语文领域自古以来就讲究"思"，《论语》中早有"学而不思则罔，思而不学则殆"，用来加强"学"与"思"的联系。《中庸》将"博学之、审问之、谨慎之、明辨之、笃行之"视为治学的基本标准。而在中华传统文化教育当中的"思"多为"领悟"之意，与语文教育内涵"思考能力发展与提升"这一理念中的"思"概念截然不同。《普通高中语文课程标准》（2017年版2020年修订）则强调了培养学生语言基本素质，其课程目标主要涵盖了强化形象思维、开发创造力、提高思想水平。

高中阶段是中学生逻辑思维培养与思想品格提高的绝佳阶段，语文课程是逻辑思维培养的功能型课程，具有逻辑思维培养的特殊优势，合理的语言指导不但可以使学生在学习中养成优秀的思维习惯，更有助于学生突破思想限制、锻炼逻辑思维、养成优良的思想品格。而逻辑思维的发达程度也决定了学生语言运用能力的强弱，两者彼此相依、互为表里。言之有物、逻辑清澈的语言，体现出表述者思想架构严谨、思想品格优秀；而矛盾不清、矫揉造作的语言文章，则体现出表述者思想层级较低、思维技能进展滞慢。而目前的语言教育，特别是写作教育，常常过多地关注于语言"优美"，却忽略了对逻辑思想的培养。如无思想的支持，再美的话语也只能"浅薄"地"空谈"、"低级"地"为赋新词强说愁"。所以，在语文教学活动中有认识地进行思考练习，既是培养"思维发展与提升"语言素质的必然需要，也是提高学生语文综合能力之旨归。

---

① 王帅. 国外高阶思维及其教学方式［J］. 上海教育科研，2011（9）：31-34.

三、审美鉴赏与创造

审美鉴赏与创造是语文基础素养的关键构成要素之一，是指以对文字理解为基础，通过感受体会文字的精妙，通过剖析品味文字内涵，通过评价表达文字内核，通过创作表达自我灵魂。由此可见，"审美鉴赏与创造"绝非单纯的文字解读，它既是对文字认知的结果，也是文学塑造的过程；既要有对文字内在系统的细致剖析，也要有对倾注人生感受的唯美表现。在语文课堂教学中，教师应培育学生对汉语言文学丰富的情感；指导他们赏析鉴评各时期、各地区、各种类型的文学，分析归纳语言表达特点、感受体味情感的能力；赋予他们丰富的审美创作自由，引导学生辩证审美、个性发挥。

"文学"是语文教学中亘古永恒的主题。"文"字，本义为"花绉""纹理"，后引申为"文本""篇章"。由此可见，一首优美的"散文"就如一幅绣满纹饰的华美衣袍，带给人无限的审美。孔子以诗能够"兴观群怨"的观点，充分肯定了文学的审美意义和哲学意义。刘勰的《文心雕龙》则从多种角度充分肯定了文学的社会审美艺术价值，如《物色》则提出了"情以物迁，物以情发"，重视了文学的情感审美价值；《声律》篇中谈到"吟咏滋味，流于字句，气力穷于和韵"，强调文学的音律节奏审美观；《丽辞》中提到"体植必两，辞动有配"，重视对文学中创造性艺术表达形式的审美观。审美的内容并不仅局限于小说的政教方面，更包括小说的语言文字、表现手法、旋律韵律、人物形象、情景设计等。改革开放以后，文艺美学理论也逐步形成了文艺理论研究的新潮流。"文艺的基础或最终核心是美学，在此基础上，需要用美学本身的内在标准来衡量文艺。"[①] 因此，我们应该相信，审美是文艺的主要特征，它对文化鉴赏以及价值观的形成都具有重大作用。梁朝萧统编写的《昭明文选》创新了文选体例，为当时乡学的标准课本，这个体系一直沿用了下来。叶圣陶就曾认为："课文不过是一种比喻。"自古以来，语文教学中的阅读始终是以一篇篇文质兼美的作品展现在我们眼前，进一步培养我们的审

---

① 杜卫. 关于"文学审美论"问题 [J]. 学习与探索，1999（04）：86-91.

美情趣，增强我们的审美鉴赏能力。"学习语文等于学做人"。① 早在先秦时期，孔子就提出了"礼乐教化"思想："兴于诗，立于礼，成于乐"，他对文学的政教功能十分重视。与此同时，西方的思想家们也逐渐重视美育的重要价值，柏拉图在《理想国》中谈论公民教育时，强调"教育心灵"的重要性。18世纪思想家席勒针对当时工业革命冲击原有的社会体系，民众的道德感和正义感不断滑坡的社会背景，提出"正是通过美，人们才可以达到自由"。在这里，席勒第一次系统提出审美教育理论，并思考了相关的审美教育实践途径。中国近代以来，大批文学家纷纷肯定审美教育的重要性，并将此与提升国民素质、谋求民族复兴联系起来："王国维总结出自然之人通往道德之人的'桥梁'是审美，是以美引善的过程"。② 蔡元培先生则明确美育的目的："美育者，应用美学之理论于教育，以培养感情为目的者也"，③ 进一步肯定审美教育的价值。落实于语文教学之中，审美教育则更有其不可或缺的作用。现今，语文教学过于应试化，埋头"刷题"、肢解"文义"、灌输知识等僵化教学模式导致语文特质不断丧失，语文教育学者痛心疾首地指出："中国人学了2700课时的语文课，语文素养却还是不及格，都是因为只顾刷题了。"因此，审美教育是发挥语文教育特质的重要手段。童庆炳指出："必须从'人的建设'的高度来定位语文教学的观念。"

在互联网的进一步发展、各式信息不断轰炸的今日，极速蓬勃的大众文化对语文教育也有着不小的冲击。学生们学习语言文字的途径，早已不仅仅是语文课本和几本杂志名著，更多的是短视频 APP 里的"快人快语"、网络文学的"快意恩仇"、电视剧电影的"流行词句"等，而这类文化良莠不齐，对青少年还未成熟的审美观有着不可估量的巨大影响。这类文化的共同特点是理解门槛极低，语言简单易懂、思想内核浅薄浅陋、无底线地迎合读者观众心理，使得不少学生沉迷其中。久而久之，学生没有耐心、也没有能力赏析一篇优秀的作品。学生的审美情趣、审美感知力、审美鉴赏力无法得到培养，更遑论审美创造力了。因此，语文教育关注审美鉴赏与创造素养的培养

---

① 于漪. 弘扬人文 改革弊端——关于语文教育性质观的反思［J］. 语文学习，1995（06）：2-5.

② 吴颖婷. 王国维的教育思想对中学语文教学的启示［D］. 南京：南京师范大学，2018.

③ 蔡元培. 蔡元培美学文选［M］. 北京：北京大学出版社，1983：174.

也是时代所驱。但值得注意的是，对于大众文化，教师并不应一味排斥。培养审美鉴赏与创造素养的途径也绝不仅仅是教师"曲高和寡"的尴尬"独角戏"，而是应在丰富有趣的语文活动中，全方位提升学生审美品位和审美鉴赏力：如让学生在广阔多姿的社会生活中发现真正的美，而非矫揉造作的无病呻吟；让学生在人情练达中体会情感的复杂深刻，而非虚伪低级的情绪轰炸。因此，在信息媒体技术飞速发展的今天，语文教育对培育审美鉴赏与创造素养的呼吁，比任何时代都来得迫切。

四、文化传承与理解

所谓"文化传承与理解"素养就是指要以中华民族优秀的传统文化为基础，更深层地了解和认同中华民族优秀的传统文化，自觉承担起把中华民族传统文化发扬光大的责任。对于其他国家的文化，要有开放包容的态度，理性看待不同国家不同民族之间文化的差异性，求同存异，尊重其他民族文化。与此同时，树立高度的文化自觉性和文化自信力。

传承有传递和继承的意思，"文化传承"从字面来看就是对文化的传递、继承和弘扬。明末清初思想家方以智在《通雅》中说"古今以智相积"，意即从古到今，文化（智）是经由一代又一代积累起来的。这表明"人类的文化是一个不断传承的过程"。李学勤认为"文化的传承实际上就是文化的存在"，如果没有传承，文化就会断绝，文化因传承而得以存在和发展。文化传承是一个国家或民族在发展过程中，将包括价值观念、思维方式、道德情操、行为准则、人格修养和民族精神等在内的各种文化因素组成的文明成果加以积淀和继承。我们优秀的中华文化就是在一代又一代中华儿女的传递与继承中发扬光大的。中华民族历来十分注重文化的传承，至圣先师孔子"注六经"便是最好的明证。还有许多其他解经论经的注疏，都是对前人文化的传承与发展。文化传承的途径是多样的。如最原始、最简单的口耳相传和较为系统的著书立说等，教育则是最常见最广泛的文化传承途径。从发展历程来看，文化与教育几乎是同时产生的，二者有着密切的关系。一方面，文化的形成与传承离不开教育。文化是人类社会群体创造的精神财富，其构成要素必须为一定的社会群体所共有，某一个体的思想、观念等文化要素是不能称其为文化的，只有被大多数群体成员所接受，才是我们所讲的"文化"。而个体的思想观念要被群体接受和掌握，必须经由包括教育在内的传递、传播过程。教育在文化形成过程中发挥着不可或缺的作用。教育作为培养人的活动，将人类创造的生产生活经验传授给下一代，促进后来人的智力发展，这个过程就包含了文化的积淀和传承。所以，文化传承离不开教育，教育是推动文化传承和发展的关键途径。另一方面，教育本身就是一种文化要素和文化现象。作为文化的一个构成要素，教育无法脱离文化环境而进行，任何一种教育都受到一定的文化传统的影响。而教育过程又无不充满着文化的传递。以学校教育为例，学生在学校学习的不仅仅是知识，更有价值观念、思维方式等文化性内容的学习，既有对中华优秀传统文化的学习，也有对世界不同民族文化的了解。此外，学校的环境、制度、校训等都属于校园文化，会潜移默化地对学生产生精神层面的影响。我们现在常讲的"大学精神"也是一种文化，它是一所大学在长期的办学实践中积淀形成的理想追求、道德准则、思维方式和行为习惯，是带有本校特色的人文精神和科学精神的综合。这种精神文化内涵影响了学生、学校乃至社会的精神面貌，本节将要讨论的"文化传承"则是在基础教育的高中阶段，将语文阅读教学作为"文化传承"的一种途径。这里，传承的主体是学生，传承的对象是"文化"，尤其是中华优秀文化。

　　文化理解，重点在于"理解"。关于"理解"的研究最早来自解释学和心理学。德国哲学家施莱尔马赫将理解视为认知方式和心理功能，狄尔泰指出理解的本质是在自我意识中重新体验他人，海德格尔认为理解是人的存在方式。这些思想和观点都体现了理解对于人类的重要性。根据心理学观点，理解是人的大脑对事物的分析，是人脑对事物本质的认识。理解某事物即知晓、了解和领会该事物的天然和所以然。伽达默尔指出"理解"是人们把艺术品、文本、传统等理解对象中有价值的东西"译解"成自身理解世界的方式。他认为理解是有历史性的，理解者所处年代、环境和地位的不同会对文本的理解产生影响并制约着文本的理解，即"一切理解都必然包含某种前见"。所以，"文化理解"就是对文化本质的认识，包括对某种文化的历史渊源、来龙去脉及其内涵、价值的知晓、了解与领会。而且，文化理解会受到主体所处的时代、成长环境、教育背景等因素的影响。在世界各民族文化激烈碰撞的全球化时代，文化理解也被赋予了重要意义和新的含义。全球化不只是地理意义上的，也不限于经济领域，它还体现在文化的融合与重建方面。在全球化进程中，只有增进不同文化之间的相互理解和尊重，才有可能保持长久的世界和平，而文化理解的缺失则容易导致文化隔绝或文化霸权进而引发战争。因此，在文化多元的全球化世界，文化理解不仅是对本民族文化的理解，还包括对其他国家和民族文化的认识与理解。严格意义上来说，这种对不同文化的理解应当称之为"跨文化理解"。跨文化理解是一种能在全球化时代与世界他人和平共事、共同生活的能力，涉及知识、态度、情感和行为，强调学习和理解不同文化，承认共性和差异。文化理解和跨文化理解虽是两个不同的概念，但二者存在交叉和重合。广义的文化理解包含了对本民族文化和其他文化的理解，从这一点来说，文化理解包括了跨文化理解。那么，可以将跨文化理解看作是文化理解的一种特殊形式。本文谈及的"文化理解"在此不作区分，既指对中华文化的理解也包括对世界其他民族和地区文化的理解。

通过上述内容我们可以明白"文化传承"的对象是中华优秀传统文化、革命文化和社会主义先进文化，而对其他民族和地区的文化则是要理解并借鉴其中的精华。而除了"跨文化理解"外，对本民族和本国文化也存在理解的问题。我们只有深刻认识和理解了本民族的这些优秀文化，才能更好地传承和发扬它们。可以说，理解是传承的前提，理解中华文化的深厚内涵和丰富价值为其传承提供了源源不断的内生动力。所以，也有人提出"文化传承与理解"应改为"文化理解与传承"，因为先有理解，才能传承。但语文课程标准之所以采用"文化传承与理解"，正是因为其侧重点不同，是为了突出强调对中华优秀传统文化的传承，以及在文化多元的全球化世界中对不同民族和地区文化的理解。现如今，随着科学技术的不断发展，世界各国的联系日益密切，国家与国家之间的文化交流也日益密切。我们在接受、包容他国文化的同时也要警惕外来文化对本国文化的入侵，尤其是青少年，很容易受到外来文化的影响。在这样的背景下，弘扬传统文化，让更多的青少年了解本国的优秀文化正是语文学科要做的。因此，语文教学应该牢牢扎根于历史悠久的中华传统文化，取其精华，去其糟粕。用优秀的文化来教育青少年们，把他们塑造为栋梁之材，为国家的发展贡献自己的一份力量。

第三节　核心素养在高中语文教学中的具体表现

　　培养核心素养是实施素质教育的必要一环，是对新时代我们国家中学生的具体发展更加具有针对性的要求，是教育领域的一种创新。而语文核心素养则是核心素养在语言领域和语文学科教学价值的更具体表达。社会各界对语言基础文化的内容和意义已经有了一致的认识，可以概括为语言的建构与运用、思维的发展与完善、欣赏与审美创造、文化的传承与理解四个维度。这四个元素是不同的，每一个都有自己的侧重点，但它们又是相互联系的，有共同点的。它们在几个方面对高中阶段的语文教学有重要的影响。

一、语文教学中体现语言能力

　　语言建构和应用是语文基础知识和最具备语文专业特点的基本素质。思想、艺术、人文素养等是以语言建构和应用为核心的。它主要为了适应现代人的社会交流需要，它和社会的联系不可分割，随着社会的历史变迁而不断改变，从而更好地发展社会。在日常生活中，"言语"一词往往具有比话语更为丰富的含义，话语是指一个特殊情况下，所有的社区居民之间为了交流信息所使用的一些约定俗成的方式，而言语则是指社区内其他人对这些言语方式的认识、运用的结果。在这里，我们所要了解的究竟是在社会某个层次上的稳定性，还是社会约定俗成的语言？话语结构是使学习者掌握有普遍意义的话语结构，如声音、语义、词汇、句法等，了解话语使用的规律。有时讲话者出于自己思维表达的需要，常常会在某种特殊情况下创造性地采用某些新语言，因为话语结构具有层次性和很大的弹性，语言便变成一个具有弹性而又非常经济的工具。新句式尽管较多，但都是在原来语句的基础上重新组合，而且新句式又有相应的规则可循，所以只要讲话者和听话者使用同门语言进行沟通，那么对双方来说，运用和掌握新句式都是相当容易接受的。语言构建与使用的目的是让学习者了解并熟悉语言在实际使用时的一般性规律，并能够灵活运用于口头与书面的表达之中。

在高中的语文教材中充分体现出语文学科的核心素养，其中非常典型的便是语言能力。针对此，高中语文教师一定要透彻研究语文教材，运用多种多样的技术、方式、手段，将教材中的核心素养展现给学生，大胆地尝试，开展多样教学，从而帮助学生进行语言构建，培养学生们的语言能力，如表1-6 所示。

表 1-6 语言文字运用课程目标

语言文字运用课程目标
1. 注意在生活和跨学科的学习中学语文、用语文，在学习和运用的过程中提高语言文字应用能力。
2. 能综合运用在语文与其他学科中获得的知识、能力和方法，读懂与自己学识程度相当的著作，运用多种方式展开交流和讨论。
3. 阅读应用文，能把握主要内容和关键信息。能根据需要，按照有关格式和要求，写作应用文，力求准确、简明、得体。在学写应用文的过程中，培养对事负责、与人合作的精神和严谨细致的作风。
4. 在实践活动中增强口头应用的能力，能根据交际的需要，选择恰当的时机和场合，提出话题，敏捷应对，注意表达效果。参加演讲与辩论，学习主持集会、演出等活动。
5. 联系语言文字应用中的现象和问题，阅读有关著作，尝试用所学的知识和方法作出解释；了解语言文字法规的有关内容，增强规范意识，学会辨析和纠正错误，提高语言文字应用的正确性和有效性。
6. 观察语言文字应用中的新现象，思考语言文字发展中的新问题，努力在语言文字应用过程中有所创新。
7. 拓展运用语言文字交流的途径，学会用现代信息技术辅助交流，如使用计算机进行编辑、版面设计，制作个人网页和演示文稿。

例如，阅读教学的时候，语文教师不但要将文章所表达的思想讲解透彻，还要给学生一些机会，让学生说出对于此篇文章的理解以及给予怎样的评价。高中教材中鲁迅先生的文章是很好的教学案例，因为鲁迅先生的锋利文笔、作品的丰富内涵，非常适合培养学生的语言能力，提高学生的阅读能力。以《记念刘和珍君》为例子，教师必须带领学生们了解当时的年代背景，才能透彻地分析文章，还要引导学生将自己的幸福感受与那时进行对比，给予学生足够空间进行想象，以感受作者想要表达的激动和愤慨之情，从而无形中培养他们的语言能力。带领学生深入地理解和分析此篇文章，学习其中重点片段，试着模仿语言表达，使用有力的文字去表现心中的情感，培养学生语言文字表达能力和语言文字的理解能力，形成基础的语言能力。再以《烛之武

退秦师》为例，文中主要描写了一位口才能力强、智慧过人、胆量惊人的人，教师可以在教学中渗透关于学生口语能力的培养，无形地引导学生要向烛之武学习，锻炼自己的口才，增长自己的智慧，这样才能在将来的生活中得到更多认可和赞赏。另外，在进行写作教学时，教师要注重对学生书面语言表达的指导与锻炼，避免学生在学习写作的过程中形成僵化的思维。

二、教学中注重思维能力的培养

杜威曾讲过："读书便是要学好思想。"在授课流程中有没有让学习者的思想产生转化，是判断教学是不是有实质改变的重要标准。思考是个人在头脑中从事剖析、类比和综合活动的一项综合能力，是认知客观事情流程中动脑筋的表现，隶属于人脑所具备的一项特定机制。"思维发展与提高"是指教导学习者在语文课的流程中，经过语言运用，逐步达到直观思考、形象思维、综合逻辑思维和创造性思考等基本才能的进一步发展，包括思考的深入性、灵活多样、批判性和开创性等基本思想品格的提高。语言是思想的外壳，是人们对思考成果的记忆与固化，而语言的表达实际上反映的正是思想的发展变化，所以，思维发展和提升才是语文核心素养中最根本的素养。

高中时期是学生抽象思维发展最快速的时期，我们应该注重在这一时期对他们思维能力的培养。他们通过教师的引导，能够在掌握一些概念之后，对客观事物展开分析、综合，分析中有综合，综合中有分析，进而通过归纳、概括和推理等一系列的思维方法，认识到事物的本质属性和规律。高中生的心理特点决定了其发展思维能力的基础和条件。皮亚杰的思维发展理论就提到，在中学期间抓紧对学生思维方式的训练，可以帮助他们强化逻辑思维，发展辩证思维，增强创造性思维。能够让他们从现实生活的局限中跳出来，眼界更加开阔，思考问题更加全面，这对于他们以后的发展有很大的帮助。

《普通高中语文课程标准》（2017年版2020年修订）"执行意见"中有关"表述和沟通"阐释道："作文是运用语言文本完成书面形式表述和沟通的主要形式，是了解社会、认知自己、开展创新性表现的途径。作文教育应注重提高学生的观察水平、想象力和表现力，重视发展学生的思维技能，培养创造力。鼓励学生自主地表述、有特点地表述、有创造地表述，尽可能减少对作文的限制，为他们创造宽广的创作余地。"有关普通高中语文教育教学的专题研究明确了写作教育中要训练学生思想技能的主要特点，为写作教育进一步发展指明了方向，也为写作教育中的学生思想技能训练提供了依据。我们在从事作文的任务以及写作内容的制定时，必须要遵循语文课程标准对于书写的要求和规范，否则将会背离语文的实质和目的。

三、日常教学突出审美鉴赏能力

审美欣赏和创作是语文活动核心素养中的最高级素质。马斯洛所创立的人们需求层次理论，将人们的基本需要由低至高分为人格、健康、社会、尊严与自身满足等五类，而审美需求则一般被认为应该处在尊严要求与自身满足要求之中间。人和动物之间的主要差异之一就在于人们除生理需求以外，自然还会有更高级的心理要求，对美的需求既是一个高层次要求，也是人们的另一个正常需求。而审美欣赏和创作素养，一般可以被看作是指"学习者在语文活动中体会、鉴赏、评论、表演和创作美的技能及素质"。在语文课的学习中，学习者可以通过对作品的鉴赏来品味语言文字在艺术中所蕴含的魅力，通过感受语言研究所体现的丰富情感，通过感受语言研究所展现出的丰富思维魅力，进而调动学习者的审美想象力量，使学习者在语言实践中感悟生命哲学，从而逐步地学习和利用口头表达美和利用书面语言来表现美和创造美，培养自己的美学才能和意志，最后逐渐产生高雅的审美品质和趣味。

语文学科会涉及很多方面的美，用文字去描写美，在一定程度上，学好语文知识，就能学习到文字背后的那些美。为此，对于高中语文教学，语文教师一定要重视日常教学中的审美教育、鉴赏能力培养、创造力培养，引导学生用发现美的眼睛去生活，发现生活的美，欣赏美、创造美，进而不断提升学生的语文美学素养。教学实践过程中，教师可以借助丰富的教材内容和教学资源，用美去熏陶学生，净化他们的心灵，进而充实他们的精神世界。

比如温庭筠《商山早行》中"鸡声茅店月，人迹板桥霜"这句诗，并没有有意地向人们诉说旅人如何辛苦、艰难，只是通过寥寥数语来描写大清早的鸡鸣声、朦胧月色下的茅舍店以及铺满白霜的木桥上留下一长串旅人的鞋迹。读者通过诗句描述的形象，很容易自己构思并想象出诗中所描绘的立体画面，更能够深刻体会到旅人途中所经历的艰辛，领会诗中所包含的意蕴和情感。这不正是司空图"不着一字，尽得风流""语不涉难，已不堪忧"所表达的意思吗？欧阳修曾经赞美这两句诗，说它对于羁旅愁思和道路辛苦的描写"见于言外"，即诗中所表达的感情思想并不是直接表达，而是通过对形象的间接描写来抒发情感的。再比如，《荷塘月色》的教学中，教师要利用文章中的清新、优美的句子熏染学生，让他们知道哪些是美好，怎样表达才能更美。尤其是景物的描写，可以使用哪些词语，才能让自己的文章变得更华美，进而提升自己文章的审美价值，写出动人和形象的文章。课堂教学中，教师可为学生展示出"荷塘月色"的美景，让学生们看见影视或者图片真实的情景，然后从文章中找出相应的片段，让学生感受作者用词的准确性，进而指导学生品味情景以及鉴赏美文，感受作者表达的思想和情怀，并给出一个场景，让学生仿照着写一篇文章，以更有力地培养学生的审美鉴赏能力、创造能力。

四、注重教学中传统文化的渗透

文化的传承和理解是指学生在语言学习中，对中国传统文化的理解和吸收、传播和发展的能力，以及吸收其他优秀人类文明的能力，在语言学习中培养文化自信、文化观、文化意识和对待不同文化的态度。中国有着悠久的历史和文化，传播中华民族的优秀文化。在继承经典、取其精华的同时，面对其他国家和地区的文化也必须相互尊重、兼容并包。此外，还必须关注当下的文化生活，与时俱进。

高中语文的课堂教学中，教师应该善于找出蕴含在教学内容中的传统文化，以此熏陶学生们，达到传承文化的目的。例如，《师说》的学习中，教师需要让学生学习正反对比的写作方式，还要找出文章中"破与立"的理念，渗透给学生。《师说》表达了尊师重教的中华优良传统，将这样的思想渗透在教学中，以促使学生形成正确的价值观，让学生知道尊敬师长、拜师学习的重要性，只有学习他人的长处，才能弥补自己身上的短处，从而不断提升自己的能力，提高文化素养。

此外，其教育评估也必须面对学生，以学生为本，重视学生的主体地位。当前阅读教学的评估重点是教师以学生的阅读练习成果和考试成绩为基础。老师成为单一评判主体，很容易忽略学生的个体差异。要全面评估学生的"文化传承与理解"等素养的成绩，重视学生的不同兴趣爱好，就必须让评判的主体更加多样化。要引导学校、家庭、老师以及课堂管理者积极参与教育评估，倾听多方面意见，提高学生的人文认知、文学理解以及文化实践等方面的成绩。特别是要以学习者自己作为评价基础，引导学习者开展自我评估与反省，促使学习者根据"文化传承与理解"的内容和表达，向内检查和反省自身的行为，控制与领导自身的认知进程。要鼓励学生间进行互评，同学互相交往时间越长，相互更加熟悉，才能给出全面的评分资料。同学是学生在校园内外朝夕相处的最密切的朋友，老师可以了解和掌握学生在平时日常生活中的思想生活情况和状况，掌握他们对中华传统文化、革命斗争文化精神、发展先进文化、各个民族和地域文化的看法。老师是课堂评判的主要参与者，能够针对学生在阅读教学课堂中的行为作出判断，根据他们书面阅读表达的状况判断他们的文化认知水平。

第二章

基于核心素养理念的语言文字教学

将学生核心素养的培养目标融入语文学科的教育教学当中，不仅符合当前新课改对学校教育的培育要求，也契合学生自身综合素养提升的需要，能够帮助学生更好更快地成为其所期望的全能型人才。这就需要语文教师重点关注语文学科中的包括思维发展、语言运用以及文化传承、审美鉴赏在内的四大语文核心素养的具体内涵以及使用。在前文已经具体介绍了语文核心素养，从本章开始将具体阐释核心素养如何更好地渗透于高中语文的教育教学过程当中，以及教师应当如何展开教学培养以促进学生的综合素养的发展提高。

表 2-1　中国学生发展核心素养表

学生发展核心素养框架		
三个方面	核心素养	基本要点
文化基础	人文底蕴	人文积淀、人文情怀、审美情趣
文化基础	科学精神	理性思维、批判质疑、勇于探究
自主发展	学会学习	乐学善学、勤于反思、信息意识
自主发展	健康生活	珍爱生命、健全人格、自主规划
社会参与	责任担当	社会责任、国家认同、国际理解
社会参与	实践创新	劳动意识、问题解决、技术应用

当前，面对高中语文教学的整体内容，其中涉及语言运用方面的，当属语法教学。语法、字词等的深入学习能够帮助学生进一步建构属于自己的语言学习框架，并且有利于学生灵活地运用文字，为审美鉴赏、创作表达等语

文学科其他板块的学习打下良好的基石。

与此同时，核心素养的落实必须依靠教学课程的实施，但怎样使得核心素养落地，又怎样将核心素养与专业素质紧密结合在一起，就必须研究核心素养的内在精神和专业内容横纵向衔接之间的关系。就语文课程教学而言，语文学科素养并非指单纯的基础知识与技术能力，而是以语文专业知识与专业技能能力为基础的，运用学科观念、培育学科思维和探究能力，使受教育者能够具有在实际情境中提出相应问题并解决实际问题的综合品质。"语言建构与运用"是其他三个语文素养的起点和基石，是语文课程教学的本质内容，所以如何在核心素养的教育理念下进行语言文字教育，就变得特别关键。

母语的学习作为一项基础课程，其对于任何一个国家和地区而言，都位于教育教学发展的首列，是顺利展开其他学科教学的关键。尤其是在国际化语境下，语言教学的重要性越来越凸显，并且开始引起各方的重视。这主要是因为语言教育不但会教导学生语言文字和逻辑，而且传递了人生观与价值信仰，其直接影响着每个学习者的思维认知与审美鉴赏、个人品性以及价值追求，因此开始受到社会从未有过的重视和广泛关心。但通过观察我国的母语课程即语文的实际教学不难发现，截至目前，语文课堂究竟需要讲哪些内容以及如何向学生展开讲解，往往是由语文老师说了算，语文课程当前已经陷入了"我想教什么内容就教什么内容""我想通过什么方式教学就通过什么方式教学"的一言堂式的困境当中。"语文课程具体教学内容"本不该是一道难题，可现在却变成了摆在所有语文老师眼前的老大难式的课题。

要想解决教学内容不贴切的问题，就必须率先明确"何为语文知识本体"这一基础问题。但通过对《普通高中语文课程标准》（2017年版2020年修订）的研究不难发现，当前的课程标准并未写入语文教学板块具体的基础知识教授形式，这就使得语文基础知识的实际教学在不同地区、不同学校以及不同教师的教授水平上出现了断层或是与课本相脱节等现象。以汉语的语法知识为例，学生关于"主语""谓语""宾语""动词""形容词"等词性句法概念的获取，并非在语文课堂当中，而是在英语课堂上率先接触到的。其中值得关注的是在初中语文的课堂教学当中，语文教师甚少将相关的汉语语法知识详细系统地为学生进行讲解，而是将这一任务目标的学习转接到高中语文教师身上。但实际上，在高中的语文教学当中，同样没有将这些基础知识纳入到正式的语文课程的学习当中，而是采取抽空补习的方式帮助学生解决知识漏洞，使其能够更好地进行考试，较少关注学生的理解消化情况。由此可见，语文知识本体的放置已经成为学段问题，这在很大程度上制约着语文知识螺旋性学习系统的建构过程。

语文课堂当中所呈现出来的教学内容的实际问题，应当被归为语言的运用与建构这一基础知识、核心素养的培养问题。因此，笔者认为，在高中语文教学内容的选择与实践运用当中，高中语文教师应当从源头做好准备工作，从语文学习的源头入手，把握好语言基础的语法教学。

表 2-2

学习目标与内容	（1）通过在文本的语境中解读词汇，理解语义的过程，树立语言和言语的相关性和差别性观念。
	（2）在解读文言文实词词义和古今语言的比较中，树立语言文字发展的观念，并体会古今汉语的联系和贯通。
	（3）树立对古今汉语多义词词义关系的梳理，总结和认识引申规律，自觉丰富词汇。
	（4）在课内外阅读中，积累有汉语特点的成语和典故，观察其特殊的表达作用，建构有关方面的知识。
	（5）在自主修改病句的过程中，分析、体会汉语句子的结构和虚词的作用，印证高中学过的语法规律。在文学作品中，观察句子语序的变化，体会文学语言的灵活性和创造性。
	（6）通过自己写作遣词造句的经验，建构逻辑和修辞的点滴知识，增强表达的个性化。
	（7）在口语和书面语交流的过程中，对比口语语体和书面语用词的差别，探究汉语口语词汇与书面语词汇风格的差异。
	（8）不断关注汉语、汉字与中华文化的关系，体会语言的民族特征，增强对汉语汉字热爱的感情。

目前尚缺乏专业著作就语文核心素养和课堂教学二者的联系以及如何融合对接展开具体的研究论述。语文核心素养是当今教育教学的研究热点话题，语文学科的教学内容问题始终是有效开展语文教育的难点，因此将二者整合起来作为研究对象展开研究分析，存在较大的学术意义。本章力求通过对语言与文字的关系发展和语文核心素养的进一步分析，让语文核心素养在语文课程中的位置更加精准；并通过对目标的深入细化，以及详细具体的论述分析，逐渐完善高中语文"学习任务群"这一教学目标系统。

从教育实际出发，语文核心素养和课堂的教学内容的衔接策略，可以在帮助实践课堂教学上起到积极的推动作用。本章将通过研究探讨高中语文核心素养的建设和语言文字课堂教学内容规范化的有效融合，引导《普通高中语文课程标准》（2017年版2020年修订）正式施行后广大一线语文教师的实际教学工作的展开，促使课堂教学从"双基"到"学习任务群"进行自然高效地转换过渡，为"学习任务群"课堂教学提出有效可行的教学思路。

第一节 语文素养下的语言文字运用

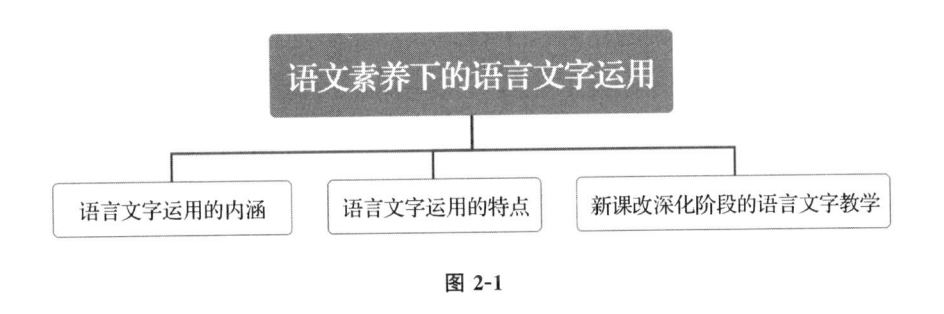

图 2-1

一、语言文字运用的内涵

语言以语音为物质外壳，以词汇为基础材料，以句法为结构法则。汉字则是记载和表达语言的书面符号，是扩大语言在时间和空间上的沟通功能的文化工具，对人们的语言文明发展起到重要的促进作用。[1]

语言与汉字作为人们交流沟通的手段，带有一定的社会性，这个社会性又决定了它的主要作用便是交流使用，语言文字最主要的意义也就是交流与使用。"语言文字应用"就成了固定地表示语言文字的应用效果、应用价值和应用过程等问题的约定俗成的说法。[2]

语言文字运用课程，就是通过系统性质的课程形式使学生掌握语言文字

---

[1] 夏征农主编. 辞海（第六版）[M]. 上海：上海辞书出版社，2009：2786.
[2] 姚兰. 高中语文选修课"语言文字应用"学业评价内容框架建构研究[D]. 重庆：重庆师范大学，2012：5.

运用的过程。语言文字应用要求学习者有意识地了解语言体系，并在使用中进一步增强汉语的运用能力。传统的汉语教育大多借助阅读文学作品完成，而现代的语言教育则强调学生对语言体系的分析与认识，并强调学生对于汉语语言的使用能力与技艺的锻炼。[①]

本节所研究的高中在语文核心素养背景下的汉语文本教育，是指基于汉语文字结构和应用的教育，是使高中学生懂得把汉语的发音、汉字、词语结构和句法置诸日常生活场景中使用的教育。

二、语言文字运用的特点

语文课程既是掌握语言与汉字的运用途径，也具有人文性与工具性相统一的特点。

语言文字规范化工作的具体应用，主要包括在学习、工作、日常生活中的听说读写行为和文化鉴赏、文学创作等行为上。就高中生语言文字规范化的教育课程来讲，受学生本身的语言特点限制，在教育活动中，学生必须以特定的语言环境为依据，进而展现出自己的语言特点，从而形成自己的语言素质。基于国外经验和自身研究经验，语言核心素养的教育工作必须在特定环境下开展。秉承开放性理念，语言教育工作也必须从其他专业中汲取新元素。所以，高中教学必须具备情境化、开放式和跨学科化的特点，而这些特性也为核心素养背景下的语言文字教育规范化的教学策略奠定了基础。

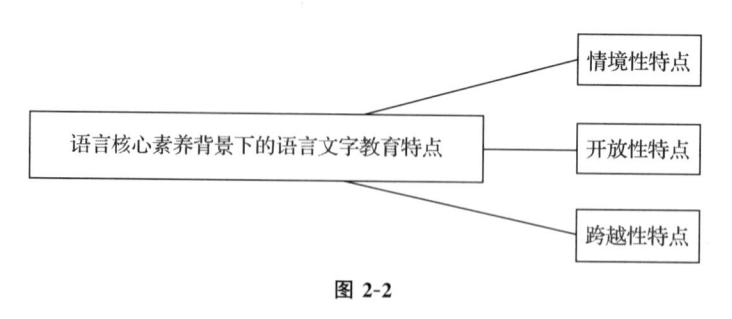

图 2-2

（1）情境性特点

主要是指在课堂教学过程中，老师利用自身的才能给学生营造良好的情

---

① 夏征农主编. 辞海（第六版）[M]. 上海：上海辞书出版社，2009：2797.

感色彩教学情境；学生在练习过程中，做到有感而发，甚至能够调动自己的灵感，从而增强想象力量。

（2）开放性特点

在语文核心素养背景下，学生在学习过程中，必须积极增强自己的探究能力和探索欲望，在持续的发展过程中，保持良好的思想状况，并明确学习活动本身的多变性和多样化，从而表现出鲜明的个性。

（3）跨越性特点

对学习者来说，在教学过程中，能够看到在不同的课程中涉及的知识点有着明显的共同性。语言文学课程也同样如此，涵盖的课程广泛，能够在多方面展开练习，拓宽自己的眼界。

（一）语言文字运用教学的情境性

情景是指充满了情感色彩的生活情景，在教育语境下专指教育情景，也就是创造启迪学生灵感的外部环境，让学生可以触景生情，并有所感发。

情境教学法是按照反映论的原则，充分运用形象，创造一个鲜活的情境，调动学生的学习热情，进而指导他们在整体中掌握和应用知识的一种教学模式。[①] 其中包括外国的抛锚式教学和国内李吉林教授倡导的情景教育。在课堂教学中，创造情景的方法主要包括实物呈现情景、活动表现情景、绘画表现情景、舞蹈体会情景、视频音频呈现情景、话语表述情景等。

语文核心素养一般被定义为在特定的情境中处理复杂问题的技能，可见语文核心素养既是在"情境"中逐渐成长出来的，也是指个人和情境之间的相互作用，其中的情境涉及校园、家庭、职场、娱乐、社会等方面。基本素质即是处理一切情境所必需的基础知识和能力，即需要时时注意知识和能力在环境中的应用。在信息时代，个人应对环境不仅是知识能力和方法的简单过程，更是知识能力与方法在环境中的整体因应过程。

语文核心素养导向下的课程，是对学科素质与在情境中运用能力取向下的课程教学。其在语言文字运用的教育过程中，往往需要在内容与教学方法上对学科素质实施情景化教育。

例如在执教《故都的秋》时，教师与学生有一个缘境生情的片段：

---

① 李吉林. 情境教学的诗篇[M]. 北京：高等教育出版社，2004：46.

师：将"泡一碗浓茶"改为"捧一杯香茶"好不好？

生：不好！

师：为什么？

生：不太和谐。

师：为什么说不和谐？

生：反正很符合他的角色，细的也说不清。

师：香茶与浓茶的口感上各有哪些优点？

生：香茶强调了一个"香"字，而生浓茶解酒的香味则是比较辛苦的。

师：沿着这个思路再想下去。

生：作者所品尝的并非茶，而是他的生命，他的境遇，以及他所面对的世态！

师：是！古人云："壶公瓢中自有天地日月。"其意象的深刻包孕性，即在于此。[①]

在这简短的课堂片段中，教师们通过探讨"浓茶"与"香茶"两词的语境，将教师的教学问题层层递进，从而引领学生从这两个词汇中上升到作家个人的人生际遇和情怀上来，并借助老师精妙的语言引领学生走进文学的情景当中，进而让学生体味作家清静悲凉的情怀。

（二）语言文字运用教学的开放性

开放式教育强调学生积极成为知识的建构者，而教师的工作是学生思想形成的"助产师"和"催化剂"。教师不需要将自己的经验集中到所讲授的知识点上，但是应该注意关心学生的情感和行为转变，以及与学生共享共建语文教育的教学过程，共创生命经验。传统的课堂存在教师"一言堂"、学生被"满堂灌"的现象，这就是典型的封闭式课堂。核心素养背景下的课堂势必从封闭走向开放。

创建开放式课堂的途径主要从三个角度考虑：一是在课堂教学上进一步充分调动学生的学习热情，激发他们探究和发展、思考与表达的愿望，使他

[①] 史大明主编. 语文教学案例选评［M］. 北京：学苑出版社，2007：175-176.

们的思想、心理、情感处于开放性的环境；二是老师不能拘泥于课本和教材，必须充分考虑到学生在学习过程中效果产生的多变和多样性，根据学生需求的反馈适时改变课堂教学方法和流程，指导他们实现学业理想；三是营造适合课程和学生特点的课堂环境，创造开放性的课堂空间，充分调动课堂教学积极性。

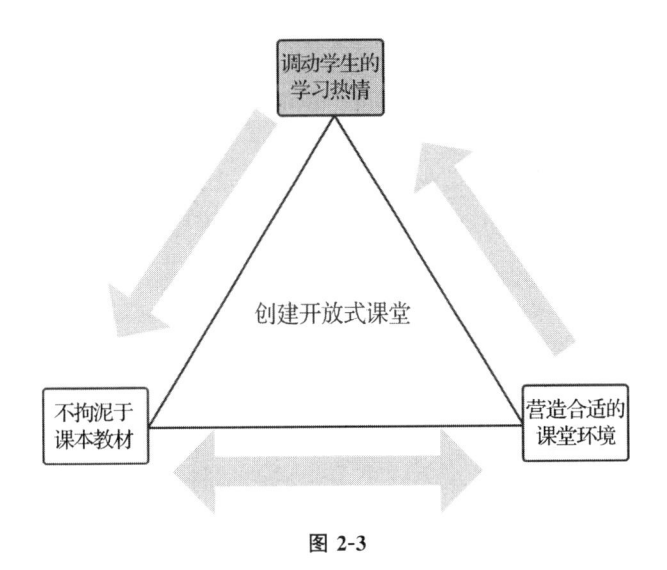

图 2-3

在核心素养背景下，语文课堂必须贯彻开放性的教学理念。

首先是课堂教学的开放性。过去的语文课堂教学方式都是由"老师说、学生听"的模式展开的，但这种课堂方式阻碍了学生们充分发挥能动性作用，久而长之，他们更加不喜欢表露自己的观点，在语文课堂上显得也越来越沉默。开放式的语文课堂，是以学生为主体，由老师起指导作用。在开放性高的语文课堂中，学生们敢于和善于在课堂上主动表现与他人完全不同的观点，并张扬个性。同时，老师也可以对他们发表观点的行为给予引导，充分调动他们课堂表现的兴趣与积极性。

再者是语言文字运用教学的开放性。所谓语言文字运用教学的开放性，是指课堂内容不能囿于一个完整而封闭的学习内容框架中，而是强调课堂内容的灵活性。如语言文字运用标准化作业课程的内容，要求学生随着环境的变化而进行思考与调整，根据学生的理解而随时生成的语言表达方能反映出课堂的开放性。这种开放性赋予学习者更大的余地去自由发现和调动有关信息。核心素养的教育，注重个人在群体交互中的影响。所以在进行语言文字知识的教育中，就必须重视并遵循合作化原理。个人的发展是缓慢的，当处于团队当中，经过协作探究获取学习知识后，所获取的知识也会比较完整和立体。

如某教师在讲授了《老王》后，便让学生以老王为第一人称，写了课文中有关老王向杨绛先生赠送香油和鸡蛋的部分，其最终的反馈结果十分显著，这便是以作文反观阅读的教学方法。经过一堂课的学习，学生究竟获得了多少，以及学生所能发现的新知识有哪些，正是经过了这个改写训练，学生会觉得：哦，这堂语文课我自己做了一个小长文短教，我也有了自己的读书感受，同时激发了我的想象力与创作力，我也和作者共同完成了一个文章。[1] 这种方式，也反映了学校训练学生语言文字运用能力的开放性原则。

（三）语言文字运用教学的跨学科性

跨学科是指突破单个领域界限而开展涵盖 2 个及 2 个以上领域的学科的创新和发展行动，通过融合 2 个或更多领域的学科系统，提高对学科的全面多角度认识，克服单个领域难以解决的现象。开展跨学科课程可以扩大学生视野，拓展思路与眼界，培养创造力。

跨学科知识的学习是形成专业知识的必要过程。例如"美国的英语课程非常重视跨学科在实践教学当中对学生的重要性。通过多年的实验发现，这种教学方法是非常合理的，它不但能够完美契合学习者需要使用不同的语言方法进行教学这一实际的教学现象，而且适应创造能使学习者将专业知识转变为技能的先进教育思想"[2]。

中国基础教育当前面临一个主要问题，就是课程之间存在森严壁垒。其表现在具体的学科教学当中便是各门课程之间互不往来，课程编写各行其道。但是在核心素养背景下的教学理念，则主张各学科之间不是相互封闭的，必须打通各学科内部的障壁，实现课程互动与融通。如此才可以让知识互相流动，并提供给学生更高的价值。

---

[1] 史大明主编.语文教学案例选评[M].北京：学苑出版社，2007：225.

[2] 倪文锦，欧阳汝颖主编.语文教育展望[M].上海：华东师范大学出版社，2002：370.

在学校中，语文课程与几何数学、物理等专业之间的差别，在于几何数学和物理等课程中主要侧重于掌握语言文字中表现的知识，语文课程与英语等文字类专业主要的差别在于英文等其他语言类专业偏重学习语言的表现形式，而语文课程既重视掌握汉民族共同语的内涵，又重视掌握它的表现形式。专业课与其他学科相互之间的密切联系才组成了一套全新课程教育体系。所以，在语言文字上运用的教学方法要重视跨学科性。传统语文教育能够和历史、政治、数理、英文等传统课程产生火花，在教育上开创了祖国传统语言教学的全新模式。在某种意义上讲，核心素养语境下的语言文字素养早已超出了传统语文课程的范围。

比如在讲授《兰亭集序》中，能够通过书法赏析，使我们在掌握古文基本知识点的同时，掌握鉴赏书法艺术的方式。再如在语言学课程中，当说到汉语的句法结构时，要引介英语语法，以对比两个国家语言结构的差别。这些都是要采用跨学科的研究方法。

不过值得注意的是，在语文课堂上，基于语言文字本体意识的教学才是跨学科课程的起点与归宿，不要在跨学科学习中丢失了语文的本体意义。

三、新课改深化阶段的语言文字教学

（一）国际上注重母语运用的教育

文艺复兴之后，欧洲母语教育开始更加重视文化教育与思想情感上的陶冶，这种趋势已经在欧洲大陆上持续了几百年之久，并且根深蒂固。从 20 世纪末、21 世纪初期开始，上海经济合作与发展组织，欧洲、美洲，日本、新加坡与中国台湾，以及部分发达国家和地方政府纷纷在思想与实际两个方面，建立了影响广泛的核心知识结构，以迎接经济全球化的巨大冲击。

在一些发达国家和地方组织的基本素质框架系统中，不约而同地将母语教学列入框架之中，将其视为一种基本素质写入了课程。不过，和先前重视母语培训有所不同的是，许多国家和地区建立的核心素养系统，普遍重视母语在日常生活环境中的应用。以欧洲与美洲为例，欧盟将核心素养概括为"八项能力"，如图 2-4 所示。而"使用母语交流"则是八项之首，定义是"运用母语进行口头或书面表达与理解的能力；在不同社会文化情境中正确和创造性地使用母语进行沟通的能力",这样能力由常识、技巧、态度三个方面所组成。"使用母语交流"的"知识"包括"母语的词汇、语法及语言功能等知识"和"了解文学语言与非文学语言以及各种语境下的不同语言形式";"使用母语交流"的"技能"包括"在各种场合运用口语和书面语进行交流"和"甄别和使用不同表达方式、检索和处理信息、使用词典等辅助工具、形成和表达观点";"使用母语交流"的"态度"包括"对批判性和建设性对话的积极倾向""对语言之美的欣赏与追求""与人交流的兴趣""积极和富有社会责任感地使用母语的学识"。[①]

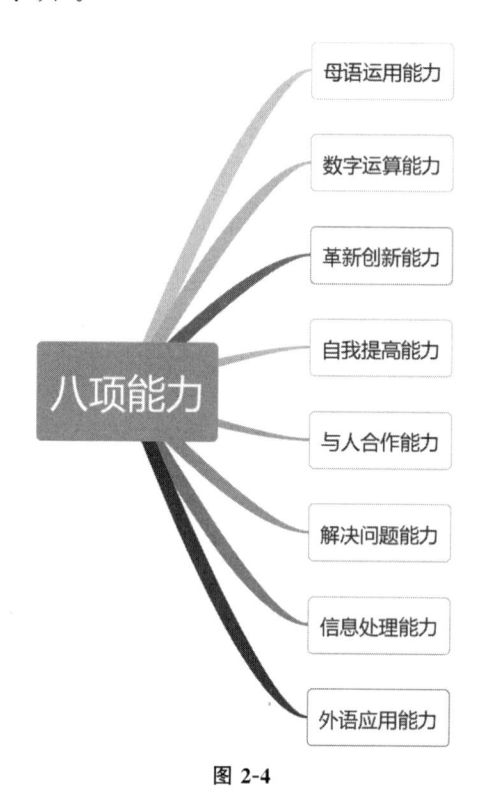

八项能力:
- 母语运用能力
- 数字运算能力
- 革新创新能力
- 自我提高能力
- 与人合作能力
- 解决问题能力
- 信息处理能力
- 外语应用能力

图 2-4

美式的教学比较注重实用主义,在1982年,美国的全国英文教育委员会通过了《英语要素》的文件。在该文件中关于英文的教学问题,委员会认为英文教学包含了英语语言本身的练习,以及对作品中英语的语言欣赏。前者

---

① 裴新宇,刘新阳.为21世纪重建教育——欧盟"核心素养"框架的确立[J].全球教育展望,2013(12):97.

指的是将英语作为日常生活中最基本的交流工具要学会运用,而后者则指的是要学会欣赏文学作品中的英语语言。中国的教育基本素质又被称作为"21世纪技能",其中分别包括三大核心能力,即"学习与创新能力"(learning and innovation skills)"信息技术、媒介与科学能力"(information media and technology skills)"生存和职业技能"(life and careerskills),每一能力中又分别包括了3～5个子能力。在"学习与创新能力"中,有一个指标为"交流沟通与协作",对其含义的另一种表达便是清晰地交流:在各种状况与语境中,正确使用口语、写作与非语言的交往技巧,并了解表达思想和看法;能够正确聆听声音,并辨别意义,包含知识、价值、态度和意图;为一系列目的(如通告、指导、激发和劝说)进行交换;运用多媒体和技术,在各种各样的自然环境中有效交流(包含多语言环境)。[①]

对比国际上不同的学校核心素养结构标准,可以发现尽管世界各国学校和地方的素养结构取向有所不同,但大体上都指向了"全面发展的人"。学校核心素养结构强调思想道德教育,塑造全面发展的人,强调以品德为首,技能优先,培育学生的基本责任心、创造力、社会实践意识等。另外,还分别强调了沟通能力、语言沟通方法和运用语言技能的需要。其中高度重视并突出的传统素质指标还包括运用语言技能、学会学习技能、数学技能和解决问题能力。语言技能中既包含了运用语言的技能,又包含了运用其他民族语言的技能。

由此可见,单一的语言文字教学无法适应并符合现代社会的发展需要,运用好语言,可以立足于本土发展,实现社区活动、交流和互动、群体协作、创新发展等。应该知道,语言水平是其他技能训练的基石。怎样在现代社会的实际环境中使用好语言文字,是许多发达国家在语言教育上越来越重视的课题。从中国语言教育的历史演变历程中可以看出,中国语言教育已由文学教育逐步走上了语言实践应用教学的新轨道,而语言教学重视实践应用也是语言教学的必然趋势。

(二)国内语言文字教学的意义

2010年教育部颁布的《国家中长期教育改革和发展规划纲要(2010—

---

① 张义兵. 美国的"21世纪技能"内涵解读——兼析对我国基础教育改革的启示[J]. 比较教育研究,2012(05):87-88.

2020年)》(以下简称《纲要》)指出"坚持品德为首。把社会主义核心价值体系纳入人民教育全过程""坚持才能为主。完善知识,增加实践,加强人才培养"。就中学时期而言,《纲要》指出"重视提高学生自主掌握、顽强独立和适应对社会生活的才能,坚决克服应试教育现象"。"全面提升普通高中时期毕业生的综合应用知识水平。深入实施课程改革,全面落实新课程方案,保障普通高中学生圆满收官国家统一规定的文理等各门课程的基本学业。创造条件举办多姿多彩的选修课,给学生们提供更多选择权,促进他们更加充分而有特点地成长。"①

2014年3月,国家教育部下发《教育部关于全面深化课程改革落实立德树人根本任务的意见》(下文又称《意见》)。《意见》中指出:"当前课改正面对全新的挑战。由于经济社会国际化进一步发展,网络数字化科技突飞猛进,社会各类思潮文化交流的碰撞与交锋越来越频繁,中小学生成长环境将出现巨大改变。青年学子的意识愈加自由,人生价值要求也愈加多样,特点也愈加明显。由于市场竞争日趋激烈,国家人力资源强国战略进一步实施,新时代形势和经济与社会发展要求进一步提高了国民的综合素养,积极培育创新型人才。这些变革与需求也对学校课程改革给出了新的高度需求。"②

《意见》也提到了当前高等教育与中小学义务教育所面临的问题。高等教育与中小学校之间在课程改革的规划与实施等方面,对于学生立德树人的需求也有着很大的差异。例如,就课程设置而言,在高等教育与中小学校,乃至高等学校与义务教育阶段之间的教学衔接上还面临不少问题,部分课程的教学内容交叉或重合,造成了学校教师在一定程度上作复杂的教学无用功。就课程编写而言,有些课程内容过深或过浅,与学生能力发展相悖,课程的系统性不强,教学适宜性也不合理。就教育考试制度而言,尽管课程改革已经走过了很多年,可是与之相匹配的考核与评估机制却被落在后面。尽管教学体系已经出现了变革,可是考核与评估的机制却还赶不上将来,在一定程度上也抑制了课堂变革的进展。最普遍的情况是为谋求升学率与高分数,许多中小学教师往往只注重智育而忽略了德育。就学生而言,他们在创新能力、

---

① 中华人民共和国教育部.国家中长期教育改革和发展规划纲要(2010—2020年)[EB/OL].2010年7月29日.

② 中华人民共和国教育部,教育部关于全面深化课程改革落实立德树人根本任务的意见[EB/OL].2014年3月30号.

社会责任心、社会参与等方面的意识也相对薄弱；从师资层面上而言，教师也出现了职业道德缺失问题，近年来教育行业持续出现教师问题案件，教育的实施也和老师本身的教育教学水平存在着紧密联系，但是在实际开展教学工作中，部分老师仍处在被动状态。

  教育改革出现的问题与难点，直接关系到国家立德树人宗旨的落实。在全面推进课程改革过程中，这种难题必须被高度关注，而且也必须认真处理。改革的主旨就是促进中国教育现代化。具体来说，就是以立德树人为基础，以考试与录取机制改革为重点，以推进教育教学公平为关键，以管、办、评分类改革为重点。而从 2015 年 1 月开始，对全国普通高中教育课程实施方案和各科专题研究进行了全面改版，这也标志着中国教育课程研究改革步入了全新的发展时期：全面构建信息时代的教育课程体系。为了充分体现信息时代下个人教育与社会教育发展的新特征与新特点，教育部在一方面立足于国家"立德树人"的基本需要；另一方面充分总结国外教育变革的先进经验，树立"核心素养"这一概念，将其视为教育变革的起点与归宿。

  语文教育是母语课程，语文教育不但传授语言文字和逻辑，还传授社会价值观和信念，内容涉及每位学习者的意识与审美能力、性格和心理，将引起社会前所未有的重视和普遍关心。对于任意一种国度和少数民族而言，母语教学都是教育的重中之重。尤其是在国际化背景下，母语教学的重要意义将越来越凸显，在全面深化改革新阶段应予以越来越多的关注。

  贯穿核心素养的课程建设是教育现代化的新理念，是中国正在探索高中教育发展的新阶段。将核心素养和学科知识相结合，是贯穿核心素养发展的必要路径。高中的语文教学中，语言文字规范化工作教育主要是指涉及语言本身的教育工作。若将语言比喻为参天大树，则它的根本结构就是语言文字建设与应用，也可以说语言文字规范化工作教育是培育高中学生语言基础素养的关键组成部分，在高中语文教育过程中，唯有注重语言文字规范化工作的建设和应用，才可以更有效地提高学生的语言基础素养。教师在课堂教学过程中，就必须采用多种方式开展教育，以加强课堂教学的有效性，更符合高中学生的基本学习需要。

第二节 语言文字运用的教学策略

在高中语文教育过程中，语言文字的掌握对学生而言相当枯燥且难度较高，这就很容易使学生出现厌学情绪。当很多学生苦于不懂得怎样掌握语言与文字知识之时，教师又应该怎样调动学生的学习兴趣，从而增加教学的有效性呢？

一、语言文字运用所面临的教学困境

语言文字运用的教育一直是贯穿整个基础教育阶段的主要教学内容，但目前语言文字规范化工作教学中出现的问题，和教师教学内容与教育方式的选择失衡有着重要关联。高中的语文教学衔接性不好、对中学必修课本中的语言文字运用规范化工作认识不够、选修课程效率不高等情况均影响着语文课堂教学。除此之外，在语言文字运用教学方面，传统的语文教学方法也无非是由老师串讲、学生死记，而造成教得刻板与语言教学差异性枯燥的结果。

由此可见，高中语言文字运用理论与实践课程所显露的不足，与课程标准、教学内容及教学方式的不当不无关系，体现为内容的枯燥和教学方式的呆板等。

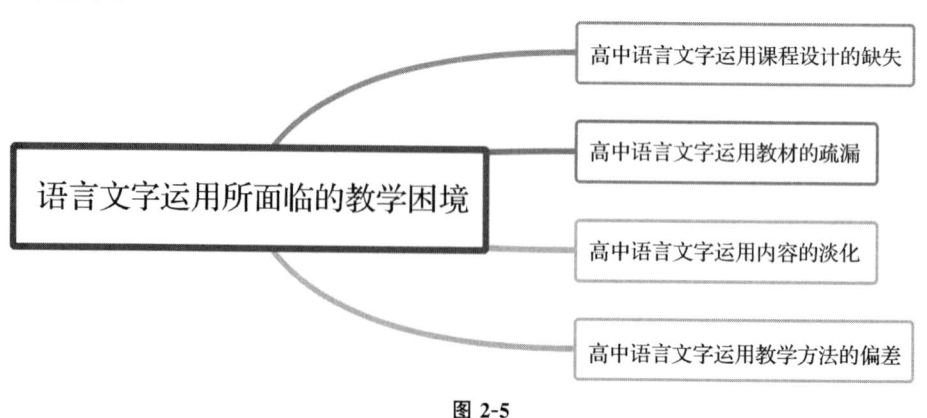

语言文字运用所面临的教学困境
- 高中语言文字运用课程设计的缺失
- 高中语言文字运用教材的疏漏
- 高中语言文字运用内容的淡化
- 高中语言文字运用教学方法的偏差

图 2-5

（一）高中语文课程设计的缺失

目前普通高中语文教育的评价维度必须包含"阅读与鉴赏""表达与交流"两个层面的内容，但这两项中并没有明显反映要了解汉语言文章基本原理和实际应用层面的内涵。在《普通高中语文课程标准》（2017年版2020年修订）中，尽管规范了语言文字应用方面的课程目标、教育目标、教师培养方法等，但唯独没有明确对此内涵的具体规定。语言文字标准化中的这部分知识，在专题研究时处于目标和内容的杂糅中，而课标又在具体表述中把教学内容混在了目标里，哪一学段该教授哪些知识，该实现什么样的教学目标，实现什么样的教学效果，是非常模糊的。所以我们就先总结一下，课标中关于语言文字标准化的运用教学方法的具体表述，如表2-2所示：

表 2-2 语言文字运用课程目标

语言文字运用课程目标
1. 注意在生活和跨学科的学习中学语文、用语文，在学习和运用的过程中提高语言文字应用能力。
2. 能综合运用在语文与其他学科中获得的知识、能力和方法，读懂与自己学识程度相当的著作，运用多种方式展开交流和讨论。
3. 阅读应用文，能把握主要内容和关键信息。能根据需要，按照有关格式和要求，写作应用文，力求准确、简明、得体。在学写应用文的过程中，培养对事负责、与人合作的精神和严谨细致的作风。
4. 在实践活动中增强口头应用的能力，能根据交际的需要，选择恰当的时机和场合，提出话题，敏捷应对.注意表达效果。参加演讲与辩论，学习主持集会、演出等活动。
5. 联系语言文字应用中的现象和问题，阅读有关著作，尝试用所学的知识和方法作出解释；了解语言文字法规的有关内容，增强规范意识，学会辨析和纠正错误，提高语言文字应用的正确性和有效性。
6. 观察语言文字应用中的新现象，思考语言文字发展中的新问题，努力在语言文字应用过程中有所创新。
7. 拓展运用语言文字交流的途径，学会用现代信息技术辅助交流，如使用计算机进行编辑、版面设计、制作个人网页和演示文稿。

在这些课程目标中，都融入了关于语言文字运用的教学内容，如"阅读应用文本""写作应用文，力求准确、简明、得体""了解语言文字法规的有关内容，增强规范意识，学会辨析和纠正错误"等等，这种表述方式可以说既是目标，又是课程要求。课程目标并不是对语言文字规范化工程使用的教

学内容进行描述，只是分散于教学信息之中，这种属于课标层次的信息和目标混杂的现象也就直接制约着课程的编制以及语言文字标准化工作的教学内容的选取。

《普通高中语文课程标准》（2017年版2020年修订）中，提出了必修科目的具体目标必须满足以下三个方面的基本条件，即"读书与欣赏""表现与交际""整理与研究"。"读书与欣赏"和"表现与交际"并不是介绍其他语言文字方面的具体内容，在"整理与探究"部分，提出两个关于词语使用方面的目标："在语文教学中形成有认识地积淀的良好习惯，积淀有助于充实自身掌握的字词汇篇文化材料、词语使用经典事例等，能根据所选定的教学目标进行文化积淀""在积淀的过程中，注意总结。经过总结、分析，学生逐渐理解文化使用的基本规律，在总结中自主建构具体化的知识点"[1]，但也并未指明具体化的语言文字知识内容究竟包含什么。课标中提出了用"教学工作群"的形式体现文化内涵，当中涵盖必修、选修Ⅰ、选修Ⅱ的只有"语句累积与研究"这一个教学工作群，其教学目标与内容如表2-3所示。

表2-3 "语句累积与研究"的工作群和具体内容

	语言积累与探究
学习目标与内容	（1）通过在文本的语境中解读词汇，理解语义的过程，树立语言和言语的相关性和差别性观念。
	（2）在解读文言文实词词义和古今语言的比较中，树立语言文字发展的观念，并体会古今汉语的联系和贯通。
	（3）树立对古今汉语多义词词义关系的梳理，总结和认识引申规律，自觉丰富词汇。
	（4）在课内外阅读中，积累有汉语特点的成语和典故，观察其特殊的表达作用，建构有关方面的知识。
	（5）在自主修改病句的过程中，分析、体会汉语句子的结构和虚词的作用，印证高中学过的语法规律。在文学作品中，观察句子语序的变化，体会文学语言的灵活性和创造性。

---

[1] 中华人民共和国教育部.普通高中语文课程标准（2017年版2020年修订）[S].北京：人民教育出版社.2020：7.

续表

语言积累与探究
（6）通过自己写作遣词造句的经验，建构逻辑和修辞的点滴知识，增强表达的个性化。 （7）在口语和书面语交流的过程中，对比口语语体和书面语用词的差别，探究汉语口语词汇与书面语词汇风格的差异。 （8）不断关注汉语、汉字与中华文化的关系，体会语言的民族特征，增强对汉语汉字热爱的感情。

从上表中可以看到，新的高中语文课程标准中，在"语言积累与探究"的部分给出了 8 条复习目标与内容，强调语境、古今汉语规律掌握与对比、汉语知识、书面语与口语表达、汉语与文化的关系等等。这里强调的"语言积累与运用"贯穿整个高中语文教学，体现在阅读教学、作文教学、口语表达当中。不过，这也不能克服以前课标中，把教学内容和目标混在一起并加以说明的问题，因为不能明确什么是具体的教学目标，什么是要学习的语言文字或知识内涵。课标中教学内容模糊，教学内容往往散见于具体教学目标之中，从而造成了教科书在写作过程中有关教学内容的缺失。

（二）高中语言文字运用教学教材的疏漏

语言文字运用的基础课程一直是学校贯穿整个教育阶段的主要教学内容，但是目前语言文字规范化工作教学中面临的问题，与学校课程功能发展失衡有着重要关联。高中语文课程衔接不好、中学必修课程中语言文字常识缺失、选修课程效率不高等情况均影响了课堂教学。

一、高中课本语言文字内容的衔接问题不当

在高一时期，因为高中课程衔接不好的问题，经常发生这样的情况：

场景一：高一某节语文课上

语文老师："这些语法知识，'主谓宾定状补'你念初中的时候老师不是说过吗？"

学生："没讲过，只有英语课上提过。"

情景二：高一某次月考后，语文老师办公室

学生问："老师，我初中的时候语文经常考得不错，为什么到了高中就感觉找不到方法了呢?"一位初中时的语文"尖子生"到高中后就产生了问题。

在高中语文课堂尤其是高一年级语文课堂上,常常会出现上述场景。初中生在进入高中以后,各科面临衔接上的问题。就语文课程而言,在初中的时候,老师通常都会削弱或者淡化对现代汉语基础知识的教学,只需要学习者死记硬背相关主要知识点,学习者就可以"知其然不知其所以然"。而很多的语言常识,如主语、谓语、宾语、定语、状语、补语等语言名称多在英语课上可以看到,学习者可能不知道我们的母语方言词汇也有这样的分类方式。到了中学,老师直接讲授病句、单句、复句等主要知识点时,也会牵涉到语言常识,但因为汉语语法和英语语法之间有着重要差别,以至于学习者一般都会顿时感到掌握汉语句法难于上青天。这种教学现象轻则会导致中学生短时间内成绩不理想,重则会挫伤学生的学习自信心和读书兴致,使其对高中的语文教学产生了畏难情绪。以上折射出高中语文教师在语言文字知识的教育上出现重大断层的现状,也体现了高中语言文字规范化工作对课程衔接的重要性与紧迫感。

二、关于高考中必修的语言文字方面的知识点不足

语文课程的内容结构,一般包括范文体系、助读体系、操作体系等基本内容体系。以苏教版的高中语文必修课科目为例,本套课程的基本形式包括"文章研修""课题探究""教学活动体会"三种。"文章研修"即范文,选入者均为典型读书篇目,旨在透过文章的教学来提高学生阅读意识。"课题探究"单元是引导学生提高发现问题、分析问题和解决问题的学习能力。"教学活动体会"在于让学习者在情景中体味领悟和提升认识。苏教版必修课程的一个鲜明特色便是以人文科学话题内容组元,从"人与自己""人与社区""人与大自然"等3个维度的人文科学题材,构成近20个课题。尽管注意到了其历史意义的养成,但这种不以知识点为体系的编排方法,一定程度上导致语言文字内容的分散和不足。

三、高中语言文字选修教材利用率不高

21世纪的课程改革,一个重大变化便是语言课程的变革。课改以前的中学语文课程改革,多是按章进行。由于语言文字规范化工作主要知识点分布在课本的不同章中,教师不能设定具体的专题加以阐释。所以,老师们可以

自己梳理语言文字规范化工作中运用基础知识的有关主要知识点，在课堂上或课下进行弥补，或者透过设定训练问题使学生来把握。课改以后的课程，一般分为必备教科书和自选教科书，按模块进行。高中的语文教科书更强调基础教育和平衡性，而自选教科书虽然也体现了基础教育，但更强调学生的个性发展。

表 2-4 人教版、苏教版高中语文选修教材分类

分类	人教版高中语文选修教材	苏教版高中语文选修教材
诗歌与散文	《中国古代诗歌散文欣赏》《外国诗歌散文欣赏》《中国现代诗歌散文欣赏》《中国现当代散文鉴赏》：4册	《唐诗宋词选读》《唐宋八大家散文选读》《现代诗歌选读》《现代散文选读》：4册
小说与戏剧	《中国小说欣赏》《中外戏剧名作欣赏》《外国小说欣赏》《影视名作欣赏》：4册	《〈红楼梦〉选读》《中外戏剧名著选读》《短篇小说选读》：3册
新闻与传记	《中外传记作品选读》《新闻阅读与实践》：2册	《传记选读》《新闻选读与写作》《史记》：3册
语言文字运用	《语言文字应用》《文章写作与修改》《演讲与辩论》：3册	《写作》《语言规范与创新》《实用阅读》《当代语言与生活》：4册
文化论著研读	《先秦诸子选读》《中国文化经典研读》《中国民俗文化》：3册	《鲁迅作品选读》《〈论语〉〈孟子〉选读》：2册

从表上可以发现，在语言文字应用类的课程里，人教版安排了三册相应课程，苏教版安排了四册相应课程。其中纯粹阐述语言文字研究的只有一本，其他两部作品则主要着眼于现代书写与翻译中的口语规则运用。苏教版注意到了当代的生活，即注意到了语言文字在具体场景中的应用，注意到了理论和实际的结合。

（三）高中语言文字运用教学内容的淡化

与国家语文教学高考大纲要求相对，目前的人教版一般高级中学语文必修课教科书中几乎毫无涉及语言教育的具体内容，而仅仅在必修课五的"整理研究"部分包含了"文言字词和句子"一节，对文言文中常用的一词多义、古今异义、通假字、词种使用、文言句子等具体内容作了简要的阐述。据笔者了解，大多数教师只重视课本中"读书欣赏"与"表现交际"部分的具体内容，对"整理研究"部分的具体内容却鲜有接触，即使老师讲过，也只是

浅尝辄止。选修课程《语言文字应用》中则设置《言之有"理"》一节，对语句体系中的虚词、复句和关联词、修饰病词避免误解等知识点进行了比较详尽的阐述。由于高一老师和学生都受到高考的影响，多数学生在高二时已完成课堂上的知识点，高三转入复习时期。而高二一年里，需要讲的内容包括必修五和6本选修课程，在6本选修课程中，教师又将大部分精力放在《中国古代诗歌散文欣赏》和《中华文化经典研读》上，到《语言文字应用》时就没有什么时间了，故而大都一带而过。

综上所述，中学语文课堂上的语言课程并不明确，到底要讲些什么完全凭教师做主，年纪大一些的教师可能讲授一个复杂的语言知识框架，年轻教师可能就讲授语言学科框架中的某个临时遇上的知识点。要么过于繁琐，要么过于零碎，久而久之，教师感到冗长无趣，学习者感到乏味无序，慢慢地教师就没有了进行语言教学活动的积极性，自然而然就产生了"淡化语法教学"的问题。

（四）高中语言文字运用教学方法的偏差

汉语语法系统相对抽象，本身也是一种相当复杂的知识系统。要使他们在三年的中学语文课堂上完全了解这种系统，确非易事。如果教师教学手段和学生间完全没有交流，也不能充分调动学生的主动性，就很难使学生真正地掌握整个文法知识系统，更不能通过掌握语法知识系统来提高语言文字的水平。也有部分教师虽然是因文而授，但基本上仅仅对课文中的句子论语法，没有进行延伸，学生再遇到其他相关的文法内容时仍然不了解。因此，高中语文语法教学便时常发生怪异的景象：教师在上面费尽心力地讲解学生怎样判断词类、怎样区分句子成分、怎样确定词群关系，学生在台下虽努力听讲而脸上却一片迷茫。教师绞尽脑汁而收效甚微，学生聚精会神而无法听懂，教师自然以后也就不再教了。

此外，对于语言文字运用教学内容的考查，所采用的方法主要是对试题集中的强化。这就使得文字内容僵化成死的知识点让学生记住和背诵，而无法有效考查其对语言文字的实践应用水平。例如对几个成语的学习，因为时间有限，老师也没有逐一说明其中的含义以及后面的情节，学生在无暇挖掘成语后面内容的前提下往往通过死记硬背而记住几个成语，尽管考试成功了，但仍然无法了解其中的历史背景。这也不适合语言文字规范化和运用教学的要求。

二、语言文字教学的策略研究

在核心素养语境下，秉持着教学的场景化、开放式与跨学科的理念，建设语言文字规范化工作应用课程可以通过优化课标顶层设计、合理利用课程资源、探索语言文字标准化的教学以及采取素养教学方式等多项措施，探索语言文字标准化工程应用的有效教学。

图 2-6　语言文字教学策略研究

（一）课程标准方面：完善语言文字内容

1. 进行高中语言文字学习的方法衔接

高中语文教师有必要帮学生总结和归纳初中已学过的语言文字基础知识，并说明高中语言文字学习方法和高中、外语语言知识之间的差别。身为即将步入教坛或是已经深耕多年的高中语文教师，我们有责任和义务改变现状，在面对新学段知识点断层问题，应该积极钻研学生的学习心态和专业知识，以协助初入高中的学子们进行知识点的转换与衔接。

2. 必修教材增加语言文字知识比重

中学语文教学最根本的任务，归根到底，还是帮助学习者了解语言文字标准化的基本知识点，以及培养语言文字标准化的基本应用技能，但是过去十几年忽视语言进行教育的现象一直没有得以改变。中学时期，学习的现代汉语标准文字、现代汉语语法句法、字音字形、古文语法以及古文句法等，都是真真切切关于汉语文化本身的，而在不能学习语言本身的地方，又凭什么谈提高学生语言素质呢？因此在编写的课本中，编者应当在必修课文中反映语言文字规范化工作内容，并加大宣传它的比例，才能受到教师和学生的广泛关注。

在教育核心素养背景下，教材的编写进程中从专业知识迈向教育核心素养的主要方向就是市场需求。但这并不意味着完全否定了专业知识与学科知识之间的存在逻辑，而只是要按照这个学科知识的逻辑，依据教育核心知识，统整知识结构。

由于以往课本在编写过程中注重学科知识，在我国注重中小学校全面发展与核心素养教育改革背景下，这种课本编写逻辑会使课本进入课程本位的趋向。核心内容导向下的教材编撰，必须处理好专业知识和素质教育之间的关系，以培育学习者的核心素养为目标，按照核心素养的逻辑与规则，统整学科知识。关于语言文字运用的课程的编写，也必须坚持结构化、情景化和活动化的原则，使知识"活起来""动起来"。

3. 充分利用语言文字方面的选修课程

词语文本规范化工作运用知识课程是语文课程的主要部分，在选修课体系中专门针对词语文本规范化工作运用这类内容编制了一本教科书，但使用率不高。作为教师，必须正确组织教学，完善教学内容，在课堂教学中给予词语文本规范化工作运用一席之地；作为教师，也必须联系必修课的有关知识点，把必修课里的汉语文本现象作为选修课内容的基础材料，为讲授有关语言文字规范化工作知识点提供依据，促进学生在选修课学习中发展和提高。总之，教师要把教材充分利用起来，充分地发挥其教育功能，莫将它束之高阁。

在现代教育核心素养语境下的教科书中，更注重"突出课堂内容的对话特性，即课堂教学内容不仅是单纯体现于教材上的老师课堂中运用的内容框架，更是一个生动的思维个体，是具有深刻情感的思想体"[①]。

（二）教材利用方面：协调发挥教材优势

在培养中小学生语文核心素养的目标下，老师要学会引导学生从人文环境、社会环境、大自然中寻求并发现汉语教学的素材。通过创新教学，让学生在积极的话语环境中，体验汉语言教学独有的魅力，从而引领学生感知母语、使用母语、热爱母语。

---

① 彭寿清，张增田. 从学科知识到核心素养：教科书编写理念的时代转换［J］. 教育研究. 2016（12）：110.

1. 联系与引申语言文字内容

语言文字规范化课程并非单一的内容，它是与阅读教学、作文教学、口语交际等领域的课程交相辉映的。教师们在使用语言文字规范化课程的教学内容之前，必须先学会与读书、作文、口语交际等领域紧密结合起来。以苏教版选修课程"话语规范性与革新"中的"给话语绣上几道花边儿"为例，这一节是讲话语的修辞，正称为"言之无文，行而不远"。"要想在表达写作中，不会因违反语言规则而产生文法病句，就必须掌握词语的基本词性。另外，还必须对字词的修辞特点加以深入研究，如此才能达到语中有文。"① 古代诗歌中的句子修辞堪称学习的楷模，如李清照的《声声慢》：

寻寻觅觅，冷冷清清，凄凄惨惨戚戚。乍暖还寒时候，最难将息。三杯两盏淡酒，怎敌他、晚来风急？雁过也，正伤心，却是旧时相识。

满地黄花堆积。憔悴损，如今有谁堪摘？守着窗儿，独自怎生得黑？梧桐更兼细雨，到黄昏、点点滴滴。这次第，怎一个愁字了得！

宋代著名女词人李清照的这一首代表作，作者通过对残秋的所见、所闻所感，表达出国破家亡后自身的凄凉痛苦与失落孤独。从语文修辞角度出发，这首词的用字非常巧妙，特别是对叠字的运用，很值得我们推敲与掌握，以指导读书与作文教学。在这一课题的文章学习中，需要参考南宋著名文化评论家张端义的文章评论："探究《声声慢》词中叠字所包孕的情感含义与递进层面，并联系自身所学习过的中国古代诗词，谈说叠词的修辞效果。"② 在这首词中，开篇即连用14个叠字，下片的"点点滴滴"与前文照应，形象地表现了作者内心连绵不绝的愁苦情绪。通篇字字皆是泪，让人读罢心有戚戚焉。"寻寻""觅觅"皆为动词，表现作者四处寻找却又不得的迷茫与失落；"冷冷""清清"是形容词，既是环境的冷清，又是内心的冷清，"凄凄""惨惨""戚戚"都是形容词，表现内心极度的凄惨悲戚，三叠韵，六双声，使这种情绪在心中氤氲不散，连绵不绝，如泣如诉。从寻觅不得的失落，到周遭环境的冷清，再到直逼人心的凄惨，使情绪渲染层层递进。"点点滴滴"视为动

---

① 丁帆、杨九俊主编. 语言规范与创新[M]. 南京：江苏教育出版社，2008：69.
② 丁帆、杨九俊主编. 普通高中语文必修四[M]. 南京：江苏教育出版社，2008：68.

词，淅淅沥沥的无边丝雨细如作者心中的愁绪，下得人心更加烦闷。讲到这里时，不妨引用古典诗词中经典的叠字作为课堂延伸拓展的内容，让学生自主分析其中叠字修辞的作用，如"无边落木萧萧下，不尽长江滚滚来""晴川历历汉阳树，芳草萋萋鹦鹉洲"等。

2. 关键处预设语言文字内容

教师在备课中，对于语言文字标准化知识点的设定也是不能缺少的，而教师通过精心的课堂设定就可以把握并推动教学内容的形成。这就需要教师在讲授课程前，一定要先全面了解课文，然后发现有关语言文字标准化的知识点，并加以合理讲授，再根据其知识水平来实施教学。在课堂教学中，教师多了一分合理的设定，学生就会多几分合理的创设。由于语言文字运用贯穿了中学的所有必修与选修课程，也就显然不可能在每次的不同学节中都要把相应的课程拿出来讲，而只是在大多数时间化有形为无形，真正地把知识点融合到每一节课中。所以，教师必须学会从课文中找到有关语言文字标准化知识内容运用的要点，并精心设计，指导其形成知识点。不论是在课前对语言文字规范化课程的精心设定，还是在课堂教学中对语言文字规范化相关知识的学习，都必须紧紧围绕教学中心，做到心中有目标，课堂有效果。

三、梳理与积累语言文字内容

《普通高中语文课程标准》（2017年版2020年修订）突出了总结和研究的意义，这需要有意识地总结。积累有助于我们丰富资料和素材，但是语言文字规范化学习的内涵却非常宽泛。就高考的考查重点来说，只有读书和作文这两种，其余基本上都可以归入汉语文字的范围，包括了字音字形字意、词汇运用、病句修改、对句子变化的仿写、修辞手法的运用等。但这都不是可以通过一时的突击就可以学会的，比如字义、语用，若没有平时日积月累，是无法得到长足长进的。

在语言文字规范化传统教学的过程中，积累是最主要的学习手段，而科学的整理和积淀则是掌握规范化传统教学内容的最有效手段。荀子也曾提到过"积土成山，大风兴焉，积水成渊，蛟龙生焉"，学生需要对出现的一系列问题加以累积、概括和整理，才能将如细流的传统经验汇聚成学问的浩瀚大海，把零落散乱的知识形成系统。但是，累积不是"眉毛胡子一把抓"，而是要学习整理，有目的有方式。例如在整理字音时，学生可以根据韵母排序，把容易读错的词归类，找出其中的规律性，并时不时地拿起来加以复习。而整理和累积的真正目的，就应该是使学生懂得为自己建立认识系统。如此，在自己有目的的探索中前进，只要学生明白了哪些需要累积，哪些不需要累积，学习效果自然而然就会大大提高。

（一）教学方法方面：运用素养教学方式

1. 注重在情境中的运用学习

"一切语言通过实践去学比通过规则去学来得容易"[1]，著名教育家陶行知一生都在践行"教学做合一"的教育宗旨。他初办南京晓庄学校时期，学校的学生就开始木工教学、音乐教学、绘画教学等。而且这种教学并没有把学生们圈在教室里，而是雇用了民间木工等社会上一些技艺高超的工匠们来授课，"教室"就并非传统意义上的教室了，而是在能施展这种技艺的空间中，如在木器厂内、在山坡上、在田地里……这其实正是现代生活教学与社会实践教育的典范。目前提倡的核心素养的教育，是强调基础知识在实际情境中的掌握和应用。不少中小学生都反映语言文字"学不好""不好学"，其实是他们不运用语言写作的现象。而对于语言文字运用能力的培养，要旨都在于实际操作经验。学习者在不同的情景中合理选择并使用口语的各种风格与结构，并针对不同的交际目的自信地改变词汇结构和用词。在教师的引导下，学习者应能积极地发挥主体能动性，有意识地在语言情境中提升语言文字的水平，在潜移默化中提升语言素养。在语言教学中，教师从文本的语言形式出发，学会并引导学生体会语言中文字的质感。当学生完全理解文字的含义之后，就可以借助语言文本的表达，在一定的社会生活环境中寻找并发掘自己的内心世界，从而体会文字的力量。

现在的课程模式，开始慢慢摒弃那些死记硬背的教条，重视学生的实践运用能力，有些东西要求他们在生活中独立进行。课本只不过一个例子，教师应该按照课程标准的精神结合学生认知水平，使用好课本，要有目的地选取与日常生活有关的知识点进行教学，根据问题进行教育。我们课堂教学的目的并非完成对课本的学习，而是利用课堂活动，使学生了解祖国语言文字，

---

[1] 夸美纽斯. 大教学论［M］. 北京：教育科学出版社，2014：141.

提高语言素质，增强他们的语言文字应用能力。

基本知识不是仅仅在特殊情景中运用的知识，而是运用在一般情景之中的。不仅读书与作文教育能够在情景之中进行，语言文字知识的教育也能够在一般情景的教育中进行。核心素养导向下的语言文字教学应用内容的选择，在较大意义上是培育语文意识方向的。教师应在课堂上激发学生的阅读情绪，在课上和课后安排一些生活课题，研究生活中的语言文字应用情况，并在课堂上反应过来。

例如在向学生讲述"普通话与方言语音"的知识点时，可让学生们用普通话再现日常生活中的某个片段，并以方言进行表达，进而引导他们归纳出普通话和方言之间的差异与规律。这样，学习者就可以学会从日常生活中的实际场景入手，发现语言文字交流中鲜活的生活事例，真正实现在语境中的应用与掌握。

2. 学会自主探究式学习方式

一般的高中教师讲授语句文章基础知识时，教师经常是"照本宣科满堂灌"，学生则表现出"艰难晦涩糟懂听"的情景。这些填鸭式的教学方式让许多学生的兴趣爱好迅速被消磨，学生一听到语文章词句子段篇就反感，认为毫无含义更毫无用处，久而久之就会滋生对阅读语文课程的厌烦情感。这就要求我们彻底改变课堂传统单一的讲授教学模式，将"满堂灌、一言堂"转化为"参与式"的课堂。探索与解决问题能力已多次出现于发达国家和地方

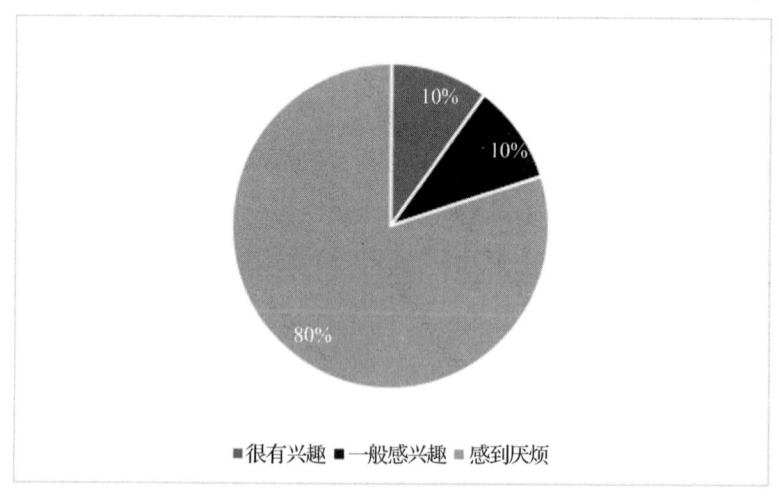

图 2-7 学生对语文教材词句的态度

政府遴选的公民核心素养系统中，目前建立的核心素养系统框架就涵盖了相应内涵。根据教材，教师能够让学生培养自我探索能力，从书籍走进生活，并从日常生活中总结语言文字之现象，从而找到语言文字之乐趣。例如从课文中就能够看到，每一个范文都是日常生活中有关现象的投射，日常生活也是印证课文的最佳范例。

比如在《故都的秋》中，"秋雨话凉"这一幅秋景图中，作家郁达夫专门写了城市闲人的对话，其中这句"层层秋雨层层凉了"，"层"原本应该是"阵"。在"一阵秋雨一阵凉"中，平仄为"平仄平仄平仄平"，二、四、六字是仄声，音高未有改变。读为"一层秋雨一层凉"时，平仄为"仄平平仄仄平平"（"一"发生音变），第二和第六个字变成了平声，第四个字是仄声，成为平仄相间，这句话就成了诗歌。所以作家说这样的"歧韵""倒来得刚好"了，也就是这让城市闲人的雨后说话增加了韵律美感，更加轻松悠闲。这也包含了汉语普通话的方声，并由此引申了平仄韵律美的内容。教师可以此为凭借，引导学生根据自身的语言特点，来谈谈日常生活中语言和普通话有何差别，以便探索语言规律。借助这样自由探索型的教学方法，学生可以自己投入到丰富多彩的探索体验中，真实感受语言的环境，参与有建构价值的语言知识形成活动，进而养成独立探索的思想品格与认知心理。

三、采用跨学科研究学习方式

程红兵教授根据社会主义核心素养，提出了面对未来的教学结构改革，在基础教学方面，也提出了本土化重构。这种重建方式分为教学内容重构、课程重组、教学重构。[①] 在语言文字知识掌握的进程中，可选择跨学科的知识学习方法。例如从语言文字教学工作的观点，研究对一个数学问题所表达的严谨程度，多一字或少一字的差异是什么，以及如何以文言文的方式表达同一问题等。又例如，对于同样的一个话题，英语的表达和汉语的表达有何差别，或者同一句、段、篇英文文章可以有什么截然不同的译文，为什么这样翻译等等，也可以从其他领域中发现语言文字知识运用的内容。在立足于语

---

① 程红兵.围绕核心素养，探究面向未来的课程结构变革[J].课程·教材·教法，2017（01）：16-21.

言文字知识学习的同时，也增进了学科知识间的互动。久而久之，学生就会发觉，原来在跨学科的学习上也可以获得语言学习的美妙快乐。

贯彻社会主义核心素养的新教育思想和培养国际化的新理念，是对中国的基础教育事业发展的全新要求。和学科知识相结合，是实现核心素养培养目标的必要道路。

第三节　现代文语法教学的核心素养提升

语文的基础素养在课堂教学中主要借助于阅读进行教育，而语言文字规范化和运用课程则不但需要教师开展学术专题教学，更需要教师在阅读和作文的课程上加以落实。而阅读教学课程除具有阅读教学本身的功能之外，也担负着语言文字规范化方面的教育使命。包括听准字音、懂得鉴赏修辞语言的审美价值等。这时，一篇课文就已不单单是一份阅读素材，更是读书、作文和语言的运用中共同的素材，已经成为一种"群"和"集合"。语文作为一种学习语言的专门课程，带有综合型与实用的特征，故在语言的学习与实践中，要训练学习者认识、研究、实施语言文字的功能，要学会把阅读文本作为语言文字的教学内容，使阅读课也变成掌握语言文字实际应用的场域。

高考语文检测的识记、文字表达和语言运用水平，均要求学生认识和准确书写现代所使用的规范汉字，并辨别和改写病句，而现在大部分学生都或多或少存在这类问题。

一、语法教学与现代文语法教学

（一）语法

语法，顾名思义，指语言的规则章法。但作为语言学领域的一个专业术语，它被各家赋予的定义不尽相同。

《现代汉语词典》把"句法"理解为"词语的构造方法，包含词的组成与变动，词组和句型的组织"①。暨南大学的邵敬敏先生指出：语言、单词、文字组成是语文的基础。语法就是语言的建造法则，词语好比混凝土、钢筋等建筑材料，按照一定的语言建造法则，就可以将这种建筑材料建造成语言大厦。② 因此，汉语句法是一个形成语文不可分割的元素，缺少了句法的语文是不可能存在的。比如有"她""想""做饭"这三个词，从编排形式上讲应该有六种组合方式，但是只有"她想做饭"是正确的，其他的形式都不符合句法。这些事例就提示我们："词汇和词汇之间的联系并非随意的，只是有一种规律性在起效应，这一基本规律便是文法。语法，是语句的综合原则，专指形成词、短语、句型等意义的语句单元的原则"③，黄伯荣、廖序东在《现代汉语》一书中也如是说。词、短语、句型它们是如何形成的，其背后都由一种共同的元素在起效应——语文原则。而周一民在其《现代汉语》一书中的说法，更是通俗易懂——"句法即是说话的结构形式""从听观众的角度看句法又是了解说话含义的认识方法"④。同样，胡裕树先生也是这么认为的，"语法是语言基本要素之一。认识一个句子，不仅要了解每个字所代表的含义，还要知道字与词之间所产生的关联"⑤。汉语的基本结构要点之一便是句法，正确理解每个句法可分为两步走：一是搞清楚各个词组的基本含义；二是搞清楚词和词间的配合关系。例如，"太阳"和"晒"这两个词各有不同的意义，将其组合在一起，可以组成"太阳晒"，也可以组成"晒太阳"。这两种短语的含义差别并非由于词语的含义变化而产生，而是由于词语间的组成方法的变化而产生。词语间的组成方法也便是汉语句法。词语意思所代表的都是客观事物，而句法知识也就是词语间的组成法则，在二者的共同作用下，各类句意不同但遵循句法规律的语句将会不断出现。

综上所述，虽然各家"语法"的概念都不尽相同，但各家的定义是有共同之处的，即语法是语言的一种基本要素，是遣词造句的一般法则，是所有

---

① 中国社会科学院语言研究所词典室. 现代汉语词典. 第5版 [Z]. 北京：商务印书馆，2005：1665.
② 邵敬敏. 现代汉语通论 [M]. 上海：上海教育出版社，2001：167.
③ 黄伯荣，廖序东. 现代汉语：增订五版. 下册 [M]. 北京：高等教育出版社，2011：1.
④ 周一民. 现代汉语 [M]. 北京：北京师范大学出版社，2006：276.
⑤ 胡裕树. 现代汉语（增订本）[M]. 上海：上海教育出版社，1981：277.

语法形式的基本构成原则。它在语文教学中也具有不能忽略的重要意义。

(二) 语法教学及现代文语法教学

在探讨"语法教育"以前，先要研究"教学语法"的基本理论。所说的教学语言，是指在课堂中所运用的语言系统，"也就是课堂教学为目的的语言学""课堂教学语言内部应该分为大学教学语言和中小学教学语言"①。教学语法也就是学习方法，张志公老师认为："所谓'教学语法'就是中学、小学的学生学习语法的系统、教材和方法"②。"语文课程的主体内容是语文知识"③，学习方法中注重的是语言基础知识，是教育的主要课程，但语言教育并不是全然没有语言基础知识课程的作用。语言教育是具有工具性的课程，而语言教育就是开启语文课门的钥匙，语文教育的终极目的就是培养学生对听说读写能力的整体意识，而文法教育是语文的规范，它贯彻在学生听讲阅读的一系列环节之中。所以，语言教育是语文课程的主要部分。而学校教育文化，只是"为学生理解和运用语言文本的实践技能提供咨询服务"④，所以语法教育不应当"被弱化""被退化"，在中学阶段适当而合理地掌握语文学习方法是完全必要的，是十分有现实意义的。

"教学语法"是指讲授给学习者怎样规范运用一种语言的语法，是以理论语言为基础，按照教学内容所制定的需要传授给学习者的语言知识，在某种程度上来讲也是一个语言系统。"语法教学"是把教学语言付诸实践的过程，是老师讲授和学生掌握语言基础知识的过程。它们二者相互促进，既可以说明语言教学内容的变化总是伴随着教学语言进展的步伐，又可以说明教学语言的进展必然引导语言教学内容的变化。

至于现代汉语句法教育，则区别于古代汉语句法教育——如中学时期的课文句法教育。现代汉语语法教育是对现代白话文的语言规范加以教育与掌握的活动，有着一定的语言结构与教学框架。

---

① 高更生. 论教学语法的学术性 [J]. 东方论坛：青岛大学学报，2002 (1)：84.
② 张志公. 谈谈教学语法——庄文中《中学教学语法新编》序 [J]. 语文教学通讯，1984 (9)：43.
③ 王荣生. 完整地理解"语文知识"的问题 [J]. 中学语文教学，2007 (10)：3.
④ 胡明扬. 中学语法教学刍议 [J]. 语文建设，1995 (4)：24.

二、现代文语法教学困境的原因分析

（一）师生对现代汉语语法教学认识不深、态度消极

1. 教师深受"淡化语法"观念影响

教师作为课堂的主体，在实际的教育活动中有着至关重要的角色与作用。由于当前的高中教师受到"淡化语法"思想的冲击，产生了对语言教学与语言教育的认识偏差，降低了学生对语言基础知识的理解与把握，加上老师在学术研究、课堂讨论等方面存在问题，这些都阻碍了现代汉语语法教学的正常开展与健康发展。

教师们受到学界"淡化语法"的干扰，从而不注重现代汉语语法课程。从中国 20 世纪 90 年代的语言教学大争论起，"淡化语法"这一观念就在语文教育学界生根发芽。近 30 年来，"淡化语法"的语法教学思想一直对中国的语言教育与语文教学发生着重要作用。上至语文教育领域内的众多专家与学者，下至许多一线语文老师，均对语文教育"淡化语法"遵循不悖。然而随着时光的推移，大家却淡忘了当时提倡"淡化语法"的具体时代背景和特定历史条件。当时我国的语文教学的确进入了"过分理性"的发展阶段，老师们不讲究教育的科学性与方法性，而是一味地让学生掌握生涩繁难的语言基础知识。如此一来，非但不能对学生的语言能力与语文素质有显著的提升，反倒让学生们沉陷于语言的泥沼中难以自拔。中国的语言教育背离了语文课程的原则和宗旨，于是，就产生了当时关于语言教学的各种争论，也产生了"淡化语法"的思想和看法。不可否认，过分地强调语言教学的语法观念，可以限制对学生人文精神与情感语言的训练，但矫枉过正反而容易走上另一种极端。当前的中国语文教育领域，依然存在片面强调"淡化语法"的学者与老师。但许多只知其然而不知其所以然的老师们也都人云亦云，随波逐流，在课堂中一味强调"淡化语法"。

在中国教育变革的进程中，"素质教育""全面发展"和"核心素养"等教育热词层出不穷，但真正能渗透进教师内心的少之又少。即便得到了教师的广泛认可，在当前的高考制度和教师评价体系的影响下，很多教师还是不由自主地成了"分数为上"的"无声支持者"。究其根源，就在于我们还没有

形成科学的扎实牢固的教学思想，对教学本身的认识与掌握还不够深刻与细致。而教学的本质就是为了促进个人的成长，而并非为了推动教育事业的发展。如果不能把科学的教育思想镌刻于心中，就很容易在高强度、大压力的教育实践中迷失了自己，甚至偏离了方向。

　　对现代汉语语法教育体系的忽视，进一步干扰了语文教师对现代汉语语法基础知识体系和现代语言教育思想的探究与了解，进而限制了现代汉语语法教育的开展。语文教师即使对系统的现代汉语语法教育基础知识体系并不熟悉，也不能据此提出符合高中生的教育语言框架；他们并不能深入了解现代汉语语法教学对语言课堂教学的基础性、关键性意义，也没有充分认识现代汉语语法教学和阅读教学、作文课程等教育内容的有机关联，便自然而然地觉得现代汉语语法教学是可有可无的。在对日常语言课堂教学没有必要的认知前提下，教师们也很少会积极开展现代汉语语法教学活动。

　　中学阶段语文教师对学术研究力量的不足，也会影响现代汉语语法课程的开展。教师们由于没有掌握科学的学术研究方法，也没有掌握较强的学术观察能力，因此缺乏自己的学术考察意识，也无法对现代汉语语法课程的内涵和学习者的语言实践能力等短板作出科学的认识，仅仅依靠个人"经验"和学界"定论"来组织和实施自身的教学课程。由此使得他们的教学课程没有针对性，也无法提高包含了现代汉语语法知识内容的课堂教学效率和教学效果。

　　2. 高中生对汉语母语学习的轻视

　　学生是课堂教学的主角，课堂教学要以学生为本，要重视学情。语文课程虽然头顶着所谓"主学科""大学科"的帽子，但实际上它却始终得不到广大中小学生的关注。对汉语基础知识的忽略，造成了高中生对现代汉语语法基础知识掌握的缺乏。

　　一方面，中国当前的教育形势更加重视学生对外语的掌握。英语作为世界上应用范围最大的教学语种之一，"外语热"在我国基础教育中的兴起是情理之中的。但当前学生对外语学习"过度"关注与强调，对学习汉语母语课程反而缺乏关注。中小学生们在努力寻求英文使用的准确无误，而无视在汉语的表达过程中层出不穷的语言失误、错字别字。

　　汉语是中国人的生活语言，我们从诞生起便掌握并运用了汉语。所以，不少学习者的家庭认为就算不能完成传统的现代汉语语法知识学习，也不能妨碍平时的人际交往和沟通。在他们眼里，单靠成长环境的熏陶和语感的渗透，就可能让一个中国人很自然地使用好祖国的话语文本，何必要画蛇添足、节外生枝，在本就内涵丰富的学校读书中强加现代汉语的句法基础知识呢？这些对语言运用与生俱来的优越感和自信致使学习者和家庭对现代汉语句法基础知识的教学不甚注重，甚至全然无视。但是，万事万物的演变都有其自身的变化规律，人的语言也是这样。尽管从出生开始就浸润在汉语的语言环境中，但是学生对汉语的认知也只是停留在"感性"的认知层面，也就是所谓的"语感"。在进行一些复杂的表达时，哪怕是语序上的细微调整都会导致整个语义的颠倒或错误；在理解他人的语言，接受对方的信息时，有时也需要条分缕析地层层剥离出对方想要传达的主要信息或核心内容。在这种状态下，单纯依靠"语感"是难以解决问题的，需要必要的语法知识做基础，需要对语句加以理性分析，这样才可以得到更正确、更准确的表述。另外，学会基础的语文基础知识，可以培育出较高层次的"语感"，提高语文的使用能力和应用程度。

（二）高中教学现状不利于现代汉语语法教学开展

1. 教学时间安排不够科学合理

中学时期的语文课程内容本来就相当丰富，但在实际教学过程中部分学习课时被挤占，这也造成老师对现代汉语语法和"细枝末节"内容的忽视。

当前中学阶段的语文内容虽然丰富翔实，但实用有效的课程却非常有限。在这一矛盾下，现代的汉语语法课程也自然成了被"压缩"的对象。目前的高中语文课程中，每学年都要进行两册必修课教材的教学任务。以人教版高中语文课本为例，各册必修课教材都有四个单元的教学任务，每单元平均三篇短文，其间少不了比较复杂难懂而有意义的重要的古文作品及历史名篇巨作，这部分课文要求更多的教学时间投入。每册必修课本还有"表达交流"和"梳理探究"的课程模块，需要老师做好对教学的观察与指导。因为在现实的课堂教学过程中，课程之多使得老师担负着沉重的课堂教学任务。同时，高中重要的成绩压力，试卷、成绩解析、做考题、讲试题等接踵而至，更加大了现实课堂教学过程中的具体课程和任务负担。此外，在高考的重大压力作用下，为给高三年级留有更充足的复习时间，不少中学教师会把三年的教研工作压缩在两年内进行，这也势必造成在实际课堂上课程复杂而课堂时间紧的实际问题。在这样的实际教学环境下，教师们就只能有选择性地对和高考直接有关的，或者提高学生分数比较明显的知识点展开教学。实际课堂教学中的教学内容与时间配置都缺乏科学合理的规范，使得教师们在对内容筛选的过程中，舍弃了难度大，"产出较低"，无"直接效用"的现代汉语语法知识点。

另外，高校统一招生试题中的病句、仿写、语义连贯和文言句法等试题，都需要现代标准汉语语法知识的支持，但教师们针对此类试题会采取"速成"的办法，以各种专题形式突破解题思路、传授解题方法。例如在对病句的辨析与修改教学中，教师根据题目类型归纳出所谓的"病句类型"，让学生越过基础的语法知识，直接对应"病句类型"体系。如此一来，虽然学生们对病句问题的回答与计算准确性都提高了，但学生们实际的语言能力却没有经过这一培训而得以提高，同时也并不能完全把握与其他语言问题的内在本质联系，对得出其他语言问题的正确回答也毫无作用，语言更是与其完全割裂。教师们的这种教学模式真正印证了"欲速则不达"的古训。

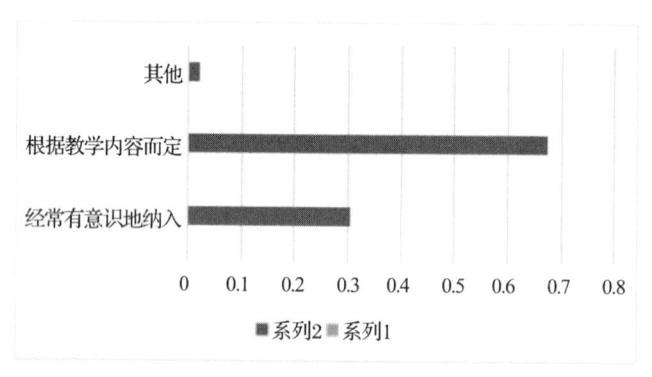

图 2-8 现代汉语语法教学备课情况

2. 语法知识枯燥乏味抽象难懂

现代标准汉语的语法知识点本身就比较抽象和单调，教师的教学以及学习者的掌握都具有相当的难度。

语文的世界是多姿多彩的，在阅读教学中，教师能够引导学生超越时间的局限，探究古今中外，认识天下自然；在作文课堂中，教师也能够引导学生纵情自由施展，由理性思考到情感认知，恣意抒发，随意表现。但是，现代汉语语法知识却往往概念抽象，理解枯燥。从课堂设计到课程的实施，所有教学环节都给予了教师们极大的难度，故现代汉语语法课程难以在具体的实际情境中进行，也无法使学习者得到比较切身的认知感受，更难让学习者产生情感共鸣并充分理解。换一个视角来看，那么抽象的现代语言知识点，给学生在掌握上形成了不小的障碍，枯燥的基础知识也无法使学生维持较大的学习激情，最后就导致了学生们在对现代汉语语法知识点的接受上，也出现了很大的问题。

3. 教学评价片面注重学生成绩

当前的教育评估体制，对学校、教师的评估以学习成绩为中心，这也助长了学校和教师对成绩的片面追求，从而忽略了对学生语文基础知识的系统化教育，削弱了对学生汉语能力的科学化训练。同时对于包含了现代汉语语法常识等内容的，或者对学生语文成绩的提高没有直接影响的语文基础知识减少重视，从而降低教学投入，减少课程也就成了一些校长、教师和学校的"最优方案"。

在高考指挥棒的指挥下，"专家绞尽脑汁设置题目，教师费尽心思研究题目，课堂全力以赴传授题目，学生死记硬背应对题目"[1] 成了高中教育的常态现象。在社会现实的高压下，教师们放弃了对教学理念的探求，放弃了对教学规则的遵守，也放弃了对学生成长方向的正确引导，一心一意解析考卷，认真讲解试卷，变成了专业的解题专家、讲题高手。教师的所有奋斗与奉献，都是为了提高学生的考试成绩。即使有些老师试图探索语言教学的本质，并真正地将语言教学重点落脚到"人"身上来，可一旦学生成绩稍有滑落，便会受到学校、家长和学生三方的围追堵截，最终又不得不回到"分数至上"的老路上来。"高考的压力是现行语法教学中学校和教师不重视改变语法教学方式方法的根源所在，改变这种以考试为主要，甚至是唯一评价标准的体系也许是解决语法知识在高中语文教育不受重视的问题的有效方法。"[2]

学生成绩是影响教师工作评价的关键因素之一，也会对教师的职业生涯发展产生深远影响。虽然在当前对教师的职务晋级要求中，涵盖到了教师的各个方面的才能与素养，但是其中不少要求内容都被教师所在学校简化为学生成绩。比如"荣获市级以上部门综合评估表扬的杰出教师或进步教学工作

---

[1] 侯婵. 高中语文语法教学研究 [D]. 桂林：广西师范大学学报，2017：18.
[2] 侯婵. 高中语文语法教学研究 [D]. 桂林：广西师范大学学报，2017：19.

人员荣誉称号"等之类的条件，评估时均以学生成绩为基础，教师们在平时的教学过程中，也就会不由自主地片面追求学生成绩的提高。但包含了现代标准汉语语法知识点内容的一些知识点内容，却不是语文试卷中最直接的"得分项目"，进而致使教师们"无暇顾及"。

三、核心素养下现代文语法教学的策略研究

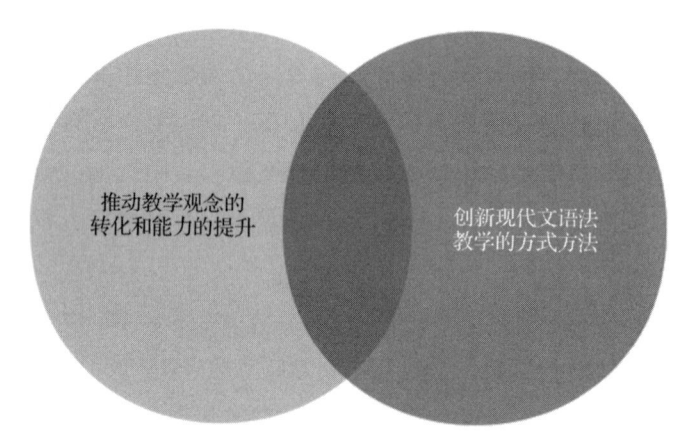

图 2-9　现代文语法教学的策略

（一）推动教师教学观念的转变和能力提升

改变教师对现代汉语语法教育的认识态度，着重在于引导教师加深对语文课程实质内容的理解，有助于教师构建起现代汉语的语法知识，在语文课堂教学中同其他知识和能力形成关键性联系。唯有如此，教师们才能切实回归语文教育的实质，切实意识到现代汉语语法知识对学生语言运用能力发展和综合语文素质提高的基础性意义，切实了解现代汉语语法教育的根本意义，从而产生并发出开展现代汉语语法教育活动和促进现代汉语语法教育事业健康发展的内在推动力。

促进教师价值观转化与水平提高，必须健全师资培训的管理体系与激励机制。一方面要加强对青年教师的前期培训，另一方面又要提高对教师们持续培训的有效性。如此双管齐下，可以增强老师们对具体语文基础知识与教育方法的了解与把握。

在对高中教师的前期培训时，要强调高中教师培训的精细化。既要提高高中教师对专业知识的了解水平，又要提高高中教师对教学思想与教育理念的了解水平。唯有如此，我们才能真正根据本学科的教学实际，确定中学阶段语言教育的基本任务与目标，确保师范生对现代汉语语法基础知识有更充分的掌握，对现代汉语语法教学理论有更充分的理解，形成更坚实的现代汉语语法教学意识，拥有更严肃的现代汉语语法教学心态，形成更坚强的现代汉语语法教育信心。

对高中语文老师的继续教育，要更加增强针对性和实用性。要立足于一线的高中语文老师之实际所需，为忙于教学的高中语文老师提供最新的语文教学理论研究成果，带来最新的语文教育教学热点话题，并提供实际的语文教育训练方法与对策，从而真正提升老师的理论知识储备、专业知识水平与综合素养。帮助老师们在社会生活疾速更新的时期永远处于语文教育教学的前沿，把最实际的语文知识与能力留给学生。唯有如此，才能真正彻底改变"淡化语法"影响语文教育教学全局的状况，也才能切实地将当代中学生以及当今社会生活所需的现代汉语语法等基础知识，有效、合理地传授给学生。

老师们对现代汉语语法教育理解的加深以及心态的改变，也会对学生们形成潜移默化的影响。可以改变学生对现代汉语语法学习与教育工作的认识心态，培养学生对祖国语言文字的强烈情感和敬畏，也有助于学生形成对祖国语言文字规范化工作的意志与信心。许多学生在书面表述中的语言失败其实都是一种极其低级的语言失败，只要端正了心态就完全能够避免或降低这类失败。而问题的关键就在于，学生与生俱来的对母语运用的自信往往让学生忽略了对母语运用规范化工作的重视，产生许多不合法、不合理、方枘圆凿的错误语句，导致学生自己表述中的现代汉语语法失败。所以，必须要营造热爱祖国语言文字、重视祖国语言文字规范化工作的良好学校气氛和社会氛围，在学校老师、父母等社会各界力量的共同指导下，让学习者建立起更加规范运用祖国语言文字的意识与信心，进而让学习者能够在内心深处更加注重对现代汉语语法基础知识的理解和把握，增强对现代汉语语法教学工作的热情与自信。

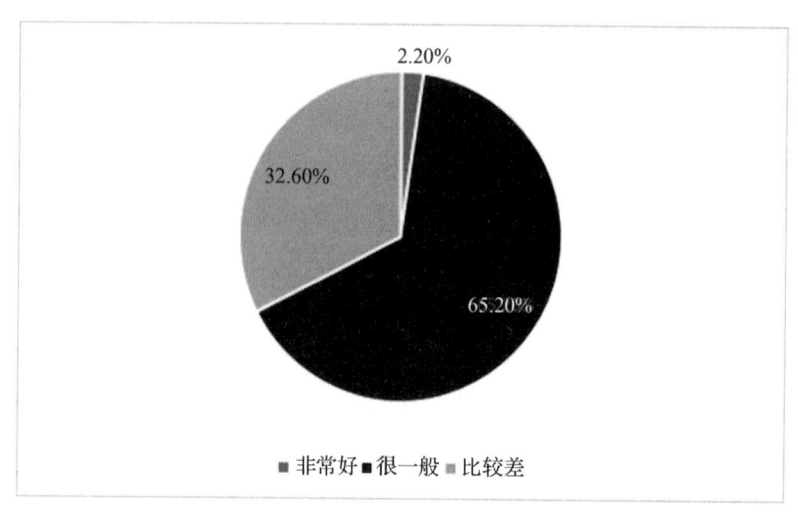

图 2-10　教师对学生现代汉语语法知识掌握程度的看法

(二) 创新现代文语法教学的方式方法

现代汉语语法教育的途径与措施对于提高课堂教学效果与教学质量，提高学习者对现代汉语语法学习掌握的积极性都具有很大的意义。尤其是现代汉语语法知识点本身比较抽象、单调，所以在语言课堂教学上，研究方法与措施就变得更为重要。

首先，要让现代汉语语法教学与阅读教学充分融合，借助阅读教学的具体语言情境，增强现代汉语语法教学的趣味性。阅读是中国语文课程中非常重要的课程之一，因为丰富多彩的文章内容总是能够给予学习者在语言上与精神上的双重体验。所以，利用阅读课堂的丰富语言情境，对学习者进行相应的现代汉语语法教育，有助于提高现代汉语语法教育的趣味性。阅读教学中的每个句型都能够作为现代语言教学重难点上突破的重要范例，有助于学习者更好地掌握现代汉语语法知识中相对繁琐难懂的抽象概念和枯燥理论。同时，现代汉语语法教材充分融合的阅读教学，也可以反向促进学生对文章语言的深层理解和对文章内涵的深入解读。

在中国当代文章写作中，理论类型的篇章相比于文学类的篇章来说往往比较严谨客观，而且有时还较为抽象。因此，学习者在对这些篇章内容的理解过程中也常常面临着相应的难题。但如果把现代汉语文法学习理论和篇章理解有机融合，既可以加强学习者对现代汉语文法的了解与内化，也可以加深学习者对篇章内容的认识和梳理。比如，某一道理论类型阅读题目的文本就选自《中西方戏剧》一书，里面就有如下语句："在五四运动时，一般人提倡西方剧，尤其如易卜生，说他能在每一本戏剧中提出一个人生问题来。"在具体的提问中，有这么一种答案"在五四运动时提倡西方剧，是因为当时的进步青年认为以易卜生为代表的西方剧能在每一本戏剧中提出一个人生问题来"。

很明显，这个答案就是依据上述文本的这句话来命题的。对选择题加以整理以后，人们就不难看出，题目把原文本"他"所指的具体内容理解成为"一般人"所倡导的"西方剧"，而按照原文框架，"他"所指代的具体内容应是"易卜生"。本文是说"易卜生""能在每一本剧作中指出一个生命话题来"，而并非"一般人"倡导的"西方剧""能在每一本剧作中指出一个生命话题来"。借此，作者能够在这一阅读与教学过程中加深了我们对代词所指话题的认识，向我们强调了代词规范运用的重要含义，让我们重新建立起对文法与文字的重视。此外，以"他"这一代词为切入点，也能比较直观明晰地进一步了解原文所表达的内涵。

诗歌的语言结构非常精练，它要在简短的几十个词中，展示出尺幅千里的画面，所以有许多语言的部分都必须要加以浓缩，而字与词之间、词组和短语之间的结构联系，则表现得十分突出。在课堂教学活动中我们能够结合现代汉语句法学习，根据作品的内涵，更加具体详尽地研究其句法特征、词汇组合情况等，以便正确地掌握诗意。比如，崔颢的《黄鹤楼》中的两句："晴川历历汉阳树，芳草萋萋鹦鹉洲。"

"晴川历历"和"芳草萋萋"在句法组成上是一致的，都是主谓式短语。"历历"是清晰分明的模样，"萋萋"是草生长繁茂的模样，它们与各自前边的名称组成主谓短语。而"汉阳树"与"鹦鹉洲"这两种词语，则并不直接地与前面的内容词相连组成短语。不过，在这首作品所展示出的画面环境里，汉阳树和晴川的联系，以及芳草和鹦鹉洲之间的联系，也都被作品所表现了。由于在白日照射下的汉江清澈分明，所以对汉阳树看得更明白了；也因为草长得繁茂，所以让鹦鹉洲更为秀丽了。

其次，要将现代的汉语语法教育和语言写作课程深度地融为一体，让学生本身的语言表达内容成为比较直接的教学材料，让学生发现在对祖国语言文字的具体运用中所产生的语言问题，这样才能比较直接地对学生的语言使用能力加以训练与提高。它能够更加切实地使学生体会到现代语言知识是有用的，因为学习中现代汉语语法知识和自身发展息息相关，现代汉语语法知识也有助于学生自己切实提高自身的语言文字运用能力，从而更加调动了学生对现代汉语语法知识的关注程度和学习激情。比如，学生的作文里就有这样的语句：

那件事使他逐步沦为了一个自私自利的人，只顾自己的感受，霸占他人的座位。

对句子稍加辨析就会看出，前面半句话的主语是"那件事"，后半句的主语变成了"他"这个人，这就是考试中经常出现的"偷换主语"的病句。但在这里出现的考点，也是学生们的易错点。以学生自己在写作中鲜活的事例来分析，一方面提高了学生的现代汉语句法规范意识，从而明确了语句的基本构成；另一方面也可以使学生理解试卷中的语言问题并不是"无中生有"，而是语言实际运用中无处不在的具体语言现象。同时，自然地也对学生的书面语言表达能力和语言运用能力有了进一步的促进与提高。

最后，在学校现代汉语语法教学改革的过程中，要一直贯彻"以人为本"的教学思想。把他们置于具体的语言环境中加以指导与教育，切忌让他们死记硬背枯燥干涩的语言理论与语法规则，而是在传统课堂教学之外，创新地举办各类语言实践活动项目，使他们真正地在实际生活中掌握现代汉语语法知识，更能最终回到语言本身，实现学以致用。

在探索现代汉语语法教学模式与研究方法的基础上，要逐步健全针对现代汉语语法能力的考核方法。

学习质量是"学习者在顺利完成本学科课程就读后的学术成果体现"[①]。他们的学习能力水平测评是对他们学习素质的一个有意义的检测与认识。所以，在高中语文教育学习能力考核中增加对学生现代汉语语法基础知识的考核，可以比较充分地反映学生的语言学习情况。

---

① 中华人民共和国教育部. 普通高中语文课程标准（2017年版）[S]. 北京：人民教育出版社. 2018：35.

因为学习能力的测验不是选拔性的测验，而是对学生素养发展的了解，所以，只要求对现代汉语语法的基本知识点进行考察，没有设置过多的难点，避免给高中生带来更大的学习压力。在具体的知识点与问题设计上，我们应以小课题的方式设置，并根据"词性""短语""单句"和"复句"的概念逻辑，让学生对现代汉语句法知识加以掌握与检验。

第四节 文言文语法教学的核心素养培育

"核心素养"是当今教育工作者最关心的话题，它不但关乎一个受教育者的终身成长，而且还关乎祖国建设以及人类未来的发展。教育部制定的最新版《高中语文课程标准（2017年版2020年修订）》，明显地把课程核心能力作为高中阶段语文教育的主要教学内容，也因此新时代的普通高中阶段语文教育将在语文发展的大背景下，重视对高中阶段学生语文综合技能的整体训练。文言著作因其深厚的文化传统和宝贵的历史文化价值，在高中阶段语文教育中占有重要位置，然而在我国现阶段的文言文实际教育中却依然面临教学方法陈旧固化、课程目的偏向于应试、课堂教学注重文言词汇积累、缺少对学生文字审美欣赏能力培养等一系列难题。鉴于此，本节拟在语言基础知识视阈下，以高中语文文言文语法教材为主要研究对象，对古文教学方法与对策进行研究，并希望对高中生的古文教学带来一点借鉴与参照。

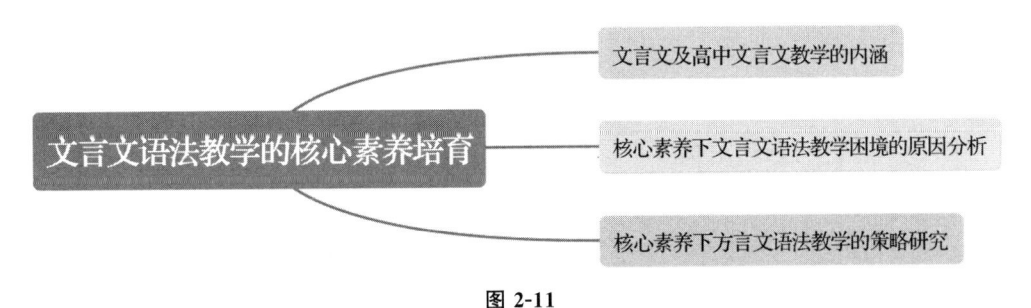

文言文语法教学的核心素养培育
- 文言文及高中文言文教学的内涵
- 核心素养下文言文语法教学困境的原因分析
- 核心素养下方言文语法教学的策略研究

图 2-11

一、文言文及高中文言文教学的内涵

（一）文言文的内涵

"我们平常所说的'古文'，指的是古代的文字语写作，包含文言文与古代白话文。"① 文言文和中国古代白话文最大的区别，在于它是指作者以"文言"这个古代书面语写成的文本，"包含先秦时期的文学作品，后来历代作家仿效先秦书面语写成的文学作品"②。古文是中华民族优秀传统文化的主体，有着如下三个方面的共同特征：第一特色表现在"文言"层面。"文言，是从先秦汉语为根基产生的一个古代汉语书面语。"③ 它和现代汉语最大的区别在于，文言中有着一个比较严密的词语结构和句法体系。从字词结构的角度看，古文中的字词结构和现代汉语相比不是词义差别，而是语法上有些差异。从句法的角度看，也有许多程度的不同，比如在人教版高中语文课本中的《师说》中"师说之不传也久矣"中的"之"字在现代汉语中是用不着的，"不拘于时，学于余""师不能贤于弟子"等语句，都是文言文中独特的句法，所以我们了解文言文的主要前提条件是了解文言。文言文的第二个主要特征是"文字"与"小说"的一致性。尤其是选入高等学校语文教材中的文言文优秀作品，"它们既是经世致用的实在文字，又是中国文学中的杰出散文艺术作品"④，都具有"文章"与"文学"统一的特点。"文章"指的是文言文的功能，不同的文言文具有不同的功能。例如：《陈情表》《出师表》等是具有实用功能的文章，《劝学》《师说》等是具有载道功能的文章，《兰亭集序》《项脊轩志》等是具有言志功能的文章。"文学"指的是文言文的表现形式，诗歌与散文是中国古典文学最为正宗的两种表现形式。语言的锤炼和章法的考究

---

① 石鸥. 核心素养的课程与教学价值 [J]. 华东师范大学学报（教育科学版），2016 (01).

② 余文森. 从三维目标走向核心素养 [J]. 华东师范大学学报（教育科学版），2016 (01).

③ 张华. 核心素养与我国基础教育课程改革"再出发" [J]. 华东师范大学学报（教育科学版），2016 (01).

④ 张娜. 联合国教科文组织的核心素养研究及其启示 [J]. 教育导刊，2015 (07).

则是古典散文作品文学性的体现。正如王荣生先生所说："文言文的章法考究处、炼字炼句处，往往就是作者言志载道的关节点、精髓处。"① 文言文第三个重要的特点是"文化"在文言文中有多个层面的体现，这里的"文化"指的是中华民族的优秀传统文化，主要体现在文字、传统思维方式、典章制度、民俗风情等具体的文化内容以及古代文人志士的思想情感等方面。

（二）文言文的教学目标

课文也是高中语文教材中很重要的部分。文言文独有的语言特点、独特的文化意义及其对提高学生语言素质的巨大影响，也使之成为语言教育课程的主要教学内容。

其中课标对古文课堂教学的要求为：较为浅显的古文，可以通过笔记等工具书，掌握词语意思，读懂文章的内容。

按照课标的规定，理解古代语句的构成，熟知实词、虚词的意义和使用，把握各类常见的文言特殊句型、词种使用，理解古代文化常识等自然是文言文具备的内容。所以，在古文的后期语言教学阶段，比较注重对文言词语、文言词类、文言句法等这些词语的把握。而这些古文词语的把握也离不开对文言句法等基本知识的把握，语言教学也更有利于对文言文文本的分析。

如"外无期功强近之亲，内无应门五尺之僮"，该句除涉及实词含义、文化常识外，还包含文言语法。这是一个省略句式，省略"李密"这一主语。

文字的基础，是中国古文中最基本而关键的内容。词类、句法、文言知识等文言字基础知识，都是中国古文语言处理的重要依据。在古文课堂教学中，往往需要以语言常识作为基础，作为古文教学的主要手段。但倘若不进行语言基础知识的教学，不进行语言学习，相比于现代文阅读，了解文意也是一个不小的困难，更别提进行古文教学另一门重点课程——文本研究了。在古文中后期教学过程中只有做好了文言语法理论的基础教育，在思想上和实际中掌握了文言单词、语法、句式、词类等的基本组成规则，才能在古文阅读中有意识地利用这种文言语法理论，去研究和认识古文。

值得注意的是，古文作品的词语意思和表达方式不同于现代文。尽管古文作品有现代文的起源和发展，而且二者在词语的意思和表现方式上有很大

---

① 钟启泉. 核心素养的"核心"在哪里 [N]. 中国教育报，2015（04）.

的联系，不过古文语言词汇的表述却有着比较严密的规律性，而且词汇含义也比较丰富。比如：通假字、词语的活用、古今同形异义字、一词多义等词语的特殊运用，也是传统古文语言区别于现代白话文语言的特点。由此可见，中学古文语言教育在中学语文课程当中尤为重要，学生在学习古文语言的过程中，既能够积累现代语言文字规范化工作知识，也能够在自主学习中提高思维能力，对他们的一生成长都有着重大作用。

二、核心素养下文言文语法教学困境的原因分析

核心素养下文言文语法教学困境的原因
- 教师在文言文语法教学上的忽视
- 学生在文言文语法学习上的不足

图 2-12

（一）教师在文言文语法教学上的忽视

1. 学情了解不彻底，方法选用随意

经调研，老师普遍认为方法的选用必须根据学情，但方法的选用和方法本身、文言语法内容也无太多联系。在中学阶段，他们就开始掌握和累积起了基本的汉语句法基础和古代汉语语法基础知识，"随文掌握基本的单词、句法基础知识，用来辅助了解课文中的语句问题，注重积累、领悟和使用，提升自身的欣赏品位"。根据调查结果，99.3%的学生在初中阶段就掌握好了基础的语言基础知识，而这些掌握好的语言基础知识也成为高中阶段他们学好古文较好的基础。可是，学生学过并不代表学会、学懂，并能够在阅读实践中学以致用。老师们并不了解学生对这些语言基础知识了解的实际情况，既不能充分利用高中学生文言语法基础知识间存在的"相同要素"，也不能及时地对学生了解文言语法基础知识的状况加以考查，而只是采取了各种问卷和极少量的练习，来了解学生对文言语法基础知识的掌握情况，用这些方式得到的信息具有其狭隘和片面之处。

此外，由于中学教育的文言语法知识点数量多，类型杂，区分度较少，

易于使学生思维模糊。所以，老师必须要重视对学生读书的辅导、启发与帮助，而不是以传统教材的研究方法来取代学生的读书实践，也不能以教师模式化的讲授方法来取代学生的感受与思维；教学方法的选取必须多样化，还必须考察选取什么方法比较有利于学生的参与。既必须选择从随文方法来体现文言语法的语境作用，又必须选择以经典的言辞、句子作为教学范例加以经典例句解释和说明，从而归纳概括文言语法的基本规律。既要在朗读中感受文言字词的发音，在断句和语气中揣摩文言句法的变化，又要在对比中感受文言句法知识间的重叠、交错与差异。

课堂教学前对学生掌握文言语法的实际状况掌握得越明确、全面，在进行课堂教学时就越得心应手，就可以减少老师"满堂灌"的现象。

2. 忽视了学生的认知发展，教学方法使用不正确

教学方法运用的有效性究竟如何，主要看老师是否正确地把教法和学生的认识规律有机地结合，并灵活地进行教育。心理学调查研究证实：中学生观察的教育发展趋势，体现为理解能力提高、精确度增强、概括性明显发展、方法运用不断完善。这一时期，学生的观察能力不管是在学习动机还是在经验积累方面都在不断增强。同时，意义识记能力的提高、抽象记忆进展也较快，以及抽象逻辑思维的发展更加完善。[①]

在对部分高中生的访谈过程中发现，大部分学生认为，在初中所学课文主要是通过强行的记忆，记得就好，学习也容易。到了高中以后，篇幅变长了、词汇量更多了、文章构成也更为繁杂了，学生学习更为繁忙，也不能把更多的时光花费在背诵上，学习效果当然也较差了。由此我们可以发现，中学时期的学生已具备现代汉语语法和古文构成方面的学习能力，只是其认知结构尚存一些问题。他们把文言语法学习成绩较差的问题归于缺乏知识记忆，这的确是一种问题，但绝不是问题的重点。这一时期，老师必须尽快调整他们的知识积累，寻找比较有利于他们掌握的方法，而不能强调机械式的记忆。

综上所述，由于老师的教学方式无法把学习者的语言知识发展规律和文言语法相结合，进而发挥学习者迁移力，所以语言教学的有效性也自然就无法提升。

---

① 陈树发，邹长生，郑勇军，万成. 教育心理学 [M]. 北京：高等教育出版社，2011：23.

3. 教学缺乏计划，知识教授零散

在教育调查中，教龄在五年之内的老师一般都对课文中所讲述的文言语法情况很熟悉，往往只是在实际教学中，出现了问题就作一个集中度的随文讲解，甚至不少时候将课文中出现的知识点总结到笔记本上，当作教学任务来安排。在实际实施课堂教学过程中往往没有顾及以前讲过多少，或以前讲过的东西对现在的课堂教学能产生哪些效果等等。甚至一些年轻老师还认为，自己对文言语法知识点了解的程度也不够全面，而且也不够重视，所以，这些老师要么不讲解，要么一带而过，讲解也不彻底。教龄在十几年左右的老师，对教学中文言语法的难度重点划分都比较明确，所说的难点、重点，还包括了高考常考的文言问题等，在课堂教学中，会进行重点教育，老师有时还会有意识地让学生总结积累；而如果出现一些不易辨别、易于混淆的语言知识，会特别加以强调，这样就可以更有效激发学生对自身语言学习方法的总结，并鼓励他们共同研究。

学生的复习活动受到老师的干扰很大，基本上所有的学生都反映，考试之前强行背书，无暇思考各种文言现象之间有什么联系。高三的学生觉得，高一、高二学习的知识内容过于零碎，没有高三专题讲解时充分。不过，学生即使积累了很多的文言语法等知识点，却仍然不容易灵活运用。

从以上现象可以看出，文言语法学习零碎容易导致学生知识不连贯，教学集中也容易导致他们掌握不彻底，不易于高效运用。教师只有实施有目标、有侧重点的衔接教育，并有意识地对前后知识点间的交叉、差异加以指导，学生才能在衔接的学习中逐渐构建起全面、扎实的知识结构。

（二）学生在文言文语法学习上的不足

1. 未能对文言文学习的内涵和意义，作出精确的把握

古文是一个独特的文字体例，承载着中华民族几千年的文化，其精妙的文字成为一种表达方式，同时它本身拥有优美的神韵与充沛的文化情感。因为其产生的社会历史背景与当今社会脱节，其语言表述与现代汉语存在许多明显的偏差，导致很多学生都不能认识到古文学习的意义，或者觉得古文早已落伍。另外，还有不少学校觉得古文学习费时多、效率低，所以提供给古文学习的资源相对较少，或者很多学校对古文学习的作用完全没有去重视。这种错位的思维和方式导致学校古文教育质量不高、学生文化基础素质提高

的基础很不扎实。

2. 没有形成良好的文言阅读氛围，没有广泛的探究性知识

文言基础知识把握不牢固似乎在高中生中也是一种较为常见的现状。首先，因为古文出现与发展的年代和当今相距甚远，我们学习古文先天不足；其次，由于在平时的语言教学中并不是一个文言文的环境，这也导致了古文基础知识在后天的发育不良，也就导致了学生对古文相当陌生，对古文学习也很难提起兴趣。另外，由于学生大多是通过机械性的记忆方式来了解文言内容，而不能使其融会贯通，这也就潜在地加大了他们对古文学习的厌倦程度，而通过传统的教学方式很难把握古文的内容特点和情感态度等基本要素，也就很难达到对语言基础素质的全面提高。

三、核心素养下文言文语法教学的策略研究

文言语法课程在中学语文课堂中的地位是不能忽略的，我们必须从多方面探索更有效适应学生发展的教学手段和方法。对照文言语法课程和普通中学语文课堂教学的过程，可以看出，死教文言语法的"顽疾"由来已久，所以我们需要根据"病症"的具体情况对"症"下"药"，才能从根本上解决这一系列的"病症"。

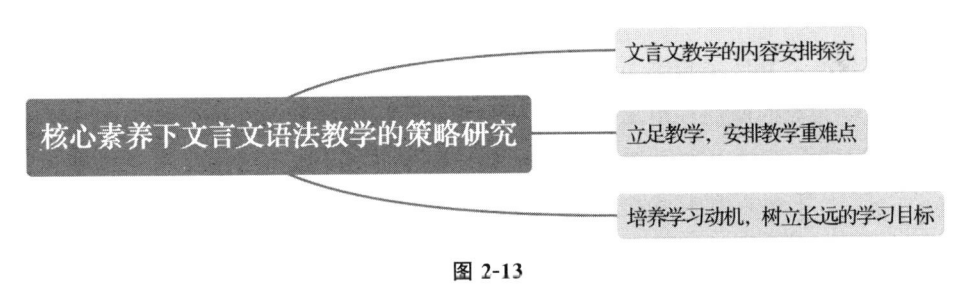

核心素养下文言文语法教学的策略研究
- 文言文教学的内容安排探究
- 立足教学，安排教学重难点
- 培养学习动机，树立长远的学习目标

图 2-13

（一）文言文教学的内容安排探究

在教材内容的编排上，充分地考虑到了高中阶段学生语言知识能力发展的特点。体现在文章数量上，从必修一至五中的文言散文的数量依次为三、三、四、三、四，可以看出学生所学的文言篇目量随着学段上升而逐步增多；从题目上看，必修一、二分别以趣味性较强的故事叙述类散文和写景游记类

散文为主。必修三和必修四，分别为议论说理类散文和人物传记类散文，总体难度比前者提高了。必修五中的四篇散文，均为抒情类，都具有较强的个性特点，因此学生掌握起来难度较大，要认真揣摩、仔细品味才能慢慢理解。但是，从总体上看，文言语法知识点的内容安排并没有顾及高中的衔接。高中阶段的文言语法主要是以课本为载体呈现在老师与学生面前，教师如果在教学之前能够清楚地了解课本中文言语法的分布状况，那么在实际的课堂教学过程中就能够灵活处理把握整个教学的进度，及时巩固和强化，并且保持连贯的教学活动。这对于学生逐渐形成自己的语法知识体系，积累文言语法是有很大帮助的。

1. 实词教学

具有实际意义的词叫做实词。根据语法功能的不同，古代汉语的实词包含名词、动词、形容词、数词、量词等几类。① 这些实词的情况多种多样，一部分词变化并不明显，在现代汉语中沿用至今，对于这些词，通过查找工具书便可以掌握；另一些词，尽管现在用得不多了，但是在文言中比较常用，词义复杂难懂，词性变换多样，学习的时候较易混乱，在实际教学中往往需要加以分析，这也成了教学的要点。在实际的教学过程中应该多注意以下几种情况：

（1）通假字

"通假"就是汉字的"通用、假借"，有广义和狭义之分，广义的通假字包括古今字、异体字和狭义的通假字。②

（2）词类的变性和活用

在古代汉语中，某些词在一定的语言环境下，会随时具有另一类词的语法功能。③ 这样的用法在文言作品中比较常见。

（3）古今异义词

古今异义词是语言在漫长的演变过程中产生的，有的是现代的意义从古代就已经开始出现的，但当时不是它的主要意义，而如今，它在古代主要的意义也已经完全不用了；有的词现在的意义是从古代衍变出来的，但意义已

---

① 王宁. 古代汉语［M］. 北京：北京师范大学出版社，2009.
② 吕叔湘，丁声树. 现代汉语词典［M］. 北京：商务印书馆，2012.
③ 王宁. 古代汉语［M］. 北京：北京师范大学出版社，2009：125.

经相差很远。①

(4) 一词多义

词在最初产生时一般应该是单一的。但由于人类对客观事物的了解日益深入，要记述和表示的事物和概念越来越多，由于受自身发音条件等客观情况的影响，人类没必要给每一种新东西都创造一个新词，因此，便出现了一词多义的现象。

2. 虚词教学

古代汉语中，虚词可分为介词、连词、代词、副词和助词。② 常用有而、何、乎、乃、其、焉、且、若、所、为、也、以、因、于、与、则、者、之。从数量上看，比实词少得多，但是在运用上几乎构成了文言语法的特点。③

3. 特殊句式教学

词语在句子中的语法功能和作用主要是通过词语的顺序来体现的。④ 在教学实践中，我们通常把容易造成句义理解错误或者产生歧义的主谓倒置、宾语前置、介词结构后置、定语后置，古今差异较大的被动句、省略句，都归纳到特殊句式教学之中。

本章节对各种文言语法内容的划分，是广义地划分，没有在专业古代汉语语法课程中区别那么准确，主要是因为古代汉语知识，并非前人所自觉遵循的语言规范，而是后人对文言文特点的归纳总结。即便是有文言知识能够通过语言讲解清楚并且有助于学生理解记忆，但是这也只能是在阅读文本所构建出的具体的语言环境之下展开的一系列感悟与理解，并且这样做的目的也只是帮助学生更快更有效地理解文言文本，其实质并非辅助学生真正地掌握这些古代汉语语法知识本身。因此，在高中教学阶段，教师需要帮助学生协助学生明确古汉语特殊句式学习的顺序：学习古代汉语的相关语法知识是为了提高学生阅读文言文的能力，并非为了阅读文言文而必须去学习掌握古代汉语的语法知识。⑤

---

① 王宁. 古代汉语 [M]. 北京：北京师范大学出版社，2009：73.
② 王宁. 古代汉语 [M]. 北京：北京师范大学出版社，2009：208.
③ 朱正. 文言入门 [M]. 长沙：岳麓书社，2008.
④ 王宁. 古代汉语 [M]. 北京：北京师范大学出版社，2009：280.
⑤ 黄厚江. 文言文该怎样教 [J]. 语文教育，2006.

(二) 立足教学，安排教学重难点

1. 教学安排原则

高中文言文所涉及的语法现象比较庞杂，语法点众多，其中一些文言语法学生在初中时期便已经掌握并积累，有些则是在初中阶段出现较少，在高中阶段却比较普遍的，因此教师提前将文言语法进行分类、甄选，把比较基础的知识点安排在早期的教学过程中，易出现混淆的知识点安排在教学的中后期。总之，教师不能毫无计划毫无目标地展开课程，也不能把所有语法知识全部讲给学生听，学生没有可能全部接受，对于这个阶段的学生来说也没有必要。① 如果教师熟悉掌握教材中的文言语法分布情况，就能够根据学情灵活地安排每个阶段的课程内容，从而把握各个阶段的教学进程。在教学安排上应该遵循以下几个原则：

(1) 连续性原则

文言语法教学内容的连续性。需要强调的是连续性并非系统性，它们之间有一定联系，但并不相同。"系统性"原则注重的不仅仅是内容的连续性，还注重教学整体上的全面与综合。在本研究中的连续性原则，是指出文言语法在整个教学过程的进行中，前后教授的内容在安排上不但要有相互重叠、交错发展的部分，在其间还要产生一些差异，而前面所学习的课程又可以对后面学习的课程起搭支架的作用，为学生提供必要的有助于学习迁移的支撑材料，利于学生在阅读实践中灵活迁移，不求全面与综合。

(2) 循序渐进的原则

学习文言，怎么能够得法呢？概括地说就要循序渐进。② 首先，由浅入深，由词到句，由高频运用到低频运用的原则。词语的变化比较多，意义和用法的变化也比较复杂，学生要在一定的阅读积累的基础上，完成对句式的掌握。而对句式的掌握，需要先对正常句式的语序进行了解熟悉，再学习倒装句。其次，从数量方面来说，要由少到多。刚开始接触新的文言语法时，要选择简单易懂的基础知识点，数量上要尽量少。随着学习的深入和接触面的扩大，再逐步扩大增加学习的种类和数量。最后，从学习方法来说，要从

---

① 张先亮. 教学语法应用研究 [M]. 北京：中国社会科学出版社，2006.
② 张中行. 文言津逮 [M]. 北京：中华书局，2007.

借力到自力。刚开始学习新的文言语法时，如果碰到不懂的词汇，或者难以理解的句子，要多翻阅工具书和参考书；随着积累量的逐渐增加，学生就可以慢慢脱离对传统教材或辅助读物的依赖，可以按照自身所学经验自己解决阅读障碍。循序渐进的教学安排有力地控制了教与学的速度，使教师能够从全面整体的角度将语言的语法辐射到具体的教学中，保证了语法教学的连续性，同时也能监控学生的学习规律，监测学生的接受效果，及时调整进度和重点。

（3）集中性与分散性原则

分散原则是指根据学生的学习实际情况，将混杂在文学作品中的杂乱而复杂的语法知识进行整理，有组织地区分和安排它们的差异，并以连贯的方式教学。集中原则则意味着，根据某类知识在一年中某一时期出现的频率和类型，该知识应在一年中的那一时期以集中的方式教授。

采取集中原则的原因有二：首先，文言语法教学不能脱离文言作品的选择背景。许多教师通常采用例句分析法，以标准例句作为教学材料，但效果并不明显。这是因为学生对这些节选的文言例句感到陌生，而且因为脱离了语言语法的语境，所以无法完全理解其含义。其次，新旧知识的转移可以很容易地完成。迁移理论告诉我们，当先前的知识和现在的知识之间有更多的相同和交叉时，迁移就容易发生。如果我们把某一类知识集中在一个出现频率较高的地方，学生就会经常接触到同一类知识，更容易发现与同类知识的重复、交叉和差异，从而在学习新知识的同时，用已掌握的知识巩固已有的知识。

分散划分重难点，集中对某一类语法进行教学，两者结合保证了教学的梯度和教学内容的差异。

2. 核心素养下文言文语法教学方法选择的原则

课前或者课后教师进行全面、集中地梳理、归纳文言语法，以及教师带着学生逐字逐句地串讲文言语法，这两种方式都突出地体现了老师对学生知识水平的不放心，老师反"主导"为"主体"，"拉着"学生进行文言语法知识的学习，缺少学生在教师的指导下主动地参与。而"活教"的方式，学校在选用教学内容上，更注重于调动学生运用已有的文言语法知识，掌握最新的文言语法。

列宁曾提到黑格尔的《逻辑学》中关于对"方法"的理解：指的是在理

论研究的过程中采用的学习途径。这也是主体和对象产生某种联系的纽带。[①]那么文言语法"活教"的方式正是学生和文言语法之间的联系与纽带，教学方法的选取是否合理，语言使用是否灵活直接影响着其学习的效果。根据奥苏泊尔有意义学习理论、迁移与教学的关系，核心素养下文言文语法的教学方法应该具有以下几个特点。

第一，突出原有知识与最新知识之间的内在联系。先前的学习和新的学习都是建立在具体的逻辑关系基础上的。当前学习任务的文言语法知识和学生拥有的语法知识产生的重叠、交叉现象越多，学生的学习效果也就越明显，反之则学习效果不明显。

第二，教学模式的开展主要是在学生现有的语法经验和文言课文的问题情景中进行。一方面，课堂教学方法的运用要能够调动学生自身原有的文言语法知识经验。另一方面，零散的文言语法是贯穿于教师精心设计的课堂教学主线之中，通过设置"问题情境"而逐渐实现。

其三，教学模式实施的过程中必须要学生与教师相互配合，彼此合作。课堂教学也离不开师生的共同配合与合作，如果只有学生的自学，而缺乏教师的适时点拨与引导，则学生的学习就有可能是在混沌中的探索；倘若只有教师引导学生随文逐字逐句地翻译句子、句式，而不是层层递进地建构问题框架，更没有教师、学生、作品思想之间的深层互动与沟通，则这样的课堂将掀不起丝毫的涟漪，也不会引起学生过多兴趣，教师工作也会比较辛苦，教学成效也不会突出。因此，"活教"文言语法，教师和学生双方需要组成一个"和谐交流"的课堂教学方式。

第四，教学方法的使用要理论联系实际。语法知识存在着较强的抽象化和高度的概括性，因此教师们不但要及时让学生对文言语法进行归纳、总结，还应该就相应的文言语法学习展开阅读训练，从解决阅读实践中的语言障碍中，进一步提高学生对文言语法概念与原理的掌握。

3. 将归纳与演绎穿插在阅读实践中，教授基本的语法规律

文言语法教学依靠诵读或者贯穿于教学中零散地教授文言语法知识虽容易理解，但是琐碎不容易积累。因此，教师更需要在阅读过程中正确地引导

---

① 中共中央马克思恩格斯列宁斯大林著作编译局. 列宁全集[M]. 北京：人民出版社，1986.

学生归纳整理这些基础的文言语法规则。

归纳和演绎是文言语法教学中经常采用的手段。在实际使用中，归纳法是选取几个典型的语法例句，从中总结出抽象的语法规律。演绎法则是运用已知的语法规律，去解释说明具体的语言现象。演绎法在课堂教学中的运用较为广泛，教师通常给学生讲解某种语法的规律，然后在实践中进行练习，加深学生对这些语法知识的了解。例如，教授使动用法的课程时，许多教师都是先将使动用法的基本概念告知学生，再找到相应的例句加以证明。我们认为，使用归纳和演绎的教学手法却脱离了文言文的上下文语境而进行集中性教学是不合理的。因此，对于学生而言，不管是简单地在例句中提取静态的文言语法规律，或是将静止的语言规律在例句中验证的方法，都节省了教学的时间。但是脱离了文言小说的情境，就会导致学生难以理解掌握这些抽象的知识，更难以在阅读实践中灵活地运用。

应该主张在阅读实践中穿插一些归纳和演绎的教学过程，也就是教师应该在学生通过阅读实践对一部分的文言语法运用的规律有一定的理解后，尝试着在教学过程中指导学生归纳总结所理解的语法规则，加深他们对抽象性理论的理解。代鲲鹏教师的课程中就有代表性的教学片段。

师：请用文中的话语解答，李密是在怎样的境况下陈情的？

生："臣欲奉诏奔驰，则刘病日笃；欲苟顺私情，则告诉不许。臣之进退，实为狼狈。"

……

师：那"告诉"是什么意思？

生：申诉。

师：与现代汉语中的"告诉"的意义相同吗？

生：不一样。

师：那古汉语的词义和现代汉语的词义不一样，这叫什么词？

生：古今异义词。

师：对，在高中的时候学的词《步出夏门行·龟虽寿》中"烈士暮年，壮心不已"的"先烈"，《曹刿论战》中"献身玉帛"的"献身"都是用这类词。

大家在学习过程中要注意积累。

师：李密在第一段中是用什么具体事情来表达自己的悲惨经过的呢？

师："夙婴疾病"的"婴"怎么解释？

生：缠绕。

师：整句话怎么翻译？

生：很早就被疾病缠绕。

师：你是依据哪个字翻译出的"被"？

生：也不会是同一个词，但就是感觉要这么翻译才能通顺。"婴"是"绕"的意思，而身体应该是被疾病缠绕。

师：这个同学的感觉特别好。这是"婴"词的一种比较特别的运用，我们一定要重视的。这句话翻译成"早被疾病缠绕"，是特殊句型的主动性句。我们过去学的主动性句有"见""于""为""受"翻译成被动词"被"；"见于""为所"则是被动标准的主动性句，但在文中的这句话是主动中的主动性，而不是标准。①

河南省基础教育教研员孟素琴评析说："如何处理文与言的关系，代老师作了很有意义的探索。"②

首先是以"文"带"言"。"言"的教学，是在"文"的教学的过程中自然而然"带"出来的。如，"在什么样的境况下陈情"这一问题，学生的答案中有"则告诉不许"一语，老师顺势追问："告诉是什么意思，"于是，很自然地进入到对"告诉"等词语的"言"的教育。

其次，归类集中的方法。首先将"李密在什么境况下陈情"作为这个片段的核心问题，随后老师顺势追问"告诉"的用法及意义，同时回顾了高中阶段的古今异义词"烈士""牺牲"，进一步强化了学生对古今异义词汇的理解。继而由"夙婴疾病"一句解释，追问学生"你是根据哪个字翻译出'被'的"，顺势导入了对被动句的集中教学，并对其进行了分类。老师如此着力，是因为这种方法可以帮助学生完成由模糊到清晰、由个别到一般的认知过程。只有积累了一定数量的语料，才能看出"门道"，从而增强了语感，把握规则，并提高了读写文言文的水平。

---

① 高伟毅，刘淼．一线考察：语文优质课例篇［M］．山东教育出版社．2008．
② 高伟毅，刘淼．一线考察：语文优质课例篇［M］．山东教育出版社．2008．

(三) 培养学习动机，树立长远的学习目标

1. 当学生有了学习动机，他们就会表现出很高的学习积极性，对学习有深刻而持久的热情，在面对困难时有很强的自制力和毅力，并取得明显的学习效果。如果教师在这个时候提高学生的学习获得成果，将巩固他们新的学习需求，使他们的学习更加有效。因此，教师应该及时有效地改变学生在学习中的成败体验，使学生在学习中获得成就感。在教学过程中，学生学习效果往往是客观的，但学生对这些学习成果的感受却是主观的。所以，在评价过程中，老师要根据学生的个体差异，学会评价上的技巧，使他们感受到最大收获。如上文，代老师在《陈情表》中的课文片段。当学生回答对"夙婴疾病"的理解时，教师问："你是依据哪个字翻译出的'被'？"生如实答："也不是有哪个字，就是觉得应该这样翻译才通顺。'婴'是'绕'的意思，而身体应该是被疾病缠绕。"教师点评道："这位同学的感觉非常准。这是'婴'字的一个较为新的用法，我们要注意积累。"在教学片段中，我们能够发现，这位学生的语感比较强，可以非常确切地领悟作者的写作意图。学生在老师的追问中不仅突出了自身的语感优势，却也暴露出在理性语法知识上的不足。但是，教师在这里针对学生的回答及时地给出了中肯恰当的表扬，即对语感优势的表扬，让学生感受到了成功。老师及时给出恰当的评价，不仅使学生认识到自身的语言实力，同时也让学生有了继续钻研的积极性。

其次，对学生在学习过程中出现的基础知识的盲区进行及时的补充。学生获得真正掌握文言语法的成功体验，并不仅仅是教师所给予的外在肯定，更是因为学生在学习上获得的真正成果，即真正学懂、学会，并熟练掌握。学习的过程就是先前的学习对当下的学习产生影响的过程，它们之间存在着必然的联系，一旦对先前学习中所存在的问题不能克服，必然就会影响到学生当下以及今后的学习。所以，及时发现和填补学生知识的空缺和改正学习中的错误，对于今后的学习有着关键的作用。只有这样，才可以为学生接下来的学习扫除阻碍，并逐步使学生体验到获得真正成功的喜悦，进而提高学习效果。

2. 确立长期的学习目标。以"高考"作为学习文言语法的唯一目的和最终目的的学生，难以对学习文言语法产生强大的推动力，他们的关注点仅仅是"考试分数"。强烈的求分欲望，有时可以促进他们认真学习，但是，我们

也不难发现，仅仅为了考试分数而学习的学生，虽然在文言文阅读方面的成绩取得好一些，可是在学习上却十分消极被动，学生们常常唯标准答案是从，在学习中缺乏个性和创造力。在学习中所有的努力方向和关注点都在和考试相关的知识点上，而凡是和考试分数关系不大的知识，他们都不感兴趣；此外，从研究中也看到，不少学子都觉得"高考"中存在"技巧"，因为有时候可以不进行文言语法的练习，多做做练习题就能够揣摩出出题人的出题规律，通过猜测作答方式就可以拿到一定分数。所以，学生对于掌握文言语法并不上心，甚至有些同学觉得学习文言语法加重了学业的压力。由此可知，过于追求高考分数的学生和为考试分数而投机取巧的学生，大多数知识面比较狭隘，最终影响学生进一步地学习与发展的能力。上述这些现象，是学生学习目标短浅的主要表现。

事实上，文言作为中国 3000 多年来记载中华历史文化的主要书面语，同时也是我们了解本民族历史，理清和总结中国古代历史文明成败得失的经验教训的重要载体，是发扬中华民族文明的需要，也是增强中华民族责任感与创造力的需要。作为历史的接班人，广大高中学生不要割断这些历史，历史孕育了我们的现在，历史是现代社会赖以生存的基础。许多前人的观点，时至今日对人们仍然具有借鉴与吸收的价值。如，我国古代十分精粹的辩证法观念，对于今天发展自然科学和人文科学，形成社会主义科学的方法论，具有非常大的参考价值。当然，古代文化中也有着某些我们必须摒弃的东西，并且在我们必须继承与摒弃的东西中间并没有明确的界限，所以我们一定要进行甄别。试想，如果我们既不具有基本的文言语法功底，又缺乏亲自读文言作品的能力，也看不懂这些优美的历史作品，如何才能从中获取可以利用的珍贵遗产？因此，广大教育工作者也需要将对文言文读写能力的训练，上升到民族文明建设和保持我国特色的社会政治建设所需要的高度上来认识，也要注重培养掌握和使用语言文字的基本能力。唯有长期和短期目标密切结合、互相补充，才可以对学生的学习形成强有力的推动作用。

第三章

基于核心素养理念的阅读教学

阅读教学作为语文教学的重要组成部分，在培养学生各方面能力上发挥着重要作用。语文核心素养下的高中阅读教学对学生的读写能力、创新能力、思维发展和语文核心素养的提高具有重要意义。在阅读教学实践中，顺应高中生心理发展特点的优势，开展形式多样的阅读教学活动，可以为单调乏味的阅读教学增添活力，激发学生积极参与课堂的兴趣，提高学生独立学习的能力。基于此，本章以高中语文阅读教学为对象，叙述语文核心素养下的高中阅读教学策略，以期在阅读教学中寻找培养高中生语文核心素养的可能途径。

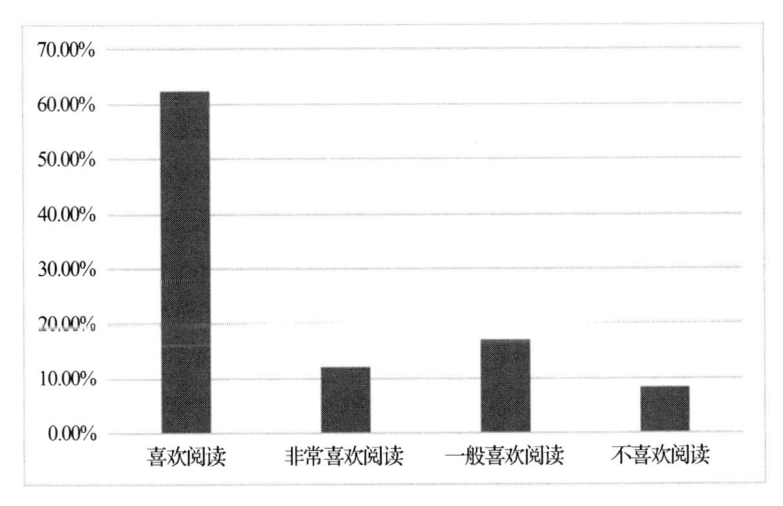

图 3-1

第一节　语文素养下的阅读能力培养

一、基于语文核心素养的高中阅读教学的涵义

阅读其本质上可称为是一种社会性活动。不同的读者对阅读有着不同的要求，不同学段的学生对阅读的兴趣和动机不同，对阅读的理解能力也不尽相同，对阅读的需求和方法也有显著的差异。对高中生而言，阅读速度的快慢，阅读理解的深浅，和高中生的已有知识积累有关系。阅读也是一种较为复杂的心智活动。在阅读的学习过程中，学生的认知客体是文本，是完整的篇章，学习者透过感知，进而深刻认识文章。

阅读这门课程既古老又新奇。早在 2000 多年以前，《学记》就对阅读教学的教学目标、具体任务、基本原则以及教学方法进行了系统的阐述和总结，并提供了珍贵的关于课堂阅读教学的知识和经验。而阅读教学在现代日常生活中也具有十分重要的意义，现代学生书写才能的激发、思考技巧的培养，以及创造力的提升等等也大多来源于阅读。语言阅读教学是语文的组成部分，和语言课堂教学密切相关，并贯穿于语文的各层次。阅读教材对学生书写能力、思维能力、语言鉴赏能力等各方面技能的开发都很有帮助。在新课改这一大背景下的阅读教学，不但要培养学生社会生存的最基本的语言读写能力，同时也需要提升其语文核心素养。

在由中华人民共和国教育部发布的最新的《普通高中语文课程标准（2017年版）》中，新的学科架构由必修课、选择性必修、选修三大类别构成，共涵盖了 18 个学习任务群。这 18 个学习任务群分别融于这三大类别的课程之中，且这些学习任务群的实施又需要借助若干不同专题的具体推进来进行。

阅读目标群可以看作各类阅读任务，基于语文核心素养的高中阅读专题教学中的专题则视为专题课程中的课题，即是为了达到上述任务所设计的各种项目。而专题研讨任务群则在各个学习任务群的基础上，采用了一些相对较小的课题任务，以指导学习者去探索更为深入的内容，进而去完成挑战性

更强的学习任务群中的相关内容及目标。二者互为基础，相得益彰。由上所述，基于语文核心素养的高中阅读专题课程可认为是以学习任务群为基础，以单篇或多篇课文为出发点，综合课内外有关资料，并经过教师的引导，学习者就特定知识点自主选取并设计专题展开讨论，并加以分享互动。基于语文核心素养的高中阅读课题教学是全体师生联合开展的，学生为完成更高要求、深层次的目标和任务要求而开展的一种自主学习与合作探究方式。这种阅读教学通过各种媒介来将课堂内外结合到一起，引领学习者通过语言实践获得深层次、多方面的语文核心素养的提升。

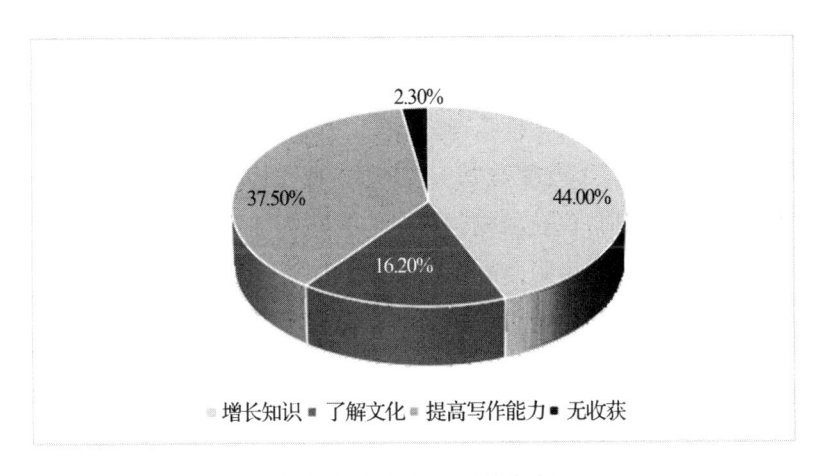

图 3-2　要补充调查的内容

二、基于语文核心素养的高中阅读教学与一般性教学的关系

基于语文核心素养的高中阅读教学和一般教学虽有差异，但也有密切联系。

首先，基于语言核心知识的高中阅读教学与一般的高中教学一样，注重学习者的独立探究能力，注重阅读的深度和广度，均属于整体性学习。其次，基于语文核心素养的高中阅读教学也有其特点。一方面，与部分课程的一般性教学相比较，语文核心素养的目标和语文这门课程的民族性首先确定了这种教学模式的特点。另一方面，与一般的或现行的高中语文教材中设计的专题教学也有所不同。从语文教材的编写角度看，当前语文教材基本上经过了"文选"到"单元"再到"专项"的转变。从文选型发展到单元型之后，从课文的基本组成结构上来看，教材已经从传统的单篇短文形式的罗列堆砌进一步发展为根据特定的教学要求，在文章之间存在着某种联系的单元组成。① 现行语文教科书以"模块"这一形式展开教材设计，从目前的高中语文教材来分析，在这种模块下的专题教学突破了单篇课文间的隔阂，更加强调了各篇文章之间的相互联系，把教师与学生、语文的基础知识与语文能力、语文素质等都涵盖在其中，使得"促进学生全面发展"这一课程目标得到了淋漓尽致的体现。尽管如此，课文的编排方式虽是选编多篇内容或者结构上有相似性的课文，并结合一个相关的专题写作。但在具体的教学实践中，多数教师还是采取了"一课一篇"的课堂教学方式。其实，理想化的专题教学并未在课堂教学中开展，学生并不能有效掌握课文间的联系，也没有对课文的具体内容展开深入分析和理解。因而，基于语文核心素养的高中阅读教学应从单篇或多篇课文入手，语文教师与学生在研究和掌握课文的基础上，共同选取相对集中的研究课题加以深化探究。相比之下，这两个阅读教学方式首先在时间上不同，比较传统的高中阅读课堂最多需要1~2小时，而基于语文核心素养的高中阅读教学则往往需要比较长的时间，又或者是在某一阶段内进行。总的来说，这两个阅读教学在具体的教学内容上存在着一定的区别，基于语文核心素养的高中阅读教学在课程上更集中、更广泛、更具整体性和深入性。

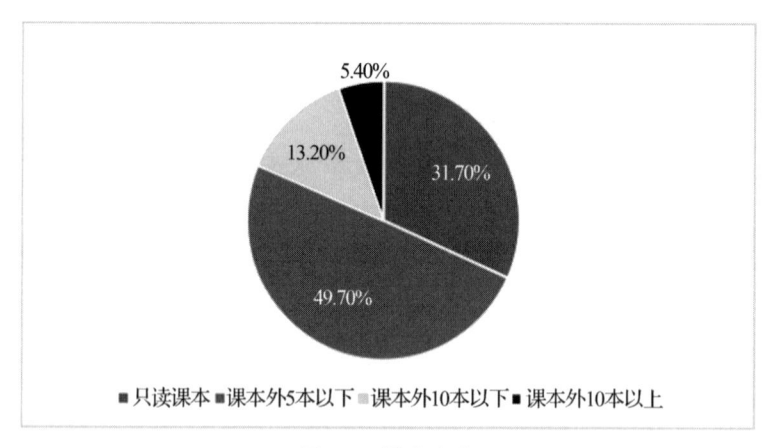

图 3-3　调查内容

---

① 徐林祥. 从"文选"到"单元"，再到"专题"——苏教版高中语文教科书编制的新探索 [J]. 高中语文教学参考, 2008 (9): 13.

三、基于语文核心素养的高中阅读教学特征

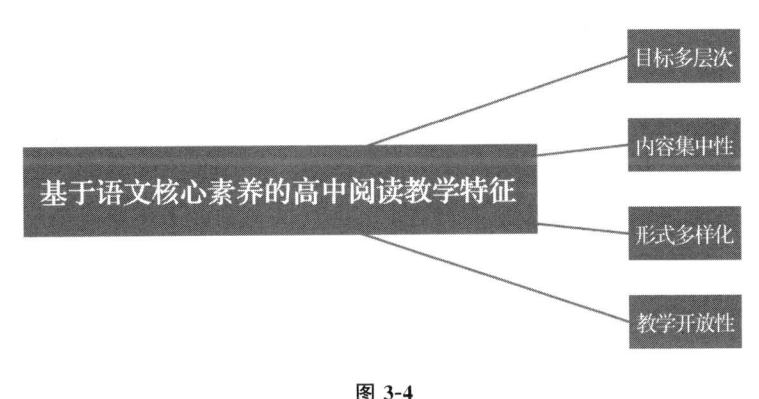

基于语文核心素养的高中阅读教学特征
- 目标多层次
- 内容集中性
- 形式多样化
- 教学开放性

图 3-4

（一）目标多层次

全面而有效的阅读教学，其涉及的教育目标一定是全方位的，通常都是在语言学习的过程中促进思维的提高、审美欣赏意识与创新能力的培养和人文素质的形成。如学习任务群的设计就是这样。学习任务群注重语言、专业知识、专业技能和思想情感、社会文化素质等各层面发展的整体效果，而并非学科知识的逐"点"分解，也不是专业技能逐项练习的简单线性排列与结合。同样，多层次目标的综合效应才是现阶段每一个阅读专题教学追求的目标和前进的方向，教学绝不仅仅局限在某一"点"上，而是关注"点"的深入和"面"的拓展。如"中华传统文化专题研讨"通过研究中国文言典籍，在深入分析语言的基础上，进一步认识中华文化内涵并体会中国文化的博大精深。其中必定含有的审美因素、思维方式的引导也贯穿在整个教学过程之中。阅读教学四大方面的目标，与"三维目标"的理解相同，并非3种或4种目标，而应当将之理解为3大类或者4大类。这就意味着，在开展阅读专题教学之前，设计教育目标并非分别按语言、思想、审美、人文作为四种不同的目标，而且所设定的目标都必须涵盖这四种方面的内涵，只不过在深度、广度以及难度上有所不同。同时必须注重划分目标的侧重点与维度，使专题教学目标呈现出多维且逐级递增的特征。

（二）内容集中性

基于语言核心素养的高中阅读教学，相对于过去的文选和教材或者是现行教材中的专题，在知识点上更加集中。目前的高中语文教材中，各个单元又分为若干专题，而各个专题间的关系并不强。各个专题的内容方法尽管有指明，但对象的具体内容还是存在模糊问题。而基于语文核心素养的高中阅读教学，各个任务群间都具有不可分割的联系，并在一定内容上也具有交互性。各个任务群的目标与教学内容，在最新的课程标准中也均有明确的要求，并附有"教学提示"来指导具体教学工作。这些内容在一定程度上都反映了目标指向的细化程度和教学内容的集中度。无论是专题式的教学，或是选修课程中更为深入的专题研讨，明确的教学目标与教学任务也都便于教师进行教学内容的选择、研究和优化。特别是选修科目的专题研讨内容，在目标确定的情况下，选文和教师的教学设计势必会更加集中，教学内容上就更加具有针对性。这种专题教学在一定意义上可以突破模块、单元或教材的束缚，但各个专题下的选文具有共同点，越接近知识点就越是集中。教师在授课过程中往往会从特定的知识点入手，并不断地向外发散，但同时也会从发散中坚持对教学的主旨及教学目标的反复确认。

（三）形式多样化

形式多样化是基于语文核心素养的高中阅读教学的特征，它不拘泥于传统的教师教授学生接受的传授方法，或笼统地学生主动探究，而是结合教学对象、知识点、学生的能力特征来采用多种多样的教学方式。《普通高中语文课程标准（2017年版）》中，也明确了指导学生主动转换学习模式，鼓励学生利用灵活且多元的语文课堂实际活动，深度参与语文学习的场景设定，并选取最适宜的阅读模式如比较阅读、项目教学等，由此促进学生语文核心素养的提高。同时还强调教师要引导学生根据个人的兴趣、能力、特点等，独立自觉地选用阅读方法。同时，各种类型的学习任务群具有截然不同的特征与目标，由此在课堂教学时采用的课堂教学形式也必然有所区别。单纯从阅读的方法来说，如"整本书阅读"与"中国现当代作家作品专题研讨"这两个学习任务群的教学形式就不尽相同。具体来说，"整本书阅读"更强调读书的深入性，"中国现当代作家作品专题研讨"则需要主题解读、对比阅读、专题研究等既宽泛又有一定深度的探究讨论。针对学生的个性特点，语文教师在上课时采用的授课形式也需尽量提供给学生自由选择的空间。因此，基于语文核心素养的高中阅读教学形式，必须是多元的。

（四）教学开放性

基于语言核心素养的高中阅读专题教学有着开放性的特征。这个开放性包括几个层面。首先，最能体现这一特征的是教与学的方法的开放性，高中阅读教学强调信息的合理运用。而利用网络知识空间所营造的线上线下阅读环境本身则具有对时空的开放性。其次，在这些专题教学的实践过程中，学校、教师、课程都是富有开放性的，正因如此，教学过程中的互动研究、相关知识体系的顺应同化都才得以产生。在这一方面中，教学内容作为教学的中介所在，具有可由教师和学生双方自由选择课程的开放性质，正如伽达默尔视域融合理论和接受美学认同的，文学作品的产生离不开读者的持续与主动接纳，而文本的价值持续转化，也离不开教师和学习者的深入理解与持续建构。它一方面具有较强的主观性，但同时又从侧面表明了内容尤其是对文字内容的开放性。阅读教学需要大量的文字阅读，这些开放性就更大程度上说明了为什么要选用教材进行教学活动。此外，教师与学生在课堂互动上的行为也具有一定的开放性。高中阅读教学注重知识点的总结、学生的思维建构，所以教师比较鼓励学生进行个性化学习，课堂过程高中生间的学习互动、分享等是落实阅读教学的重点环节，包括语言、思维的碰撞都是开放性的表现。

四、高中语文阅读教学落实核心素养的意义

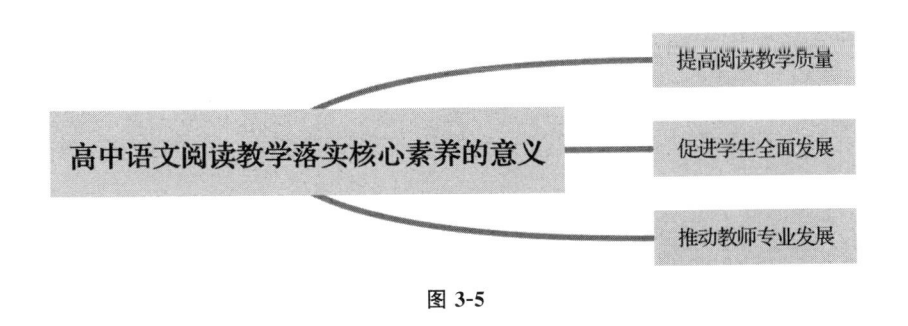

高中语文阅读教学落实核心素养的意义
- 提高阅读教学质量
- 促进学生全面发展
- 推动教师专业发展

图 3-5

(一) 提高阅读教学质量

对于阅读教学本身而言，阅读专题教学可以充分发挥语文课堂教学的功效。但是语文课堂教学的主要目的并不是把相似于"标准答案"的"结果"直观传授给学习者，而是要通过课文研究、实践等形式，引导学习者实现对语言理解的内化，这样有利于学生语言核心能力的形成与培养。对课本的使用是教师课堂教学能力的表现，但基于语文核心素养的高中阅读专题教学恰恰不拘泥于现行的课本，该教学方法并没有规定的阅读内容及具体材料。而且，上文已经指出，高中阅读专题教学倾向于鼓励学生对课文展开自我理解，充分体现了"课本只不过是个范例"。此外，基于语文核心素养的高中阅读专题教学注重知识点的整合，强调"类""群"的归纳和学习，从而大大增强了阅读教学中内容尤其是各种文章间的关联性，促进了阅读教学内容的深度融合。所以，在阅读专题教育活动中，可以发挥语文课堂的作用，利用教材、文字的不同优势，促进高中生语文核心素养的整体提升。

(二) 促进学生全面发展

充分发展学生的语文核心素养，是基于语文核心素养的高中阅读专题教学的主要宗旨，在教育活动中，学生逐步脱离了文字讲授的枯燥，也摆脱了教学活动中被动接收者的身份。在这种情况下，学生们不再是"标准答案"的接受者，他们已经完全变成语文学习的主体参与者。而基于语文核心素养的高中阅读专题教学引导学生进行个性化的阅读，在读书过程中也重视他们对文字的个性化理解。语文教师通过目标激励的方式激励学生开展积极的语文实践活动，在这样的专项教学中，学生可以参与大量的语文情境实践活动，这就大大提高了学生的语文应用水平。再者，基于语文核心素养的高中阅读专题教学重视语文知识点间的联系，注重整体观，所以，学生的抽象概括能力、综合逻辑思维、批判性思维等都能在阅读专题学习的进程中得到提高。个性化的阅读还可以极大地提高学生的审美和鉴赏能力，并加速其对中国历史及传统文化的理解。

(三) 推动教师专业发展

对高中语文教师来说，基于语文核心素养的阅读专题教学就意味着必须进行更深层次的教学。一方面，在语文核心素养引领下的阅读专题教学中，语文教师不仅是授业者，而且也必须积极主动地整合已有的各类教育资源，主动将个人身份转化为主动研究和设计阅读教学活动的重要角色。在学生主体性不断提高的今天，语文教师在阅读专题教学中已经开始担任推动者、引导者，所以，基于语文核心素养的阅读专题课程在重塑语文教师角色上也起着相当重要的作用。另外，基于语文核心素养的阅读专题课程也在一定意义上促进语文教师学科素质的提高。《普通高中语文课程标准（2017年版）》指出，教师应具备专业发展的意识，致力于教学共同体的建构。同时，教师应积极参与语文课程的深化改革与创新，不断提升自身的教学能力与教学水平，不断更新自己的教学观念，保持终身学习，进而不断改进自己的教学实践，不断提升教学效果和教学质量。[①] 这就从一定意义上促进了语文教师的教学能力提升，并有效促进了高中语文教师队伍学科素质的整体提高。

第二节 语文阅读教学策略

教育理念对教师的教学行为和教育活动有重要影响，可以指导整个教育教学活动的方向。树立高中阅读教学理念可以正确引导高中语文教师阅读教学方向。为使学生在高中阅读教学中全面发展、个性发展，整体提高学生的语文核心素养，本节主要讨论两点，即育人为本的教育理念和个性化阅读理念以及其与语文核心素养的联系。

（一）育人为本教育理念

从语文核心素养的内涵出发，结合高中生的发展需求，阅读教学的目的是培养高中生的语文核心素养，进而促进高中生全面和谐发展。要求教师首先树立正确的阅读教学理念，坚持"教育为本"的教育理念。

育人为本的教育理念将人的幸福、价值和人格尊严与人的全面和谐发展

[①] 中华人民共和国教育部. 普通高中语文课程标准（2017年版）[S]. 北京：人民教育出版社，2018：44.

融为一体，将教育与人的终身发展联系起来，培养全面发展的人，提高学生的综合能力。高中语文阅读教学是培养高中生语文核心素养的最佳选择。在阅读学习中，高中生可以零距离接触文字优美、思想深刻的文学作品，与古人圣贤进行高水平对话，不仅能深入高中生的心智，更能深入人心。同时，也能深入到高中生的思维深处，延伸高中生的发展。即使是高中生，在语言、写作、思维和审美方面也能得到更好的发展。语文教师站在学生的角度，考虑高中生的未来发展，坚持"教育为本"的教育理念，培养高中生适应未来生活的多种能力。语文核心素养下的高中阅读教学是探索解决学生麻木思维的方向。其既能培养学生自觉学习，又能将学生从枯燥的课堂环境中解救出来，进行人性化的培养，进而实现对高中生的语文核心素养的培养，从而使得高中生成为有思想、有文化、有道德修养、敢于质疑、敢于探索的自由人。

（二）个性化阅读理念

在语文核心素养下，在高中阅读教学中树立个性化阅读理念，可以从以下几个方面进行：

1. 尊重高中生的差异性，满足他们的学习需要。由于高中生身心发展的差异，在学习能力、理解能力、思维能力等方面存在差异。因此，为促进高中生的个体发展，教师应根据高中生的个体特征以及个体间的差异化来设计阅读教学，以满足高中生的学习需求。比如男生偏爱武侠文章，女生偏爱情感文章。在高中阅读教学中，教师要引导学生根据自身情况选择课内课外阅读的文学作品，并根据学生自身语言学习的心理特点，有针对性地引导高中生阅读文学作品、理解作品、体验文本感情等等，以此来促进学生的学习能力提升。在语文核心素养下的高中阅读教学中，教师应结合学生的具体情况，因材施教，进行有效的阅读教学，满足高中生的阅读需求，让他们得到全方位多层次立体化的个性化发展。

2. 引导学生学习、思考，开展思考活动。在阅读教学中，语文教师引导学生深入学习和思考。学习和思考的过程实际上就是学生思想活动的过程。因此，在高中阅读教学中，教师应尽量让学生主动思考。引导学生主动学习和思考问题，有利于学生思维的激活和训练。因此，高中语文教师应将阅读课堂中师生的对话、学生之间的相互合作等因素引入高中阅读教学，通过师生的互动与合作，促进学生开展思维活动，使学生在原有认知发展的基础上进一步提高思维，从感性认识的层次进入理性分析的层面，进一步深化思维。

3. 尊重学生独特的审美体验，把握阅读体验的"度"。课程标准指出，学生在语文学习中要形成自觉性的美学认识、崇高的美学品位、合理的文化审美理念和感知、表现、创作美的才能。[①] 高中语文教师在阅读教学中应关注学生独特的审美感受、体验和学生对美的表达和需求。因此，在高中阅读教学过程中，教师应尽可能让学生欣赏和品鉴文学作品，表达自己的审美感受，表达对文学作品的审美见解。由于不同的学生对作品有不同的审美感受和看法，教师要尊重学生的不同发现和不同的审美体验，及时调整学生的阅读体验和审美体验，把握阅读体验的程度。

二、基于语文核心素养设定阅读教学目标

（一）有效交流沟通的能力

高中语文阅读教学高中生有效交际能力的培养是围绕语文核心素养中的"语言"维度展开的。课程标准强调了语言积累、建构与语言的应用，应当是语文素养整体结构的基本方面，其他素养的发展以语言建构与应用为基础，在构建过程中不断实现。[②] 具有这种素质的学生应该能够丰富语言材料，与原始语言材料建立联系，将语言知识系统化。逐步掌握语言文字的特点和应用规律，运用到语言学习中，指导语言实践活动，完成阅读活动和人与人之间的交流。

建构主义教学理论认为，学生在学习中应将新旧知识联系起来，形成一个整体的知识体系，在学习过程中积极建构知识。在高中语文阅读学习中，学生需要对新旧知识进行梳理，使其系统化。在阅读教学中，学生会接触到大量的文学作品。学生读的作品越多，积累的语言材料就越多。因此，学生应及时总结所学知识，通过对所学知识的系统组织和整合，形成知识网络，不时巩固，进而加固其已有的印象。知识构建完成后，还需要利用已有的知

---

① 教育部基础教育课程教材专家工作委员会普通高中课程标准修订组. 普通高中语文课程标准（征求意见稿）[S]. 内部资料，2016：4.

② 教育部基础教育课程教材专家工作委员会普通高中课程标准修订组. 普通高中语文课程标准（征求意见稿）[S]. 内部资料，2016：5.

识进行实践训练。高中语文阅读教学的最终目标是使高中生的核心素养得到整体发展，使学生成为全面发展的素养人才。因此，要求学生用语言规则指导练习，在实践中总结规则，形成完整的知识链，不断提高阅读能力。课程标准中有明确的表述，不仅为语文学科核心素养下的高中阅读教学提供了理论依据，而且对新时代人才培养提出了具体要求。

（二）创造思维能力

首先，高中生创造性思维的发展，需要以批判性思维的发展为前提。因此，我国的语文教师要想培养高中生的创造性思维，首先要培养高中生的批判性思维，而批判性思维导图可以有效地培养高中生的批判性思维。批判性思维导图可以有效辅助高中阅读教学，可以锻炼高中生的批判性思维；它可以将知识有机地联系起来，化为一个整体，整合知识，形成一个整体的知识体系；可以节省学生的学习时间，提高阅读学习效率。此外，批判性思维导图可以有效地帮助学生分析和解决问题。在实际的阅读教学过程中，高中语文教师结合具体的课文问题，有针对性地使用思维导图来训练学生的思维。学习开始前，教师要求学生根据批判性思维导图分析和探索问题。在高中阅读教学中，语文教师可以将实践训练与阅读教学课题相结合，培养高中生的批判性思维。以问题为出发点，让学生用批判性思维导图分析、解决问题并验证结果。经过多次训练，可以加深学生对课文的印象，还可以有效锻炼学生的批判性思维，帮助学生养成良好的思维习惯。一个简化的批判性思维导图过程如下所示（图 3-6）：

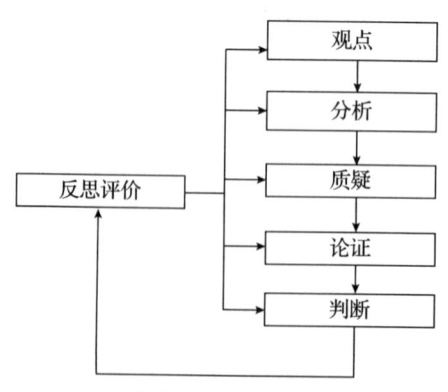

图 3-6 批判性思维导图流程（简）

其次，要培养高中生的抽象逻辑思维，要透过现象看本质，分清表象和本质，不断质疑。思维是人类智力发展的核心因素，抽象思维能力的发展也会促进思维质量的提高。语文教师作为课堂教学的引领者，在培养高中生抽象逻辑思维能力方面可以起到引导作用，引导学生由浅入深，由具体到抽象，深入到课文中去探索更深的意义。帮助学生在讨论文学作品时，要深刻理解文章的思想内容，深化体验，通过文本的表象深入挖掘文本的内涵，把握文章思想的精髓，进而培养高中生的抽象逻辑思维能力。

（三）审美鉴赏的能力

在高中读书与教学活动中，学习者要阅读内容丰富的文学作品，对其中最优美的文学作品加以品味、欣赏，从而感受文中最真实的情意，体会文中独到的文化价值与美学内涵，并逐渐掌握运用语言表达美感，从而建立积极的审美意识，形成高雅的美学品质，培养自己的美学意识。审美欣赏与创新是语文核心素养生成的判定标准的重要内容，在学生语文核心素养的培育进程中不容忽视。

读书学习的主要依托在于学生要通过大量的读书，为掌握阅读知识做好准备。大量读书主要以诗词、散文等优秀的文学类型为主，让他们从大量读书中得到文学思想的陶冶。同时利用散文、诗词等各类文学体裁训练高中生的审美鉴别能力，对于集中训练高中生的文化审美也会起到一定的作用，从而有效推动高中生审美意识的养成。各种文学类型的阅读学习，也有助于培养和提升学生的审美鉴赏力，从而培养其欣赏美、创造美的审美意识。

不光是中国本土的各类文学作品能够训练他们的文化审美欣赏能力，国外的优秀文学作品也能够启迪他们的审美心智，从而激发他们感受美、创造美的愿望。语文本来就具备了审美教学的性质，学生通过对作品的欣赏，接受美的陶冶，培育审美鉴赏力。而审美技能既是高中生需要掌握的基本技能，它同时又是审美素养的重要组成部分，是语文核心素养的主要内容。通过阅读课的学习，可以提高学生的审美能力。在充分积累语言材料的基础上，运用语言文字，遵循语言规律，表达对客观事物的美感体验和对美好事物的热爱。

（四）辨别理解文化的能力

语文核心素养的内涵，需要高中生认识、继承、注重对中华优秀传统文明的弘扬。在高中阅读教学中，语文教师不要仅仅停留在阅读教材的浅层，而是应该引领高中生更深度进入文章中，更加深入理解中华文化。利用高中语文阅读教学培育中学生文化自信的精神风貌，让他们更加认识到发扬和传承优秀的中华文化传统的重要性。教师在阅读教学活动中，最大可能去发掘文章中蕴藏的丰富文化底蕴，让学生利用自身语言文字的能力去理解、认识中华文化传统，从而去主动、自我传承。高中教材中选入了不少中国经典作品的文段，经典作品中蕴涵着大量的中华优秀传统文明，包括了《诗经》《楚辞》。在这一类文本教学中，教师应该进一步发掘其中所蕴含的中国古典文学思想，引导高中生认识中华传统文化并培养对于祖国历史文化的情感意识。又如在古文中，《烛之武退秦师》《廉颇蔺相如列传》等经典作品中蕴含着春秋战国时代的劝谏精神等。在阅读教学中，教师也应合理运用课文中的我国优秀传统文化教育资料来进行阅读教学，以培养和提升学生们对中国源远流长的历史文化的认识和深入理解。

其次，我国的青少年中小学生都需要建立民族文化自信的心态，这就需要他们不但要了解、继承中华的优秀传统文化，而且还要吸纳、汲取海外先进、优质社会文化。新时期具备语文核心素养的人必须具有民族文化自信的意识。语文教师就应该将能反映国外文化的文学作品进行选取和教学。例如透过莎士比亚的阅读教学，就能够让学生们有机会了解、认识西方国家的不同文化。作为现阶段我国重要的中华传统文化传播的重要领路人，语文教师在阅读教学活动中，就应该使学生们了解到当前世界是个文化丰富各异的大整体。学生作为中华民族未来的栋梁之材，在面对外国文化，应该怀揣宽容、平等的心态，用宽阔的眼光去看待、吸纳外来文化，从而全面认识、发扬中国本土文化，为高中生群体语文核心素养的整体提升添砖加瓦。

三、依据高中生心理发展的特点开展阅读活动

（一）高中生心理发展的特点

从教育心理学看，处于高中段的学生正是处在身心发展的关键时期，是

人生成长的重要转变期和过渡期。有研究者认为这一时期又叫做"暴风骤雨"时期，这意味着高中生们的情绪很不稳定，学生的情感表达不再像小学、初中学生那样单纯直接，而是在行动上逐渐变得令人难以捉摸，同时在心理上也体现出同等的独立性和个人特点。学生渴望挣脱老师和父母的约束，由此得到解脱，在感官、认识、记忆、思考等方面又获得了进一步的发展。这一时期的学生主要任务是形成某种自我同一感觉，即"我是谁"以及"我"在社会上有怎样的地位，或者说将来"我"应该变成怎样的人以及如何变成自我理想中的人。这一时期的学生，如果掌握得不好将会产生严重的逆反心理，一旦引导得好将会产生良好的教学成效。

（二）依据高中生心理发展特点的优势开展阅读活动

针对高中生心智发展特点的优势进行多种形式的阅读活动，能够增强高中生参加课堂学习活动的兴趣，培养他们自主学习的主观积极性，从而促进在语言表现技能、逻辑思维等各方面的能力发展。阅读教学中要有各种各样的阅读活动辅助配合阅读教学，以培养高中生投入阅读学习的兴趣。通过进行各种各样的阅读活动，利用教师之间、学生之间、学生与老师之间的沟通交流，通过比武、竞技、讲读、座谈、表演等不同形式对学生开展相应的实践锻炼。在这里笔者选择了一些阅读活动加以说明，具体如下所示。

1. 开展读书会，锻炼学生语言运用能力

"语言建构与运用"是语文学科核心素养的主要内容之一，而优秀的语言表达能力也是每个学生都不能缺乏的基础素质。高中生心智成长的特征表明现阶段的学生都希望能够最大化地表达自己的想法，同时也进行自我展现。所以在高中阅读教学课程中，教师就必须给他们参与表演的时间，让学生担任课堂表演的主体，给他们充分的表达时间。只有这样，学生才有时间运用习得的阅读材料，遵从语言的规则，完成语言表达能力的训练，才有时间提升语言表达技能。因此，教师可以给出下一次读书会的主题或者学生们可以自行提出交流会的问题，让学生根据问题表述自己的观点和独特见解。通过这样的学习环节，全班同学都可以参与交流，学生在交流活动中还能够随意提出自己的观点，从而能够较好地培养和提升他们的语言表达意识和表达能力。

2. 组织关于文学作品的辩论赛，发展学生思维能力

根据高中生心理发展的特点，高中生的抽象思维在发展中占据主导地位，创造性思维需要不断地提高和发展。文学辩论赛能有效激活高中生思维，对提高学生思维有很大帮助。如果在辩论中，学生反应不灵敏，词汇量不大，就会刺激学生阅读。通过开展文学作品辩论赛，学生可以面对面交流，认识彼此的不足。在比赛的过程中，学生可以互相学习。此外，辩论赛可以利用人的竞争力在某些方面激发学生的积极性和进步。例如，围绕《红楼梦》中的薛宝钗和王熙凤两个角色举办辩论赛，可以将辩论题目设置为"薛宝钗和王熙凤谁更适合当班长"。学生可以积极参与其中，得到充分的练习和锻炼，通过辩论比赛对这两个人物有更深入的了解。在此基础上，锻炼学生的抽象逻辑思维，激活其现有的思维意识，提高其思维的水平和深度。

3. 开展经典著作阅读活动，品读理解文化

该活动是根据《普通高中语文课程标准（征求意见稿）》中的"文化传承与理解"设计的。开展经典文化作品阅读活动，应考虑阅读的条件：首先，教师应当先学习。只有通过自己的反复练习和大量阅读，教师才能轻松地与学生交流，引导高中生阅读经典作品。其次，要激发学生阅读兴趣。教师需要通过在经典文章中选择的课文进行生动地讲授，进而营造阅读经典的良好氛围，合理利用信息化资源来有效激发学生的阅读兴趣。再次，教师应科学指导。指导可分为3个部分，分别是书目指导、时间指导和方法指导。阅读活动有多种形式：复述故事、专题讲座、知识竞赛、结合朗诵、利用相关媒体以及结合作文教学等。

例如，复述故事活动中，教师在讲授《林黛玉进贾府》时，可以要求学生在课后阅读与本文相关的《红楼梦》第三回，并要求学生在课堂上复述故事。在讲授雨果的《巴黎圣母院》时，教师可以采取专题讲座的形式，从"作者生平与创作""主要人物关系""主要故事情节"和"主要写作特点"四个方面来介绍。当然，也可以穿插人物描写、场景描写等精彩片段。同时，教师可以灵活运用知识竞赛的阅读形式，每学期可围绕指定的经典文化作品举办知识竞赛，可从文学常识、主要故事情节、艺术特色等方面进行知识竞赛提问。此外，教师也可以在阅读教学或各种考试中穿插经典名著相关知识的默写及阅读感悟。当然，教师也可以利用周末时间，让学生观看"百家讲坛"等节目，观看名著改编的影视剧。另外，教师也可以让学生写读后感、

随笔等，然后在全班内进行展示、评比以及评价。可以进行的阅读活动还有很多，这里只举几个例子。开展名著阅读活动后，教师可根据阅读活动推荐相关经典作品，如先秦文人散文、唐诗宋词、文化经典等，拓展课外活动，由此提升高中生的课外阅读范围，开阔其眼界，帮助其养成受益终身的阅读习惯。

四、构建核心素养下学生自主参与的阅读课堂

（一）依托课内教学培养学生的阅读兴趣

1. 感受语言文字魅力，积累语言素材

语言与文化息息相关，但学生作为独特的个体，其语言文字应用能力千差万别，所以在高中生阅读教学平台上，语文教师需要同等关注语言文字，培养高中生语言文字的运用能力。盖伊·多伊彻的《话境》中写道："我们说什么，会影响我们的思考，我们看到的也就是不一样的世界。"[1] 教师与学生用汉语交流对话，表达思想，语言表达贯穿了阅读教学的全程，但是语文教师也要特别注意自己的语言表现，必须让学生将自己所认识到的事情"说"出来，如此才算比较顺利而高效的沟通。

高中生在阅读小说后直接接触的便是文字，作家的思想情感经由文字传递。阅读教学中，教师和学生共同体会语言本身所承载的文化内涵，对他们自身的陶冶、感染力也有着很重要的意义。比如郁达夫作品《故都的秋》，作家为何用"故都"而不是"北平"或是另外的词呢？作家不远千里到北平再品故都的秋味，那故都"悲凉的秋"又是何种韵味，使作家如此之迷恋呢？对于这些问题，教师和学生都需要认真感悟其所蕴涵的文学真谛，体会文字词句的韵味，在体会的过程中积累语文素材，提高语文应用技能，从而体会语言自身的超强吸引力。另外，汉字作为一个表意文字，历经了漫长的历史演变，通过研究汉字的历史演化，才能窥见祖先造字的本意。所以，在语文核心素养下的阅读教学中，教师应通过研究汉字的历史发展规律来组织阅读活动，并及时地向学生介绍汉字的历史发展规律，让他们直接认识汉字的本

---

[1] 盖伊·多伊彻. 话境 [M]. 北京：清华大学出版社，2014：3.

义,从而形成对汉字文学的浓厚兴趣。语文教师可以利用汉字的演变培养学生了解掌握汉字的兴趣,学生利用语言文字的教学积累汉语素材,在活动交往中使用汉语,使口语交际的能力得以提升。

2. 激发学生思考,以思促读,训练学生思维

语文核心素养下的阅读教学,教师需要采取以下几点方法以鼓励学生勤思考:营造宽松的课堂气氛。宽松的环境下智慧更容易形成。首先,要形成民主平等的师生关系,语文核心素养下的阅读教学课堂要求师生双方积极交流。其次,语文教师的上课话语需要具有很强的表情性。在民主的课堂气氛中,语文教师要注重自己的语言,讲话生动有趣且诙谐,在合适的时间,语文教师能够引用方言活跃氛围,让学生形成愉悦的情绪,乐于投入教学。再次,教师要有舒服的体态语言,面带笑容的表情、坚定的目光等等,能够给学生带来学习的勇气。

(二)关注学生学习意愿,使其融入课堂教学

语文基础素养下的阅读教学需要引导学生积极、自觉地阅读,但是在阅读教学中,教师需要引导学生有自觉阅读的愿望,学生的积极性需要得到调动,语文教师需要选择不同的阅读活动,激起他们投入学习阅读活动的积极性。采用自由的练习、个体辅导、群体探究等形式,让学习者主动地加入课堂教学,成为课堂内容的参与者。高中的课堂应当成为一种自然放松的活动,但现阶段我国高中的课堂教学是沉闷的、缺乏活力的,问题主要在于教师采取"讲解式"的方式介绍知识点,教学中没有学习者的积极互动。所以,语文核心素养下的阅读教学,必须引导学生在读书的时候主动进行阅读行为,增强他们语文阅读的意识,同时,教师应重视他们读书的意愿,适当放权给学生。只有学习者自己积极主动地投入学习,积极阅读文章,才有机会提升能力、扩大眼界,提高各方面的能力。学习者有阅读的愿望,就会积极阅读丰富的作品,从而增长认识、扩大视野、深化思想、提高技能。高中语文阅读教学的目的是促进高中生语文核心素养的提高,所以阅读教学应以兴趣为先。教师们在开设阅读课之前,就要调查和了解学生对阅读及教学课程的要求与兴趣。教师教他们感兴趣的阅读课,或以多种多样的教学方式方法开展阅读教学,并将他们吸引至阅读教学中,主动积极地读书,如此,阅读课才能取得应有的效果。

（三）还学生课堂学习的主体地位

在阅读教学中，教师首先必须落实学生在课堂教学中的主体地位。语文老师要相信高中生的主体学习意识和自主学习的意识，他们的可塑性极强，具有无数的成长机会，因此教师也必须转变原有的教育理念。其次，教师必须掌握学生知识主体的表现方式。学生可能对知识内容很感兴趣，也可能在阅读意愿中有自觉性，也可能乐于与同伴之间学习互动等等，教师必须给他们预留主体性发展的活动空间。最后，要积极探索高中生主体行为的问题以及人际关系方面的问题。学生间的交往是主体性表现形式的主要形式，教师要合理引导高中生的主体性活动。

教师应给学生积极参加阅读活动的平台。所谓学生"主动参加"就是他们要参与所有阅读课堂的过程，包括参加阅读课堂计划的制定，读书课堂的安排，读书课堂的过程，读书课堂的评估等等。比如学生对课堂活动积极投入，教师用话题带动他们，激发他们的思维，教师要针对不同的读课内容和他们的实际状况给出难易适中的问题，问题要引发他们的好奇心，要有创造性，且题目要小而精，不能庞杂烦琐。教师要鼓励学生勇于怀疑，敢于表达自己对提问形成的独到观点和想法，使每个学生在课堂参与中有安全感。课堂中，提问往往是至关重要的，但若要利用问题让学习者思路更加活跃，仅仅教师发问是不够的，学习者本身也需要根据文章提问题。因此，学习者提出问题的过程正是提高其思考的严密性、深刻性的过程。以提问题的形式让学生主动参与阅读课堂的学习，对学生课堂学习主体地位的体现是个很好的选择。此外，在阅读教学课程上除了用提问方式让学生投入到课堂的练习中，还可通过"话题"吸引学生到课堂学习中。比如钱梦龙先生，他在阅读教学中就多提"话题"，少提出问题。在学习《故乡》过程中，钱老师还提出了很多话题，包括有关闰土的、"我"的话题，并根据话题展开讨论，这样学生们也会参与到课堂学习当中。钱老师可以根据学生对话题的反映作出正确的判断，同时学生也可以提出钱老师从未想过的角度，同学之间可以彼此取长补短，共同进步。

第三节　课内阅读中的语文核心素养提升

一、"语言建构与运用"核心素养落实策略

（一）品味语言文字，感受文字魅力

"在语文阅读教学中，学生应有意识地养成积累语言文字的学习习惯，积累能够丰富自身语言运用的语言素材和语言运用的典型案例等。"[①] 品味本文中的语句文字规范化工作是一种积累语言素材的教学方式，它具体指通过理解文章中的语句内涵，掌握本文中作品的语言表达形式。在高中语文阅读教学中，即针对课本中所选取的作品，通过品尝本文中的关键字词句，掌握作品的语言表达方式，进而了解作品中所传达的思维主旨，以培养学习者对语言文字的认识能力与使用能力。

各种类型的语言文字作品，体现的文本内涵有所不同，品味文本的语言文字的途径多种多样，可以大致分为三个层面。首先是品味词语的内涵，通过结合文本的上下文语境感悟具体词语在此处的内涵；然后，要品味词语的巧妙之处，同样也是要根据语境说明该词语的意思，即可以说明该词语对具体文章中作家塑造的人物、情节演变、所传达的思想感情等有何种影响，并以此体现该词语在具体文章中运用得是否正确；最后，品味文章中带有深刻哲理性寓意的句子，往往还可以针对该句中的关键字词进行研究，既可直观说明该词的深刻哲学内涵，又可通过关键字词挖掘出其背后蕴涵的深刻寓意。

例如，教师在讲授朱自清的《荷塘月色》时，能够通过品味文章中某部分的关键字词句，掌握作品的语言表达方法，体会作品表现的思想真挚情意。在文中的第五自然段中使用了很多细腻的动词表达，而其中的"泻""浮"

[①] 中华人民共和国教育部.普通高中语文课程标准 [S]. 北京：人民教育出版社，2017：5.

"洗""笼"都运用得很恰当。可是怎样使学习者借助文中的词语描述来体会文学作品所展示的优美画面，更好地品味语言文字的魅力呢？这就要求老师在教学该处时有侧重地加以教学设计。我们先通过对比文字分析的方式，把这些动词分别换成"流""飘""泡""罩"，然后让学生在小组范围内对这两段意思不同的话加以分析论证，然后与大家交流用哪一种词效力更佳，并解释理由。这些比较研究的方式能够很好地促进学习者投入到语言文字的品位感受当中，但教师只能成为引导者，在合适的时机观察、引导。最后得到的结果，是"泻""浮""洗""笼"这四个字最好。首先，"泻"给人一个悄无声息、一泻万里的感受，而且照应了前一句中的行云流水，只有行云流水才能慢慢地泻下来，体现夜晚月光的静谧、美好。同时，"浮"在此处给人以轻盈的感受，稀薄的青雾那么朦胧，轻轻地浮起在荷塘，体现月下荷塘的恬淡美好；"洗"更能体现出叶与花朵的晶莹剔透、色泽明亮；"笼"则为人提供一个朦朦胧胧、若隐若现的环境。这段话通过四个句子把月光下荷塘的朦胧、宁静的美展示出来。这个课程设计的目的就是为了更好地让学习者积累文章中的语言材料，并加入自己的"语言知识库"之中。通过研究这些词汇，更准确地说是研究句子中的关键词汇，了解句子深层次的意义，让字词创作带来创造性的生命力，简简单单地把一些词汇拼凑到一起，却又能够表现出人那么深厚的文化情感。所以，认真品味语言文字，是学习者建构语文内容、储备语言材料的最佳方式。

（二）诵读教学文本，培养学生语感

积累语言文章只能透过读。读又分很多种，而在此处所说的"读"，一般是指朗读。因为朗读是将口、心、耳、目等多种感官感受结合在一块，这些感受程度要比单纯的感觉提高许多，因而提高了语感生成的效率。而语感正是衡量学生语文发展的重要指标，它指的是能否较为直观、快速地感知语言内容的能力，一般包括人对言语形式的感受，对言语节奏的把握，对言语情感的体会。不同阶段的学习者由于自身语言文字能力的差异，所表现出的语感能力也是有所不同的。《普通高中语文课程标准》（2017年版2020年修订）中提供的大批的优质古诗文，就希望透过朗读、吟诵这些优美古典的作品来训练学生语感，这也是学生语感培养的重要途径。

诵读法针对各种体裁的文字特点，实施侧重点也是不相同的。对于诗歌

而言，因为诗歌的篇幅比较短小，而且语言文字简单，所以阅读的时候就特别要注意掌握诗句的节奏、旋律，时而低缓沉重，时而激昂急促。对于小说而言，因为小说的故事性比较强，人物关系错综复杂，矛盾冲突也较多，所以在阅读的时候就一定按照故事内容中人物关系、矛盾冲突的变化来调节自己的语气，并及时地对人物形象揣摩了解清楚。这样在背诵与人物的对话内容时，才能很好地揣摩了解文章中的人物形象性格特点，以便在背诵过程中使人物形象性格更为立体。

教师通过创设具体的情景引领学生进入课文内容，同时按照课文的感情基调选用恰当的背景音乐来创设课堂气氛，使学生在朗诵中体会诗词文化的魅力。例如在《短歌行》的教学中，有"对酒当歌，人生几何……何以解忧？唯有杜康"[1]。在读的时候，要体会诗歌的语言文字中所具有的感情特色，掌握好整体的感情色彩，写出作者所希望传达的情意。从诗歌中，"对酒当歌"可以看得出当时是一个很隆重的筵席，但是，作者却借酒有感而发，乐极悲来，突然产生了许多关于生命苦短的感慨之词。到"何以解忧？唯有杜康"这二句，透过阅读想象作者借酒浇愁的情景，可以体会到作者低落到了极点的心境。至于作者诗文的韵律，也要在低沉中缓慢沉重，激动中声情并茂，教师还应指导他们对诗文重复背诵，揣摩作者诗歌中的语言特点、旋律韵律和作者的情感起伏，并以此训练他们的语感。

教师应重视教学实践中的诵读环节，鼓励学生在诵读文本的过程中增加对语言文字的积累与认识，提高学生的诵读水平，发展学生的语感，从而加深对语言文字的感受与体悟。

（三）创设言语实践，锻炼口语表达

在语言学习中，经过朗读可以提高使用者的语感，但语感也并非一成恒定的，还需要在持续的教学实践中提高语感质量。要想进一步提高语感的质量，就需要根据对话主义理论的交流理论思想，使他们在实际而具体的语言实践活动中，主动积极不断地和教师、同伴、文本作者之间进行交往谈话等活动，以培养他们口语表达的能力，进而培养他们的语言运用能力。开展语

---

[1] 人民教育出版社等编著. 普通高中课程标准实验教科书必修二[M]. 北京：人民教育出版社，2007：26.

言实验，以提高学生口语能力的教学策略，是根据课程目标中的第二条"语言表达与交流"而启发出的。以人教版高中语文必修一课程为例，必修一的四大模块根据作品类型分置，主要包括"中国新体诗""古代记叙类散文""写人记事类散文""新闻及报告文学"。教师也可针对单元教学内容，组织学生设计相应范围的单元主题或实验活动。例如在第四单元，本单元中有2篇短报道，以及2篇小报告文学，教师可让学生二选一进行语言实践活动。以报道为例，老师创设以"如何阅读新闻类文本"为主题的语言实践教学活动，通过学习课本中的两篇报道，让学生对课本中的报道进行分类讨论，然后教师根据当下的新闻，组织学生小组内对课本中的报道与收集到的报道进行比较分析，并总结归纳出这些文章的阅读诀窍。首先，分析文章标题；然后，抓住重点信息；接着，梳理线索；最后，分析表述方法。这些以单元练习为主体的语言操练，对培养学习者的口语表达能力有重要意义。

这些教育活动一方面增强学生对本教材经典人物形象的认识，一方面丰富了学生的语言实践活动，提高了他们的口语表达能力。通过为学生提供语言交流的机会，在具体环境中互动，帮助他们积累语言知识，不但提高了他们的语言表达水平，一定程度上还培养了他们的逻辑思维能力。

（四）设计写作训练，锻炼书面语表达

叶圣陶先生说过"出口为语，下笔为文"[①]。语文应用技能的训练不但可采用读写交流或以口头表述交际为主的实际活动方式进行训练，也可采用以书面语表述为主的写作训练的实际方式。作文练习也是训练学生书面语表达能力的主要手段，既包括学生在课堂上随堂进行的小写作、小练笔等训练活动，还包括学生在课后开展的专项作文练习活动。

比如教师在教学具体课文时，就可让学生们根据具体课文内容全部或部分知识点、某一个片段、某一个故事等内容开展小练笔培训，并通过仿写、扩写、评写等三种形式完成小练笔训练。仿写是指学生根据原句加以模仿，其语言特点往往和原句的意思相同，在教学活动中是最容易使用、也比较简便的书面语训练方式，因为学生都能够利用语言模仿写出词语、句子。例如

---

① 叶圣陶.中国教育科学研究院编.叶圣陶语文教育论集［M］.北京：教育科学出版社，2014：49.

仿写《荷塘月色》中月光下荷塘的部分，学生使用了比喻的修辞方式，把池塘里的荷叶形容成了明珠、小星星和刚刚出浴的睡美人。学习者可以把文本中描写段落的本体、喻体作替换，完成仿写练习，并在小组里完成互评。扩写是指根据文章从结构到内涵的某种变化进行扩展创新的语言形式，例如在《短歌行》教学时，教师诱导学生明白曹操使用"何以解忧？唯有杜康"来抒发自己的苦闷之情，但末尾又用了"周公吐哺，天下归心"来表现自己的胸怀与气魄，并非他人所能及。教师可要求学生立足于文本内容，想象当时曹操所在地方的生活情景和他的心境，对文本内容加以白话文扩写，以此增加学生对文本言语文字的了解程度，从而提高学生书面语言的表现力。评写主要是针对文章中的人物形象加以点评，通过这种方法既可提高学生对文章人物形象的认知理解，也可培养学生遣词造句的能力。

又如，用开设的课程中展示和交流单元的"写触动心灵的人和事"这一话题来进行课内的作文培训项目，教师应根据这一话题提前进行课程设置，进行课程准备。在课堂作文培训前，首先，老师要引导学生回顾自己作文经历中最优秀的一次写作，同时让他们意识到真正优秀的作品必须是自己真情实感的表达，而并非生搬硬套的语言拼凑，从而引导这一次的作文培训主题；然后，教师应该选择一些作者有感而发的案例，让学生借鉴，如果教师在进行这个项目前的准备工作做得够充分，可以亲自写一次作文，这样可以给予学生极大的创作力量与创意激发；然后，让学生采用小组的方式进行交流，学生分享关于自己的触动内心的人与事，学生把自己所表述的东西整理以文章方式记录在案。这一方式的目的在于培养学生的表述意识，培养他们撰写内容真挚、流畅通顺的文章，较为充分地训练他们的语言表述意识。

二、"思维发展与提升"核心素养落实策略

（一）创设故事情境，培养形象思维

形象思维的训练需要学习者根据文章内涵，发散视野，想象联想与文章语言文字内涵相对应的故事情境，可以从小说中的故事、人物形象、情境等角度出发，学习者在进行思维的同时，逻辑思维能力也在不断增强，由此促进学习者的思想成长。所以，思维的开发首先就必须调动学生的思考和思维。

让他们积极地去发散思考，创造恰当的情节场景，可以激发他们思维，指导他们抓住教学内容的实质，进而训练他们的形象思维。

比如在古诗文《使至塞上》的教学环节中，王维诗中的那句"大漠孤烟直，长河落日圆"让我们感觉十分深切，不过就诗歌字面含义来说，也没有可说的，那为何这样简短的诗歌就会给我们以如此深切的感受呢？从诗歌内容分析，就是一条空旷无垠的大漠，两条直的路线上的孤烟和大长河，再加上一个个圆圆的落日。但如果教师在指导学生感受领悟这句诗时，则可选择从诗歌当中的关键性词语入手剖析，并分析当中的具体词句，让学习者细细品味作者在此处的一些字的用意。首先入眼看见的便是平旷无边的大漠，看不了大漠的边缘，故用"大"词；荒凉寂寞的塞外，荒无人烟，因而突出了其"孤"字；而狼烟的特性是任凭风吹也不会降低一分，则用"直"字最合适；在无垠的大漠的映衬下，九曲长江横亘在塞外的大漠，毫无阻挡，因而用一"长"；在夕阳西下，大漠和天边的交会处，落日马上就坠入了地平线，在大漠映衬下变得又圆又大。通过教师的指导与分析学生的想象感受，将诗歌的内容转换为脑海中的画面，重新感受诗歌中表现的意象，让人犹如身临其境般，领略了边关与塞外独特的景致。

教师还可以借助多媒体教学装置，在教学中搜集一些适合该诗歌情境的画面，在课堂当中进行演示，使学生把自己脑海中的画面和所演示的画面加以对照，在学生间进行互动与评价。画面的选取上不但包含意境相同的画面，也可以考虑选取一些青山绿水的南方风景图片再和前面的画面进行对照。大漠、狼烟、长河、落日这群形象的组合，和中国南方小桥流水、青山环绕的画面对比，便产生了巨大的文学对比效果。把生硬的语言文字进行了想象、联系，以营造意境，不但增加了学生对文字内涵的了解，并感受语言内容的韵味，也训练了他们的形象思维意识。

（二）梳理人物关系，培养逻辑思维

针对在语言阅读教学中怎样训练逻辑思维这一课题，老师可采用整理课文中的人物关系的方法，从繁杂的事物关系中总结出比较清晰的思路，以此训练他们的逻辑思维。不但要调动他们发散思路，联想人物情境，同时要注意梳理思考。立足文章，联想情境，把学习者大脑中已产生的知识信息加以激活，以便从散乱的思想中总结出更加清晰的思维，加以训练提高。逻辑思维的培养重点在逻辑思维严密的文章中，如叙述的文章、讲理性文章等。

比如在学生小说《小狗包弟》的教育环境中，我们就从了解文本中的角色关系开始。要指导学生理解作品中的人物形象，了解人物形象间的关联，在人物形象特征与人物关联的基础上再去思考、掌握作家形象所传达的意思。首先，学生经过课前预习和课堂上的讨论，明确了作品中的形象主体是："我"、包弟、作家、作家的狗。包弟的形象特点是规矩讨喜、忠心友善，但命运凄惨；作家的狗的形象特点是忠诚和命运凄惨；而"我"的形象特点是冷酷和自私；作家的形象特点是有情有义，而这些性格特征都能够从作者作品中具体的语言表现中推导得出。然后，再来研究人物之间的联系：包弟和作者的小狗是对照与衬托的关系，作者的小狗是把自己活活饿死，而包弟则是被主人"出卖"而死，结局虽然相同但又不同，即死因不同，包弟的死更显出命运的悲惨和人性的自私冷漠；"我"和作者则是相互对照的，一个无情无义，为顾全性命而把一个相伴已久的小狗带了出去，一个有情有义，在脱离痛苦后仍记得买肉并去看望小狗。通过对以上人物关系的研究，教师们能够指导学生分析主人公所想表现的意思。在经过研究讨论后，有的学生的关注点在于小包弟悲惨的命运结局，有的学生的关注点则在于"我"的自私冷酷。而作品最后的一切矛头都是直接指向"我"。最后，教师引导学生顺理成章地推出作品所表达的意思，也正是要为"我"当时抛弃包弟来换取全家人生命这一错误行为作出了勇敢的自我忏悔与深刻批评，并由此进一步加深作品的主题思想。

再如，在中国古代的人物传记《廉颇蔺相如列传》中，因为体裁分类上本来是同一种的人物传记，所以文章中关于人物形象的描述与分析都是相当细致的，用这新闻文章为例来训练学生的思维，是最合适不过的。在文章中，重要角色包含了蔺相如，其次角色有廉颇、赵惠文王、宦者令缪贤、勤王军等人。所有的角色设置、情节设计都紧紧地围绕蔺相如进行，在完璧归赵、渑池相会、负荆请罪三大情节中，都是要展示蔺相如的形象。而完璧归赵情节中展示的蔺相如对秦王的形象设计都是见机行动，显示出了巨大的勇气和高明的策略；在渑池相会时，为赵王据理争取，展示了他的智勇双全；在负荆请罪事件中，也展示出了他的大局思想，以及开阔的胸襟。以上都是在三件事中发现的有关蔺相如的人物品格特点，但在上述故事中表现出来的这些品格特点，均需要在本文中从其他角色和蔺相如之间的关系中剖析得出。在此对廉颇蔺相如二者的关系进行讨论,两者是典型的对比关系,一文臣一武将,一静一动,地位一贵一贱。由最初的针锋相对到最后化干戈为玉帛,并经过了一次次的小事件而增加了对彼此的了解。所以,廉颇的人物设计在文中的意义主要是为了突出蔺相如的人物性格、精神特征。尽管作品中的人物角色很多,故事情节也复杂,但一切的人物设计基本都是围绕展现蔺相如的人物形象进行的。教师在指导学生阅读这篇文章时,如果紧紧围绕蔺相如故事这一主线,深入研究蔺相如故事和每一位角色之间的联系,在每一个情节中所出现的意义,就能够把握这篇文章的主题思想,从而认识蔺相如这一角色。学生们在分析的时候,了解作品的逻辑与严密的叙事方式,以锻炼他们逻辑思维的条理性、严密性。经过整理和研究,掌握文章中的人物特征,明确人物间的关联,清楚文中的对立冲突,发现作家借助文字需要传达的东西,以便在错综复杂的人物关系中深入训练学生的思维能力。

(三)研讨文本主旨,培养批判思维

批判和反省更需要学习者在具有完善的思维能力基础上,对自己面临的社会现实有更加清晰的自我认识、自主评估。教师应该有针对性地设置一些富有思辨力的读书互动内容,在高中语文的教学中,教师应该主动引导学生从不同视角去思考问题。

例如,在外国作品《装在套子里的人》的阅读教学中,教师可以指导学生针对文章中不适合人物性格塑造的东西质疑。为何别里科夫会和跟她个性截然相反的华连卡相爱?又为何别里科夫最后会抑郁而死?针对这种看似不太合情理的剧情设定,教师们可以让学生产生疑惑,并进行探究讨论,进而产生不同的声音,产生不同的看法。针对这一内容设置,我们通过质疑、探究、剖析便可知道,别里科夫之所以和华连卡相爱,一方面表明了守旧胆小的别里科夫也曾经努力摆脱套子,力图脱离问题。因为华连卡作为一位热情开放的姑娘,她实际上是新观念、新事物、新生命的代表,这个角色也从一开始就影响了别里科夫。但由于老思想与旧体制下对人的根深蒂固的负面影响,使得别里科夫把身上的"套子"牢牢套住,最后致使他的爱情事业以失败收场;另一方面,也是作者通过描写华连卡姐弟这类富有新思维的人,揭示了他们可笑的"套子式"的思想和生活。通过与华连卡失败的爱情来说明他早已被"套子"牢牢套住,他是绝对不可能从"套子"里爬出来的。他们二人相爱的过程，其实代表的是新旧世界思想斗争的进程。尤其是当他们死后，旧城里的人都觉得松了口气，但即使没有了这种人，他们却仍然生存在旧思想制度的管控之下，而这些也都说明了当时的旧世界像别里科夫这样的人还不少。而这一群人最终也将被套子牢牢套住直到国家灭亡，暗示着拥有一切最古老的封建思想体系的沙皇俄国王朝，最终也必然走向毁灭。这种对文章的批判性的解读方法，让学生能够完全发散思考，不盲从于各种参考书目给出的现成方法和课堂上老师给出的观点建议，基于文字，但又超越文字，以一种崭新的视角来提出自己的见解，锻炼他们的批判性思考精神。

（四）设计疑问留白，培养反思思维

反思思维是思想发展的最高阶段，养成反思思维可以增强学习者独立思想的意识，有助于训练智慧型思考。在高中语文阅读教学中，教师可使用"设疑留白"来训练学习者的反思性思维，所谓的语言留白主要分为两个方面。一是文章内的空白，是文本内容的延伸部分。二是文字意义内涵的空白，是指文学作品中通过文字内涵所要表现的言外之意。在课堂教学过程中，指教师在讲授文字内涵时，根据某一点描写为学生进一步设置问题，并赋予学生适当的反思时间与自己个性思想自由发挥的空间，使学生在教学实践中进一步锻炼自身的反思思维，从而提高个人思想质量。

例如，在短新闻《奥斯威辛没有什么新闻》中，有一段话写道："二十多岁的姑娘，长得可爱，皮肤细白，金发碧眼。她在暖和地微笑着……当时，她在想什么呢？现在她在这堵奥斯威辛集中营遇难者纪念墙上，又在想什么呢？"[1]

老师也可以进行设疑留白的艺术提问："姑娘到底在想什么？作者想要通过这两个'在想什么呢'去表达什么？"教师可以引导学生进行这样的思考探究：这位可爱美丽的姑娘有着"暖和的微笑"，而透过她的笑容作者所想传达的其实是当时战争时期普通民众对幸福平静人生的渴望与向往，但正是如此的渴望，却将残酷的纳粹党人掐死在了这个死亡集中营里，也就是一种对德国纳粹分子这一残酷凶暴行动的强烈斥责和批评。"姑娘的微笑"出现在"遇

---

[1] 人民教育出版社等编著. 普通高中课程标准实验教科书必修一[M]. 北京：人民教育出版社，2007：41.

难者纪念墙"上，这是一次把两个对比巨大的人物放到一起，构成了一个让人无法忘却的场景。这组图画，其实就是揭示了法西斯对美好人生无情破坏行为的又一罪恶。与此同时，老师也能够通过指导学生对课文展开深层次的探讨，反思课文背后表达的含义，以便与他们进行互动。在遇难者纪念墙上，姑娘们都还能维持着笑容，在废墟上都能开出希望之花，而这也是在暗示美好的生活是无法被任何黑暗破坏的，因为正义最终战胜了罪恶。提醒所有活着的人们进行深刻反省，记住历史留给人们的惨痛教训，但一定要永远记住一切邪恶的行为。它是告诉我们生活在今天这样和平的年代，要珍爱当下幸福美好的生命，做到对生命负责，对自身负责，并怀揣着一种感激的心情珍爱这来之不易的生活。

透过"设疑留白"，使得学生对学习语言有了较多的参与感，对课文也有了比较深刻的认识，不但增强了他们对语文课堂阅读的浓厚兴趣，也同时提高了他们的思维能力。尤其是要不断刷新他们关于世界、人生以及自己的思想与认识，培养他们自主思考的意识，提高思想素养。

三、"审美鉴赏与创造"核心素养落实策略

（一）鉴赏意象内涵，获得审美感知

"审美是指主体了解客观世界的一种形式，包括产生美感与体验美感，审美心理的过程包括移情或者外射。"[1] 在正确的教育氛围中接受美的影响，并初步感受美，是培育学习者审美意识的重要基础。在阅读教学中，赏析散文中的事物、形象、故事、矛盾等都是达到美的感受的最佳方式。意境是指作家把自身的主体情感寄托于文学作品中的具体事物中，通过具体的事物来表现自身的情感。

以柳永的词《雨霖铃》为例分析。在教学过程中，首先分析文本中出现的意象，包括寒蝉、长亭、烟波、骤雨、杨柳、晓风、残月等。教师可以选择对词中的"寒蝉凄切，对长亭晚"这一句进行分析。当中出现了寒蝉和长亭，寒蝉在这里表明了时间，应该是初秋时分，但是蝉的寿命到了初秋就要

---

[1] 滕守尧. 审美心理描述［M］. 中国社会科学出版社，1985：7.

画上句号。因此，此意象是用来渲染一种悲凉哀切的景象，再加上长亭这一意象，烘托离别的哀愁，因为古代的长亭是专门供行人休息和送别的，是陆上的送别之所。教师通过引导学生分析寒蝉、长亭这两个意象，真正使学生对文本内容有了美的鉴赏，从而进入美的境界，获得初步的审美感知。对于已经具备了一定的情感体验和文化积淀的高中生而言就可以进一步结合已有的生活经验，通过想象、联想，感受作者在诗词中所创造的意象，从而进一步提高审美感知，获得审美体验。

在指导学生进行研究意象中，无论是对意象自身的内涵研究，还是围绕意象在具体文章中的内涵展开研究，都是为了提高他们对意象运用的艺术感悟。而各种类型的文字魅力表达，也离不开意境。教师引领学习者去体会、去理解文字中的意境，在欣赏意境的过程上，发现意境所体现的内在价值，从这一过程中走向美的高度，达到审美感受，根据已有的人生经历更好地去充实审美感受。

（二）品味修辞运用，丰富审美体验

审美体验，是培养学生审美鉴赏能力的基础和前提，具体可从文本中的语言文字、修辞结构、人物形象、情感思想等方面入手。高中语文教材中所选的都是文质兼美的作品，尤其是建构语言文字时使用的修辞语法，将单调的语言文字排列成抑扬顿挫、音韵和谐、有血有肉的文学作品。所以在教学当中只有抓住修辞，才能抓住审美，而获得审美体验的最有效方法就是品味文本中的修辞运用。

例如在词《声声慢》的教学当中，教师可以侧重分析文本开头一连使用的七组叠词。这七组叠词既增添了语言的韵律美，又丰富了语言的内涵，起强调作用。并且这里的七组叠词都是唇齿音，声音沉重，直接抒情，委婉地表达了作者在遭受重创剧痛后的愁苦的心情，在品味过程中让人不由得感到十分悲凉。所以学生在感受作品韵律之美时，老师就需要把侧重点放到他们的朗诵上，并引导他们不断地对文章进行朗诵，从而感悟文章中出现的每一个叠词的内在含义，"寻寻觅觅"四字看出的是作家当时慌乱的神态和急切忙碌的动态，"冷冷清清"烘托出了情境的悲凉，紧接下来这二组叠词后面又写道"凄凄惨惨戚戚"，都是想表现主人公心中受到的极大折磨。李清照在遭遇到一连串的挫折之后，心里真的难以忍受这种忧郁痛苦。为减轻这种忧郁痛苦，她开始寻求解脱的途径，而结果不仅未能缓解心中一丝的疼痛，反倒平添了一份悲伤与惨淡。我们通过引领学生感悟这七组叠词的修辞运用，感受作品内在的情感变化，充分引导他们感受作品中的韵律美，从而达到审美感受。教师可以引导学生分析这些句式，并且从文本中摘抄一部分细细品味。

鉴赏作家们如何使用修辞为语言与文字进行排兵布阵，不但能够帮助他们提高对作品中所要表现的意思与情感的认识，同时也能够更有效地使他们感受到作者使用修辞学知识的价值，掌握作者修辞运用之妙，从而将迁移转换为作者自身的遣词造句技能。

（三）赏析景物描写，提高欣赏水平

培养学习者的审美鉴赏能力，就是要在立足课文中的语言文字规范化的基础上，借助欣赏课文的人物、故事情节、矛盾冲突等因素来认识课文，提高审美鉴赏能力，而欣赏课文中对景物的刻画就是培养审美鉴赏能力的重要途径之一。比如，在巴金的著名散文《小狗包弟》当中，就有这么一个场景描述："整整十三年零五个月过去了。我仍然是住在这栋楼里，每天清早我会在院子里散步，脚下是一片衰草，竹篱笆早已换成了无缝的砖墙。隔壁房里又增加了几户新主人。当初刚搭建起来的葡萄架在虫蛀之后也已塌下来被扫掉了，连葡萄藤都被挖走了……少好几株花，却又多了几棵不开花的树。"[①]这一段描写的是在"文革"结束后作者一家人居住过的庭院现状。教师在这里要引导学生透过景物描写的表面现象来分析背后的本质问题。引导学生在阅读这一段时产生疑问，为什么竹篱笆换成了无缝的砖墙？这些描写都是在表现"文革"虽然结束了，但造成的破坏、影响却还没有停止，展现出人与人之间的关系从以前的亲密、友好变得冷漠、充满隔阂。其实这是在控诉当时混乱的社会秩序，人们的现实生活以及精神世界都遭受了巨人的打击，久久不能恢复过来。虽是写景，实际上也是为了衬托作者当时的心境。没了花，没了葡萄藤，最重要的是没有了妻子和小狗包弟，作者的心也就如这满园的景象一样荒凉。在这里不难看出，在此段当中的景物刻画起到了十分关键的效果，这里关于景色的刻画实则是为了表现文章背后的作家所想表现的"物

[①] 人民教育出版社等编著. 普通高中课程标准实验教科书必修一[M]. 北京：人民教育出版社，2007：34.

非人亦非"的现实状况。我们在指导他们剖析这段文字内涵时，要通过解析文字中的字词，发现困惑，从解惑中启迪他们的美学欣赏，进而通过景物现象把握问题实质。由此可以让美学鉴赏不仅仅停留于文字表层，进而对文字进行更深层次的美学理解与审美评价。

（四）编演课本剧，激发审美创造

通过对课本剧的编演，教师可以让学生把自己投入课堂教学中，在课堂教学上将文字知识转变成以戏剧的方式表现出来，从而增加他们的审美感受力。这在一定意义上提高他们的审美能力，从而展示和创作具有个性特点的审美艺术形象，真正掌握审美创造能力。

在《烛之武退秦师》的课堂教学当中，老师们可以选择对文本进行课本剧的编演，一改学校传统的知识传递模式，以此增强学生参加课程互动活动的积极性，使学生全面投入其中，丰富学生的审美感受，提升审美鉴赏水平，进而在课本剧的编演过程中焕发出审美表现力和审美创新的能力。在对《烛之武退秦师》的编演时，教师应指导学生们明确好文章的主题思路，剖析重点人物，疏通好篇章脉络，掌握好问题冲突。课本剧的修订是在理解课文的基础上，选取恰当的时机、条件，以学生为基础为导向加以修订。在开始演出前，让学生以小队为单元结合真课堂实事件进行表演，通过饰演年迈的烛之武如何逐步说服秦穆公撤兵，并放弃进攻郑国的打算，从中真正体会烛之武临危受命，以三寸不烂之舌，说退秦军的爱国主义奉献精神。在课本剧的编演活动中，学生往往还能够适当地对课文中的文字加以修改，而这也正是他们审美与创作水平的体现，尤其是以现代标准汉语方式进行的编演，换了原文中的文言文，可以提高参加编演的学生的参与积极性，同时也提高他们对原文信息的理解掌握程度。让参演的同学们有更深层次和丰富的审美感受，在一定意义上也能调动正在观看表演的学生的参演积极性。这些教育方式在训练学生审美表达水平的同时也训练了他们的艺术创作水平，都是有效的教学探索。

使用了课本剧这一新的表现形式，既让学习者得到了审美感受，对文本中的角色性格特点也有了更深层次的认识，在表演的同时又有了自己的审美表达和审美创新，是一种比较成熟的训练审美能力的教学模式。

四、"文化传承与理解"核心素养落实策略

(一) 重构教学目标,渗透优秀文化

优秀传统文化内容要想在高中的语文阅读教学中有所反映,就需要对教学目标加以重新构造,将优良的中国传统文化内容渗透到教学目标之中,以便于在课堂教学过程中让学习者更加全面地认知和掌握我国优秀传统民族文化的丰厚内涵。在对教学目标加以重构之时,也要有所侧重点地对中国优秀传统文化的丰厚内涵加以重新设计。例如,在词《沁园春·长沙》、散文《记念刘和珍君》和文言文《烛之武退秦师》中,就要着重对爱国精神加以设计编排;在文言文《陈情表》和新体诗《大堰河——我的保姆》中,就要着重对孝悌文化精神进行编排;在长篇小说《边城》中,就要注重对湖南西部民俗的设计。

在对《陈情表》的备课中,教师也必须根据课文中出现的历史信息对课程目标加以再建构,以便明确内容,进行适当的教学。布鲁姆的教育目标分类学,对阅读教学标准加以了重新构造,把优秀教育成果在阅读教学标准中的表达分成了五层,依次为"认识、理解、接受、内化、运用"。这一教学中"理解"为最基本层次,灵活运用为最高层次,所以,我们在重构的教育对象中,必须以理解李密对祖母的孝悌行为为最基本条件,以内化李密的孝精神和在生活实践中灵活运用的孝悌教育方法为最高条件。在课堂上,我们要求教师根据重构后的阅读教学任务进行教学,同时指导学生寻找课文中李密孝敬的具体体现,并加以分析评判,例如"臣侍汤药,未曾废离",以进一步体会李密对待病重的祖母的一份孝心,进而带动他们对中华优秀传统文化中的孝文化进行探讨交流。同时,教师还可以在这里穿插介绍一些中国古代有关孝文化的事迹,以此引领学生进一步认识孝文化在我国社会的渊源,是为人的立身之本,也是社会责任的体现。学生们能够以李密的孝悌行为为基础,并结合日常生活,反省自身在家庭教育中有无对长辈表现过自己的孝心,进而让孝心文化在学校课堂教学活动中和实际生活实践中得到贯彻。

语言教学的实质特征,决定了我们要在高中阶段语文阅读教学中渗透所关注的文化内涵。同时,在现阶段的语言教学中要根据优秀中华文化在课程

中的表现从而重新构造教学目标,将中国传统文化教育中的精髓部分传达给下一代人,并通过选择合适的课程,采取最适合的教学方式,重新构造阅读教学方法目标,强化优秀中国传统文化教育在阅读教学过程中的传播效果,并以此提升学生对中国传统文化教育的认可度。

(二)拓展经典阅读,感受优秀文化

作品也是展示中华优秀传统文化的重要舞台,观众透过欣赏选文的人物形象、叙事、情景,能够体会很多中国传统的文化因素。而优秀传统文化不但根植在语文课本的选篇之中,还在于对课外经典文学的延伸阅读,学生开阔了视野,可以从课外的一切经典文学中吸收优秀传统文化。所以,学生单想在课本中的选篇里体会优秀传统文化是远远不够的,要立足文本,挖掘出大量的涉及优秀传统文化的课外经典读物,引导学生进行拓展性地对课外经典文学的阅读。

中华历史文化,涵盖了中华民族几千年来的璀璨社会发展,并在漫长演变的历史进程中构成了以儒家为首,佛、道两家宗教为佐的中华文化主体。这三家的精神内涵总的表征着我国传统文化一路以来的发展演变,阅读过这三家的经典著作,可以从中体会我们中国传统文化的精神内涵。

以儒家思想教育为例,老师可把儒家名著《论语》作为课外读物推荐给学生,并要求学生在读完之后对《论语》中的主要思想内容加以分门别类,再从分好的文章种类中选取适当的课本中的选文内容加以讲解例证,从而增进对文章内涵的了解,同时也实现学生接受中国传统文化的教育目的。按照《论语》中的思想内容,对其文化内容分门别类。其中有勇于面对现实、宽广而仁慈的胸怀;见利思义、保持个人独立的生存理想;勤奋律己的优良教育传统;勤奋执着、刚健有为的开拓式进取精神等四个方面。就其中的勤奋执着、刚健有为的进取精神展开讨论,在《论语》中就有"学而不思则罔,思而不学则殆"[1]"学而时习之,不亦乐乎"[2]等有关读书的议论,并简单明了地提出读书的真理,指出求学术最关键的问题是端正自身的学习态度,要虚

---

[1] (清)阮元校刻. 十三经注疏·论语注疏·为政 [M]. 北京:中华书局,1980:139.

[2] (清)阮元校刻. 十三经注疏·论语注疏·为政 [M]. 北京:中华书局,1980:139.

心求教、勇于质疑，现在这些话已经成为读书人提醒自身提高学问、刻苦钻研的警句。而我国语文课本中也有与此相对应的课文内容，例如《劝学》中的"黑发不知勤学早，白发方悔求学迟"等等。这些论断都与《论语》中的积极进取精神相对应，都告诉我们必须依靠自身的不懈努力奋斗起来的积极进取精神。中国传统文化的表达方式是多种多样的，但不管它以什么方式呈现，我们都要根据文本内容，在阅读与教学活动中，把中国传统文化和语文教学完美融合，并从中发现中华优秀传统文化的丰富内涵。

（三）设计综合实践，理解优秀文化

对优秀传统文化的传承，除了通过掌握课文文字的基本知识内容，还可以通过创设以中华文化为主题的综合实践活动，因此语文教育的过程从实质上来说是与传统文化对话互动的综合实践活动过程，在具体的教育教学活动中实现对优秀传统文化的浸润，进而认识并继承优秀的传统文化。老师也可以创设若干以文化活动为主体的校内外活动，以此丰富学生的人文体验，让学生在实践活动中体验人文、认识先进文明。例如，教师可以指导学生进行撰写家书的实践项目，积极倡导学生给家庭的某一位成员写一封信。家书一般用来送给已去世的老人，表示怀念之情；也送给关爱自己的老人，表示感激之意；抑或是对自己有很大关系的一位亲友。在这一项目中，教师们可以引导学生以小组为单元，开展对家书的评比活动，看谁写得最动人，传达的感情最真实，并从中挑出一些学生的书信让大家一起诵读，体会所读家书中的感情。而开展这一比赛的主要目的，是借助简单质朴的语言来体验中国古老历史中的家文化，并了解中国古代是怎样利用最简洁的语言文字，来传达自己对家的真挚情感的。

通过开展以文化为主体的课堂实践活动，让学生在亲历中，接受传统文化教育的浸润、熏陶，从而丰富他们的精神生活感受，促使他们人文素质的提升。

（四）联系社会生活，传播优秀文化

在语文教学中，教师应当引导学生联系当下的社会文化生活，提高学生对现实问题的敏锐度，增强传播优秀文化的责任感。如设计阅读交流实践活动，通过学习《愚公移山》的故事，教师联系当代的社会文化生活，让学生不仅了解课本文字里的文化，更要对现实中的文化生活有一定的了解。通过愚公移山的故事，学生都了解到这则寓言故事的精神主要表现在四方面。第一，不满足现状，敢想敢干的实干精神；第二，勤劳勇敢、艰苦奋斗的进取精神；第三，排除万难，不达目的不动摇的坚韧不拔的精神；第四，一心一意、团结奋斗的精神。透过愚公移山的故事，教师应当联系当代的社会文化生活，让学生不仅了解课本文字里的文化，更要对现实中的文化生活有一定的参与了解。在我国当代文化生活中提出的"中国梦"的精神其实就是对愚公移山精神的最好继承。"中国梦"的基本含义是指公民应当树立坚定不移的信念，以引导自己具体活动的发展，从而实现理想愿望，和《愚公移山》的民族团结奋斗的精神相互照应。

　　同时，教师也可选择以宣传教育思想为主旨的朗诵项目。在挑选参赛的朗诵篇目中，老师还可指导他们选取部分与社会主义精神有关的内容，包括具有强烈爱国主义情感的《我的祖国》《红旗飘飘》和《我骄傲，我是中国人》；体现民族英雄铮铮铁骨的《满江红》和崇高精神的《黄河颂》；具有浓浓思乡情意的《我爱这国土》和《乡愁》；体现当代莘莘学子面貌的《少年中国说》和《中华少年学生》……通过这样的内容设置，不但展现出学生的蓬勃朝气和澎湃活力，还培养了他们的语文素质和综合素养，更关键的是在朗诵的活动中对中国优秀传统文化产生了更深入的了解与感受，并利用朗诵游戏的方式大力宣传传统文化。通过开展与文化相关的活动，更有利于加强学生对传统社会文化的自我认同感与信心，从而培养他们的综合文化素质。

第四节 课外阅读中的语文核心素养培育

一、积累语言，积极创造语言运用平台

（一）利用朗读促进语感发展

语感是一种认识和理解语言的科学方法，形成了正确的语感后，对学生的听、说、读、写等基本功的提高与培养，有着巨大的意义。朗读练习是提高语感的最好方法，教师对课外阅读者教学时，要充分运用诵读这一方法来培养他们的语感。

首先，是在诵读内容选取方面的引导。学生课外阅读的书籍数量很多，有的适于默读，有的适于诵读，老师引导他们选取适当的书籍加以诵读，这是诵读引导的基础。那哪些才是最适宜中学生诵读的文学作品呢？在这里列出了一些要求：一、小说必须是中学生喜欢的，因为只要喜欢，他们就会主动地去阅读。二、作品篇幅不要过长，因为篇幅冗长的小说无法使听者长久地集中注意力，而简短精悍的文学作品则能够使听者在短时期内聚集注意力。三、小说一定要有美感，能给人以美的感觉。

其次，是在朗诵活动的安排方面。当帮助学生选定正确的朗诵项目之后，教师就要举办不同类型的朗诵活动，使他们的朗诵水平在诵读活动中进一步得到提高。可以每学期开展一次主题诵读活动，让主题诵读活动成为主体课堂的一个重要组成元素。通过教师有序地进行主题诵读教学活动，就可以使学生们在大量诵读同一题材诗歌的活动中，不断深入地认识主体，从而形成主题意识，在进行游戏的过程中增强学生的语感。

最后，就是对朗读成绩的评估上，教师准确、公正、积极的判断可以有助于学习者认识自己，树立学习的信心。教师需要先确立一系列的考核标准，如学生在诵读中是否能读准韵律，是否读得顺畅，在诵读时是否能抓住诗歌的情感基调等等。其次，教师要构建多元评价模式，通过公正、客观的评价，

充分激发学生朗读的热情，这样不仅能够满足学生朗读的兴趣，同时还能让学生在日常的学习中培养语感。

（二）通过积累丰富言语经验

丰富的语言实践内容，可以使学习者掌握大量的语言资料和语言表达实践，有助于学生树立起良好的语感，从而逐渐掌握语言文字表达的基本规律。教师在课外阅读教学中应注重培养学生形成良好的读书习惯，科学、有效地运用美词佳句，不断丰富语言知识。

首先，教师要帮助我们对好词佳句加以分析总结。学习者在摘抄好词佳句的过程中常常带有随意性，而对于好词佳句的判断标准往往也比较主观，这导致知识的累积过程较为随意。因而，教师在课外阅读指导的过程中应该指导学生按照字词、句子、篇的内容三方面加以分类总结。比如，对于生词语的积累，教师就可以指导学生把词语累计分成：积累生字词、积累成语、积累偏正词句等。而通过分类，就能够帮助学生在积累的过程中确定重点和目标，学生在阅读时就能够灵活运用一些好词好句。

其次，教师应该指导学生借助课本进一步积累语文材料。课本不仅是他们课内阅读的重点材料，而且还应该成为他们课外阅读的主要媒介。教师在教学的过程中应该将课本里的写作材料当作重点，给学生布置批注工作。批注的同时也是进一步反思、积累语文知识的机会。

综上所述，采用方法积累、系统总结和借助课本的语言素材，能够在学习者积累的实践中理清思路，不断丰富自身的语言知识。当然，教师在具体指导时也应以学生积累的情况为准，提出详尽的帮助计划。

（三）开展活动促进语言运用

学习者的语言表达和运用能力是在多种形式的口语实践活动中得以发展和提高的。为此，学校教师们应积极举办不同形式的语言实践活动，给学生创造一个共同沟通、互相学习的平台。

首先，教师们应该在学校内时常举办与学生课外读书情况相关的阅读分享活动。教师还应该让学生在课外活动中分享他们最近阅读的课外书，并谈谈自己在读书后的感受，自己读书时出现的问题等。在这一活动中，教师应耐心听取他们的分享，也可以通过分组学习讨论的方式来解决他们的问题。

当每个问题分享完毕后,教师还必须予以确认,对他们进行一次正确、充分的评估。这些方式既可以全面调动学生的读书积极性,也可以让教师对学生的课外读书情况有更充分的了解。当然,学校还应该积极举办课外阅读比赛,为学生创造良好的读书氛围。比如在特定时期向学生提供书籍阅览室,引导他们主动读书,还可经常举办阅读小卡片设计比赛、阅读小明星评比等活动,从而形成一种人人谈读书、人人爱阅读、人人去读书的良好阅读风尚。

其次,还应该给学生提供仿写、创作的平台,让他们在文字实践过程中能够更加灵活地应用书面语言。教师在进行一段课文的教学之后,可以在课后引导学生进行模拟写作。在学生模拟写作之前,老师需要确定模拟写作的主要内容是什么,是让学生模拟写作词汇,还是让学生模拟写作句子,抑或是让学生模拟写作修辞……在授课前后,可以由学生自愿地分享自己的模拟写作材料,或者通过网络共享的模式对其模拟写作的文章加以评论。此外,教师还可以引导学生在课后进行写作,在课堂的黑板上设置一个投稿点,引导学生踊跃投稿,增强学生写作的兴趣与主动性。

最后,老师应指导学生联系现实生活,提高语言应用水平。在生活中,其实蕴含着很丰富的语言应用信息,但这种资源却常常很容易被我们所忽略,因为语言教育的出发点是为课堂教学,终极目的就是引导学习者跳出课堂、走向人生。所以,教师在课外阅读教学时要拓展视角,引导学习者有时联系实际生活经验,把自己所累积的语言应用知识,不断转换成语言应用知识,从而提升语言应用水平。此外,在生活中语言应用类型和素材是丰富多元的,学习者也无法准确识别、甄选有意义的语言应用素材,这就要求教师帮助学习者做好对语言应用素材的甄别,让学习者可以合理使用此类素材,提高自己的语言表达水平。

二、发展思维,综合运用多种教学手段

(一)精心设计问题,促进思维深度发展

为提升学生的阅读效果,教师可针对文章内容设计有针对性的提问方式,以问题为起点带动学生的深度思维,带动学生对文章内容作出合理的反思,从而推动学生思维的深入发展。

首先，教师所设计的问题应该避免随意化、无效化的状况，而语文问题设计也需要立足于促进学生思维发展，要以学校语文课程目标为基础，并以培养学生的语文核心素养为目标。在设计指导过程中，教师可根据以下几点来完成问题的设计工作：一、有助于学生了解语文基础知识点，从而提高对语文知识点的把握；二、能增加学生使用所学知识点的弹性；三、能更高效训练学生的文学核心素养；四、能对学生思维能力的提高产生正面影响。

其次，合理的阅读教学问题是提高学生课外阅读质量的关键前提，为提高问题设置的科学性和问答形式的有效性，教师可以按照以下三种方式进行问题设置。第一种是整体性原则，即老师所设置的所有问题都应该与文章的具体内容连贯起来，对所有问题都应该进行适当的连接，这样才能让学生对本文的主题内涵有一个更全面的了解；二是针对性原则，也就是老师所设置的问题一定要富有针对性，并且要从本文的关键点以及知识的问题入手设置适当的提问，这样才可以让学生们带着目的来读书，在阅读的过程中逐步了解本文的重难点内容；三是启发性原则，就是教师所设定的问题要能够激发学生思维，就需要老师所设定的问题难易要适度。太单纯的问题对他们来说缺乏挑战性，遇到较复杂的问题他们的讨论积极性会大幅度降低。所以，教师应根据课文、学生的特征设定难易适度的问题，激发他们积极的思维。

最后，教师应针对不同文本类型而设置不同的阅读教学课题。因为阅读在某种意义上来讲是对一个特殊文本类型的认识和体验，而根据不同的性质，教材可设置不同的教学课题。以长篇小说这一类型为例，阅读长篇小说的过程中，角色解读是一个必须着力掌握的知识点，而小说中的次要角色通常成为学习者在读书时所忽略的知识点，而次要角色在突出重点故事和促进故事叙述中起着至关重要的作用。所以，教师应该设置适当的课题，以激发学习者的思维。此外，学习者假如所提出的问题带有一定开放性，则教师便可通过互动教学的手段，促进学生相互交流学习，使学习者从交流中获取新的概念、新鲜的东西，并进一步深化学习者对问题的思索，从而撞击出思想的火花，并以此起到促进学生创新与思想成长的目的。

（二）借助思维导图，推动逻辑思维发展

对于课外阅读活动，教师应该在具体的引导过程中，通过有目的地运用思维导图，把课外阅读过程中要表现的主旨、重点、人物介绍等以图示的形式通过板书设计或PPT的表现形式加以直接呈现。具体而言，就是把学生无法掌握的、没有联系的知识点，用思维图示的方式构成一种直观完整的知识网，并借此来培养学生的发散式思维。同时，思维导图也是推动学生思维拓展的有效手段，教师在课外阅读教学中应充分运用这一手段，能更有效地推动学生逻辑思维的拓展。

在课外图书的推荐方面，教师可把作品的组织层次、主题脉络、主要内涵、文化意义等用思维导图的方式介绍给他们。这样不但能够让他们大概地掌握推荐图书的重点信息，而且还能够调动他们读书的兴致。然后，在他们读书的过程中，教师可引导他们根据文章的特征，从书中的人物、内容、创作方式等多个角度入手，寻找关键字，再从内容入手，进一步补充资料，制作思维导图。

在此过程中，学生通过使用思维导图对形象内容加以概括梳理，能使文中重点人物形象的性格特点一览无余。在描绘图形的过程，学生的思维自主性就可以得到充分发挥，同时学生补充信息的过程又是学生进一步思维的过程，这就促进了学生的逻辑思维能力得到层次性的发挥。在阅读报告课上，教师也可指导学生把读书感受、阅读感悟等内容按照思维导图的样式进行报告，这样就能够更直接地展现学生的读书感受。最后，教师还要对学生的读书成绩加以汇总、评估，以便起到加强读书成效的目的。

总体而言，教师在运用思维导图指引学生课外读物的过程中，首先要让学生确定复习目标和方向，然后指导学生捕捉关键字，让学生有目的地描绘思维导图；同时，教师还要指导学生从章节的要点入手，逐步描绘各种类型的思维导图，以帮助学生在课外读物中合理地运用思维导图正确而有逻辑地表达自己的理解，从而不断推动学生逻辑思维技巧的发展。

（三）开展群文阅读，促进综合思维发展

群文阅览是一个连接课中看书和课外阅读的重要桥梁。教师在课外阅读辅导时应该充分利用群文阅读教学，以促进学生整体阅读的有效开展。而选择恰当的话题与内容则是群文阅读有效开展的关键。

首先，把重点放在对群文阅读话题的设定上。阅读的话题是不能随便设定的，而话题的设定也必须立足于教学实践。第一，教师在设计话题时要从文章的巧妙结构、逻辑照应等方面入手，以带动学生整体思维的成长和提高；

第二，对话题的选择与研究是教师实现课堂教学任务的重要途径，对课堂教学的正常开展也起着重要推动作用，为此，教师应该按照实际课堂任务来确定话题；其三，由于学习者也是阅读的主要参与者，所以，话题的选取必须以学习者的兴趣、已有经历为切入点，也就是说话题的选取必须要以学情为依据。

其次，就是在群文阅读文本的选取方面。教师在制定群文阅读的选文时可以按照实际教学任务，选取与文章主旨有关、又能够切实达到良好课堂效果的优秀课外作品，并指导学生对课内外作品加以对照阅读，让学生课堂内外的阅读资料得以更高效利用。同时，阅读与文章主旨相关的课外书籍时，也可以让学生把在课堂中就已掌握到的读书方式与技能灵活地应用于课外阅读中，进而取得举一反三的效果。

最后，重点是在群文阅读的组合方法上。虽然群文阅读的文本选择要具备典型性、多元化的特征，但这并不代表着群文阅读的多种文字都是可以进行选择的，因为多种文字之间并不只是为了产生一个单纯的联系而组成的"群"，比如不能因为文章的体裁都属于小说就将文章形成一个"群"。多文本之间的内在联系能形成一个较为明了、清晰的结构是多文字组合成"群"的前提。而群文阅读的组合方法也可根据课堂教学目标的差异和课程重难点的变化，而选用不同的方法加以配合。

综上所述，教师在群文课堂上应合理设定话题，选取恰当的文章并与多种文章加以有效结合，在读书教学中合理运用群文写作这一手段可以有效推动他们读书数量的增加。同时，也可以让学生在多文章写作中进一步培养自己分类、运用、整理文字资料的技能。在这一活动中，学生的综合性思维也会得以进一步开发。

三、提升审美，不断创新教学方式

（一）开展情境教学，丰富审美体验感

运用合理的教学模式，是培育学生"审美鉴赏与创造"这一核心素养的重要前提。情景教育是指为丰富学习者的情感感受，由教师有目的地把带有一定情感色彩的、以人物形象为主体内容的、生动具体的文学情景，带入到

语文课堂教学中的一种教学模式。由于情景教育可以给学习者制造一种良好的审美鉴赏环境和创作气氛，所以教师在课外阅读指导中，如果能够合理进行情景教育，则一方面既能够提高学习者课外阅读的积极性，另一方面又能够丰富学习者在朗读中的审美感受。

首先，教师能够通过多媒体创设情景，让学生更加深刻地认识课文内涵。情景教育能够使他们身临其境，用鲜活、具体的形象来引领他们在形象中得到抽象的、理性的启迪。教师在课外读物引导时可通过运用先进的多媒体，将他们引入读书环境当中，以便更为深刻地掌握文本信息。比如，在对《茶馆》进行课外读物引导时，教师可首先通过多媒体向他们介绍小说的历史背景和一些有关信息的详尽说明，使他们在读书前借助多媒体设备全面熟悉小说的世界氛围及其主要角色所在的人生情境。在他们对小说进行审美欣赏之后，更为深刻地掌握角色的心理。然后，教师才能融入情境，丰富学生的阅读体验。在课堂教学中，教师能够通过介绍歌曲、视频、图画等材料，并运用这些材料的思想与情感等因素，创设一个情与景相互融汇的境界。教师在辅导的过程中，能够向学生放映相应的影视片段，视频则可以使学生语言与文字生动化、具体化，以此丰富学生的阅读体验。最后，教师还可以营造逼真的情景，丰富学生的情感感受。教师在课外读物指导中也可让学生进行角色扮演，在《茶馆》的课外阅读指导中，教师还可组织学生进行讲台话剧的演出。教师要对进行演出的学生作出正确的心理指导，以引导学生体会小说中角色的性格特征和心理特点，使学生将自己幻想为小说中的角色，并以此调动学生的情感，用心地去表现小说中的角色。在表现的过程中学生能认真感受每个角色的心情，体会各种角色在社会生活上的变化，并以此体会当时我国社会的阴暗腐朽、光怪陆离。

情景教学对培育学生的情感、开发他们的创造力等方面有着特殊的作用。教师在课外阅读教学时必须有目的地创造相应的情景，创设良好的读书环境，丰富他们的审美感受。

（二）开展主题探究，提高审美鉴赏力

课题研究是指在语文课堂教学中，教师指导学生围绕一个话题或几个课题展开广泛的研究，它将对学生语文、思想、艺术等方面水平的提高产生积极影响。在课题研究中，教师、学生之间通过开展交流、复述等形式，经过

持续的探究、反思和互动，逐步进入文本深层，从中发现主题价值，并提高他们的美学鉴赏能力。

部分学生常常因为学业压力过重，难免形成厌学的心态，但在某种程度上，通过进行主题探究活动，就能够更有效地充分调动学生的学习主动性与积极性。在课外阅读教育中，教师可组织学生开展各种各样的主题研究教学活动。在实践教学活动中，教师也可根据每个学生的研究兴趣把学生分为不同的研究小组，将主动权交还给学生，由学生自己选定探究的主题。在主体研究活动中，教师要引领学生深入地体会文章中所表达的情感，并启迪学生积极思考问题，在主体研究的过程中不断培养学生理解美、判断美的才能，以达到更高雅的审美品位。在主题研究完成之后，教师要布置学生撰写活动汇报。例如，学生在阅读《红楼梦》时，教师可以引导学生进行《红楼梦》的专题研究。在活动中，教师可以鼓励同学们根据自己的兴趣选择不同的专题进行探究，如有对《红楼梦》诗歌比较感兴趣的学生，也可让他们对其中的诗歌加以研究，并撰写报告，说明作者在本文中是如何使用不同的诗词来表达不同的人物性格的。另外，如果有学生对《红楼梦》中的建筑感兴趣，那么教师也可组织学生对里面的建筑展开研究，在探究完毕后，再由学生撰写研究报告，并介绍和总结自己对文中建筑思考的感悟。在这一过程中，不但表现了学生的艺术鉴赏能力，更加表现了学生们强烈的创造力。

（三）通过读写结合，提升审美创造力

读书和写字作为语文教育中不能缺的两个部分，二者有着一种互渗互补、交相辉映的关系。因此在课外阅读辅导中，教师要注意运用书写结合，让学生在书写中进行对美的创造，在语言实践活动中进一步增强学生创作美的才能。

读书和写作在中国语文教育中的体现方式也是多样的，随着教育对象的不同，既可以着重于"读"也可以侧重于"写"。侧重于"读"的阅读紧密结合更加强调通过"写"来深化对内容的认识，例如，写阅读感悟，对文字进行续写、改写等形式。对于以"读"为主的阅读紧密结合，教师在课外阅读教学时能够引领他们开展读后创作，或者引导他们写出对阅读文章知识或内容的深刻体会，从而完成针对性的写作任务，也可以帮助他们在读书与创作过程中提高的审美与创作水平。此外，教师还能够通过合理运用课文的留白处训练他们的审美与创作水平，留白能带给他们极大的审美与思考空间。现在课外读物的不少作者都采用了文字留白技巧，因此教师在课外读物教学时可充分利用文字留白艺术，引导学生按照自己对这部作品的特殊感受，在文字留白技巧处中加入不同的东西。由此也可以提高创新能力，进而使学生在读书的过程中对作品的人物刻画手法加以模仿，真正体会作品的每一个心理刻画、语言描绘、动作刻画的效果。

教师要想从课外阅读中培育学生的"审美鉴赏与创造"这一基础素养，还需要做好对他们的审美培养，同时采用正确的引导方法，引领学生体会小说的语言、情感和故事，如此才能让他们切实理解小说中的美学意义。

四、传承文化，及时更新教学理念

（一）推荐经典文本，开阔文化视野

中国文学作品凝聚着古代作家的思想与才华，反映出我国文学的博大精深，是中华民族优秀传统文化的主要文本载体，对我们个性的培养和情感的陶冶都起着关键的作用。在课外阅读时，教师应该把我国文化史的各个阶段、各种形式的典型著作推荐给学生，并引导他们精读，深刻领会其历史意义和思想内容。比如，教师应当建议学生认真诵读《诗经》《楚辞》等作品，在中华五千年文明发展史中，像《诗经》《楚辞》之类的中国古典文学的位置是永远不可撼动的，在中国历史的变迁中，这些文化典籍将以其特有的艺术价值继续向我们传播着中国文化的价值。另外，教师也可以给学生介绍我国近现代优秀作家的小说，比如鲁迅、巴金、老舍、郭沫若等著名作家的小说，都是很值得品味研究的。当然，文学经典文章也是没有国界的，读过中外文学优美的作品，就能够让同学们领略到世界各国、各民族的文化风俗，也学到了世界各地的先进文明。教师还可以介绍国外的作品，包括塞万提斯的《堂吉诃德》、雨果的《悲惨世界》等，读这些优秀小说可以拓展学生的欣赏眼界，认识和接纳各种文明的不同，不断吸收世界的先进思想。

（二）借助多种形式，感受文化魅力

学生在阅读优秀名著文章的过程中难免碰到晦涩难懂的东西，而单纯的

纸质书籍可能让学生无法深刻地领会其中的人文意义，而有效利用影视作品、音像制品等艺术形式，则有助于学生体会经典作品背后所蕴含的人文内涵。

首先，教师可以通过作品的讲解视频，引领学生提高对作品文化含义的认识。学生在阅读《红楼梦》《三国演义》《史记》等文学名著的过程中，如果单纯依靠自身的文学知识储备，或许还无法掌握书中的部分情节及其在作品后面所蕴含的文学含义，教师便可针对学生在读书过程中所出现的疑问选用针对性的讲解视频，让学生利用课余时间欣赏，并跟着学者的步伐共同探索文学背后的人文魅力，这样就可以更有效地提高学生对小说内涵的认识。

其次，教师能够通过文化类综艺节目，引领他们感受中国杰出传统优秀文化的丰富内涵。文化类综艺以中国杰出传统优秀文化和艺术作品为主要表现材料，以中华文化的传递和解读为主要目的，成为促进中华精神创新性成长的一个主要方式，对传播中华精神发生了影响。近些年，诸如《国家宝藏》《诗书中华》《朗读者》等这类传统艺术栏目，通过观众喜闻乐见的方式，将中华精神包裹于现代视听文化传统之内，并由此表现出独具特色的中国文化精神内涵，从而形成了绚丽多彩的中国文化传统思想内涵。通过这些节目，观众能够领略到我国古代的历史与艺术，更能够认识到"中国传统"对当今社会的作用。在课堂上，教师可以选择这类节目为教材，让学生处于相应的情景当中，在轻松愉快的环境中感受中国历史的内涵。

最后，应该借鉴教育类综艺节目的方式，探索文化传播的途径。在课堂教学的活动中可借鉴上述文化类节目的方式，在学校内举办适当的文化活动，包括举办"班级诗词朗诵大会""文化知识竞赛"等多种形式的文化常识竞赛活动，让学生在比赛中传承经典，积累文化知识，感受中华民族的神韵，深入认识中华民族历史，增强文化责任感。

（三）组织实践活动，促进文化传承

在语文教学的过程中，推动文化的传播不可单纯只借助书本或者教材上的知识，还需要通过多种形式的实验教学活动。

首先，我们要引导学生认识中华民族的物质文化遗产，并以此体会中华文明的精神内涵。物质文化遗产是中国人民祖先聪明才智的自然产物，承载了中华民族独特的精神价值，是人类创造和活力的重要体现。一方面，教师可以引导他们游览中国各地的历史遗迹博物馆、景点等；另一方面，还可利用多媒体技术把我国各地的物质文化遗产用绘画的方式展示给学生，从而使他们更直观地体会中国传统文化的精髓，从而进一步提升文化自信。在课堂结束后，教师们可举办"文化传承"主题班会，让学生分享自己开展这项活动后的心得体会，最后教师再对他们的发言进行整理。

其次，教师应该充分利用好中国的传统文化节日，对学生进行人文陶冶。例如，在端午节假期时，老师应该尽量减少机械工作的安排，而是让学生在假期中翻阅、收集与端午节相关的古诗词、传说故事，使他们在假期掌握包粽子的技术，熟悉粽子的造型、数量和品质，从而使他们通过实践更加深刻认识端午节这一古老的佳节，加深对中国历史的情感。他们把中华文化传统融合在各具特色的社会实践活动中，不断地增强传承中华优秀传统文化的能力。

最后，教师要为学生搭建实践平台，让学生感受非物质文化遗产的精神魅力。非物质文化遗产不仅是联结民族感情的纽带，更是维系民族团结的基石，是中华民族智慧与文明的结晶。教师可以依据地域特点，设置相应的主题实践活动，让学生在实践活动中体验节日的氛围，培养学生的民族自豪感和归属感。

总之，在开展实践教学活动过程中，教师应充分发掘其中所蕴含的优秀传统文化教育因素，对优秀传统文化教育的内涵加以细致地设置，并通过不同类型的专题教育实践与教学活动，拓宽学生的视野、熏陶他们的精神，培育学生对弘扬优秀传统文化的责任心与使命感。

第四章

基于核心素养理念的写作教学

符合语文核心素养理念的写作教学的总体目标，就是要在写作教学中养成促进学生终身学习的意识。该目标的制定与语文核心素养的内容紧密结合，也是评价写作教学能否达到语文核心素养水平的标志。本部分第二节主要是在语文基础知识视野内探讨高中生写作教学的实践对策，重点从语文建构与运用、思维开发与提高、美学欣赏与创作、文学传播与认知四大维度入手，提供具体对策，如图 4-1 所示。策略的研究主要着眼于高中生写作能力的成长，力求为处理高中生写作教学中的难题提供参考，为高中语文教师的写作教学提供一些帮助与借鉴。

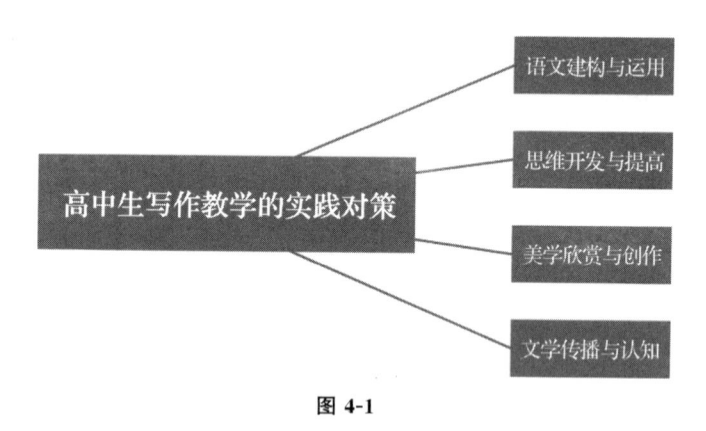

图 4-1

第一节 语文素养下的写作能力培养

一、促进语言的积累和建构

写作是书面表达，书面表达是语言的组合。重视语言的积累和建构是写作教学的前提，因此应该首先被纳入写作教学目标中。语言的建构体系如图 4-2 所示：

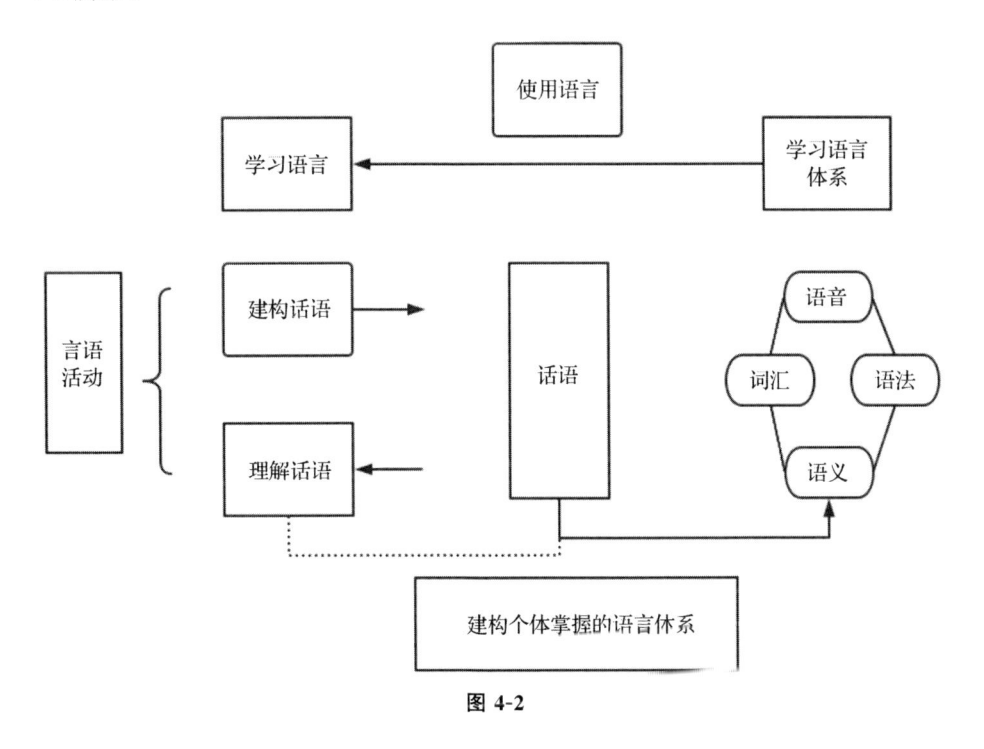

图 4-2

建构主义的教育思想主张"教学并非由教师向学生进行传授经验，而是学生建立自身的意识的过程"。这启发我们学生学习习作要在教师的正确引导下积极地深入地搜集语言材料。教师要给学生树立起"生活处处皆语文"的思想，并指导他们用心地体会生活、研究生活、记载生活。比如，在生活中人们往往会发现但没有留意广告宣传牌,社区宣传的标语或者多媒体上产生的新颖的词汇等。值得注意的是,高中生尚处在人生观建立的关键阶段,而高中生辨别是非的意识还不够完善。他们在生活中经过不同渠道获取话语素材后,教师应用适当的方式加以指导,防止出现背离主流意识形态的内容腐蚀高中生的思维。

除了从观察活动中直接获取语言材料之外,最直观获取语言材料的途径就是阅读。阅读主要包括了课内阅读和课外阅读,课内阅读材料就是我们课本上的优美、典型的阅读鉴赏文章。这些课文为学生提供了很好的语言范本,这也提醒教师在阅读鉴赏课中要有意识地帮助学生积累语言材料。比如,在人教版语文必修二中,就选用了大量写景抒情的散文作品。如朱自清先生的作品《荷塘月色》,其第二自然段重点描绘了月色下的荷塘。朱自清先生以美妙的文字、丰富的修辞手法,以及恰到好处的艺术表现手法,描绘了月色下荷塘的动感和静美,让学生们读完后有身临其境之感。教授这么优秀的教学片段,教师一定要认真指导学生摘抄积累,并进行模仿创作,并且及时给出评价。在阅读中学习写作,不仅要成为阅读教学的目标,更要成为写作教学的目标,双向互动,更好地帮助学生提高写作水平。

二、促进思维的发展与提升

苏联知名神经心理学家鲁利亚,他的写作心理转换学说主张"写作是学生把思想行动转化为语言的心理过程"。也就是说提高学生的书面语言表达能力,必须训练他们的逻辑思维活动。通过人教版语文必修课程的写作结构我们也能够发现,在中学阶段主要以记叙文和议论文两种文体为主要写作教学任务。鉴于记叙文与议论文不同的文体写作特征,记叙文写作训练注重于训练学生的形式意识,而议论文则着重训练他们的辩证逻辑与形式化思想。

形象思维是靠感官接受外界事物,从外界获得印象成为想象所凭借的材料。它有着具体可感性、表达情感性、形象概括性的特点,如图4-3所示。以散文、诗歌、小说体裁为主的文学类文本阅读,对培养学生形象思维有着重要的作用。诗歌是作者丰富情感的高度浓缩,透过一个个意象的描写组成意境,读者从创设的意境当中借助想象感受作者的情感世界,遇见鲜活的诗人形象。例如,在有古今第一律之称的《登高》中,杜甫就利用了前两联的景物描绘，构成了一个悲凉、凄清的画面，展示了一位疾病缠身的花甲老者重阳独自登高的孤寂、悲凉形象。学生经过诗歌的学习，可以体会到孤独的诗人形象，他们还可以透过诗张开想象的翅膀，对诗进行扩写，以进一步体会诗人晚年孤苦无依的思想感情，从而完成艺术形象再创作。散文和短篇小说经过对具体化人物形象的刻画，可以比较直观地训练学生的艺术形象意识。教师还可以采用情境教育方法，让学生创造情境，并进入情境当中去感悟具体化的人物形象。

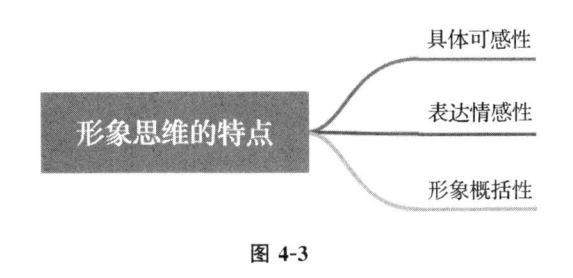

形象思维的特点
- 具体可感性
- 表达情感性
- 形象概括性

图 4-3

抽象思维又叫逻辑思维，它是以各种定义、判定、推理为方法，以剖析、综合、抽象、归纳为基本过程的思维方式。议论文由于其理性的观念、严谨的逻辑、客观的语句，成为训练学生抽象思维能力的有效途径。抽象思维不同于形象思维的是形象思维可以直接获得具体事物的表现形式，是具有强烈主观情感色彩的逻辑思考方式；而抽象思考则是需要通过表面现象探索具体事物本质的逻辑思考方式，是具有理性意义的、客观准确的逻辑思考方式。在议论文撰写中，必须有客观准确理性意义的语句，用严谨的思想逻辑和真实可信的科学论证，来支持主要表述的论点。因此，在讲授议论文的写作模式时，递进式的议论文创作教学模式，是一种由浅入深、由表及里的思考活动流程；而并行式的议论文，不但锻炼了学生多方面与发散性思考问题的能力，其所特有的部分总型写作格式也是锻炼学生分析与总结思考技能的有效方法。

三、提高审美情趣，掌握审美方法

以文学作品为载体的语文学科教学对培养学生的审美情趣有着重要的作用，也是语文学科的育人特色。写作教学就是要把学生培养成创造美的主体，学会创造美的前提是要学会如何审美，提高审美情趣，掌握审美方法。如图 4-4 所示：

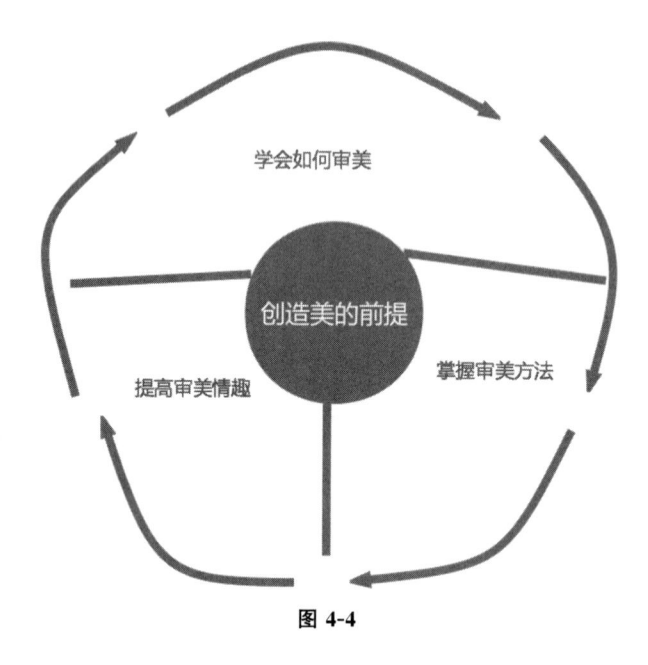

图 4-4

首先就是懂得鉴赏文学作品当中的绘画美。小说当中的绘画美主要表现为文学作家所采用的一种特殊的艺术表现方法，学生在学习这种表现方法中体会文学语言的内涵，从而懂得鉴赏艺术美感。比如，在《荷塘月色》中，文中的第二自然段就用了 218 字来形容"月光下的荷塘"，其中使用了大量的修辞手法，听上去生动形象、优美动人，闭上眼就好像身处于一个莲花池中。但是要如何使学生主动体验到这种由语言创造的美呢？我们在课堂实验中，将描写荷塘的 218 字去掉了比喻、拟人、通感等所有的修辞手法，留下仅仅 68 字。对删去这些修辞手法的句子，学生们感到读起来味同嚼蜡，索然无味。进而让学生自己给这一语言添上几笔颜色，然后再根据原著，运用朱自清散文教师高超的修辞手法表达方法，体会修辞艺术创造的语言美。

其次是学会鉴赏文学作品中刻画的人物形象美感。文学作品刻画了不同的人物形象，人物形象所表现出的美感又是由人物所自带的或是作家所赋予的某种情感表现，是掌握这类文体的重点与难点。中学生正好处在情感态度价值观养成的时期，文学中刻画的人物形象也会潜移默化地熏陶中学生。比如，在《离骚》当中鉴赏一个忧国忧民、不与世俗同流合污的浪漫主义诗人艺术形象；在《赤壁赋》中感受作者开朗、旷达的心胸；在《记念刘和珍君》中感悟这位青年同胞的爱国情怀等。透过这些人物形象，学会并养成正确的情感态度价值观。

写作是语言与情感的交流，学生体会到了文字产生的美，形成了良好的人生观，再加上适量的练习，由初步的鉴赏美到审美趣味的进一步培养再落脚到自己成为产生美的主人，通过文字产生美、传播美。

四、推动文化传承与理解

语言文字是重要的文学载体，也是文化的主要成分。我们中华民族几千年的发展史源远流长，生生不息，是世界上少数几个没有中断过的文明，这和人们善于用语言文字传承文化有着密不可分的关联。所以，在写作教材中注重传统文化传承和理解，体会并继承优良传统文化是培育学生语文核心素养的重要组成部分。

如同阅读是写作的前提那样，为了传承和弘扬优良的传统文化，必须要了解并掌握中国传统文化，从而获得民族文化认同感，提高文化自信。语言是中华传统文化的主要部分，文化教育和传承文学是语文课程的主要目标。仔细研究人教版高中语文课本，就可以看到里面选入的文章都是一些文学经典作品，如经典古诗词、文言文、小说、现当代诗歌、戏剧、散文。其中，古诗词、文言文里都蕴含着中华民族流传千古的优良传统文化，是最具有中华民族特点的中华文化。既有大义凛然的荆轲，又有以国家大局切身利益为重、不计前嫌的烛之武，更有爱国主义情怀满腔的辛弃疾等。此外，现当代文学课文中也蕴含着深刻的社会历史意义。

有了文化的吸收，可以将文化传承这一目标贯彻于写作教学当中。写作教学中强调历史继承是语文课程特色的一种需要，在实际教学中日益受到重视。2017年高考，《普通高中语文课程标准》（2017年版2020年修订）Ⅰ卷的写作题以"中国关键字"为材料，其中的关键词多与中华文化相关。比如一带一路、大熊猫、长城、京剧、中华美食等，因此写作时需要选择两到三个关键词加以写作。从中我们能够发现，高考越来越关注对中华民族文化的传承。这一重要的指挥棒，给教师的最大启迪是在写作教学中要重视中华文化传统的渗透。

第二节 语文写作教学策略

一、加强语言表达训练

语言表达技能是学生写作需要掌握的基础技能。不少学生由于缺乏语言表达能力，无法很好地把自己的真挚情意表达出来，所以，教师在写作教学中要强化对学生语言表达的训练。教师应从写作知识教学、收集写作材料、写作语言表达练习三个角度开展写作教育，让他们了解写作技巧、积累写作材料、锻炼写作表达，进而培养他们写作表现和沟通的技能。如图4-5所示：

图 4-5

（一）教授写作基础知识，提升写作基本能力

学生要想准确流畅地说出自己的所思所想，就必须先了解相关的写作知识。只有了解写作知识，才能够在写作中扫除行文障碍。

1. 讲解写作文体知识

知识性是前提和基础，学生只有掌握作为量变的写作知识，才能够在此基础上进行正确写作，才能够实现写作质变的飞跃。可是许多学生对写作基础知识的了解和把握还不够好，有的学生甚至在面临各种文体时不知怎样进行写作。所以，教师应科学合理安排写作教学时间和内容，并针对课程目标和学生需要，做好写作文体知识点的介绍工作。在写作教材中设置各种文本写作知识模块，如记叙文、说明文、议论文、诗歌等各种类型的有关模块等，为学生介绍各种写作文体的概念化知识点和程式化知识点。

例如，教师给学生布置部编版高中语文教材必修上册第六单元的写作任务，写作要求如下："随着现今社会发展变化，我们还会遇到新的学习难题，针对当下学习中的问题，以及对学习的感悟，写一篇不少于 800 字的议论文，议论要有针对性。"教师在设计写作选题、确定写作要求以后，首先要给学生介绍议论文写作的文体及有关基础知识。由于部分学生对议论文文体缺乏认识，所以教师要针对议论文的基本概念、论述方式、论证结构，以及材料的概述和议论文语言表达风格进行系统的讲解。需注意的是在讲述过程中教师不能照本宣科，应根据教材展开说明。如讲到驳论法时，可以部编版高中语文课本必修上册第六单元的课文《反对党八股》中的论证方式为例进行说明，有助于学生掌握驳论法在议论文中的具体应用。在介绍相关叙述性知识之后，教师还可把议论文中叙述性内容和布置的写作任务相结合，给学生创造更具体的练习机会，从而提高他们对文体基础知识的深入了解。

2. 专题训练审题立意

写作时进行审题立意，不仅仅是写作时思路运行的过程，而且是作者在大脑中组织话语的过程，是语言建构和运用的过程。所以，学生要了解相应的语言技能和基础知识。不少学生由于不了解关于审题立意的知识，而造成写作时出现偏题的状况，在写作教学中训练学生明确审题立意也十分关键。审题是要对写作要求作出全面的认识，对给定的材料作出透彻准确的剖析，在此基础上作出立意。立意是在审题后确立一种写作角度，以这个角度为中心，由此进行写作。教师应当在写作课堂中适时进行写作审题立意的专项培训，为学生介绍有关基础知识。

教师在学生审题的专项培训中可以全面地向学生讲解有关审题的基础知识，在内容介绍环节也可加入练习。锻炼学生审题立意的方式也有很多种，教师要能够指导学生掌握抓住关键字、抓题目的基本方式，并通过解析的资料进行判断立意。同时，教师还可把有关问题的基本内容分解成若干个小部分，学生加以逐个解析，从而提高对知识的建构能力。教师也应该指导学生研究写作素材中的多种内容，从各种内容的各个方面分析判断写作立意。

在审题立意练习时，教师应给学生讲解审题立意的基本步骤，并采用提问方法引导学生进行层层剖析，最后再指导学生从多维度上提出观点，从而明确立意，有效协助学生完成审题立意。教师不但要在课堂上引导学生完成审题立意的基本练习，而且还要指导他们按照在课堂上所阐述的立意观点完成写作。另外，教师也应对审题立意的专项内容加以加强训练，例如对时评类写作审题进行训练。教师还应该对时评类的文章资料加以整理，也可以采用选择题的方式加以练习。如果学生需要再增加练习难度时，可设置为填空型的练习方式。学生完成审题立意的专题练习，可以为其写作打下坚实的基础。学生理解基础知识，不但可以增强审题立意的技巧，而且将大大提升写作品质。

3. 加强语言知识指导

写作语言知识是写作基础知识的主要部分，学生只有掌握了相应的基础知识，才能够准确而流畅地表达。在对待学生的作品时，教师要有善于发现问题的眼睛。由于许多学生的作品中都会存在文字错误、修辞错误、语法错误以及逻辑错位等现象。这就要求语文教师在写作批改过程中严谨仔细，并根据高考的评分标准查找学生的写作语言问题。教师在查找问题之后，不但要在学生的作品上加以圈点与标注，而且还要总结出共性的问题，以便教师予以更具体的判断与引导，并引导学生加以修正。写作课程中教师应建立写作的练习专题，包括语句专项训练、字词专项训练、修辞专项训练等，讲解语法方面的知识。教师要定期对学生进行检测，一方面可以引起学生的重视，端正学习态度；另一方面可以有效提高学生语言运用的能力。因此，教师绝对不能忽略对学生写作语言细节的指导。

（二）积累语言整合素材，增强语言建构意识

材料积累和总结是学生写作教学的关键组成部分，写作材料的积累是改变学生写作立意、组织写作材料的关键因素。材料积累的广度、整理的力度关乎作品的品质。教师应拓展阅读材料的途径，协助学生克服无字可写的困境。

1. 培养学生素材积累兴趣，拓宽学生素材积累渠道

学好语言这门课程，要求我们做好长时间的积累工作，在日积月累的活动中必须形成良好的学习动机和学习兴趣，有了学习兴趣才能积极地练习与积累。同时，写作材料也必须长期累积，在写作中才能言之有理。

教师在写作等教学活动中应为学生提出具体的素材累积目标，合理确定学生在规定时期里需要累积素材的总量，并制定相应的奖赏制度与处罚机制，以此调动学生对素材积累的兴趣。教师还可举办分享会，给学生创造相互分享积累素材的平台，在共享中让学生体会到素材积累所带来的便利与乐趣。

同时，教师还应拓展学生素材积累的途径，包括创建媒体公众号，定时地给学生介绍合适的刊物和社会文化热点新闻，也可以给学生提供纸质的《青年文摘》等资源，以协助学生积累时政热点素材和社会文化素材。教师应指导学生留心观察日常生活，用心发掘日常生活中的重要素材，积累生存素材，引导学生合理利用网络平台，借助微博等平台关注热点话题。例如，教师可以通过指导学生们利用微博或者关注一些生活评论性质的账号，关注与生活息息相关的教育、环境、时政等热点话题，让他们理解当今社会生活的价值观，并指导他们把累积的素材运用到写作中。

2. 以读促写，促使学生积累写作语言与素材

以读促写、读写结合是积累写作语言和素材最有效的方法。经过拓展课内外阅读，学生不但能够累积有关的语言知识和优秀素材，还能够培养收集信息的技能、掌握知识的技能、剖析现象和解答现实难题的技能。课内阅读指语文教师在课堂中要注重对教育资源的合理开发利用，因为语文课本中出现的每一个文字都具有重大的教育含义和实用价值，是经过专家精挑细选的适合学校发展需要的文字。所以，教师在教学时，不仅要讲解文中的高考知识点，还要点拨出这篇文章的语句和构成上的写作价值，从而发现课本的有用材料，使学生在语文课上也能够有效地累积文字材料，掌握最精炼的文字语言。

教师不但要指导学生在课堂内读书获取写作知识和素材，还要引导学生完成课外读书。针对学生的读书时间、看书方式、阅读书目，教师要给出适当的意见与指导。建议除了上文提到的较短小篇幅的文摘外，也可推荐一些文质兼美的作品，如《史铁生散文集》。另外，教师还可以为学生布置写读书札记的任务，强调学生随手记录，不限字数，只要坚持即可，并要定期检查，加以评价。

在学生阅读文学作品时，教师要引导学生关注文学作品中可用作写作素材的内容，培养学生从中挖掘有效素材的能力。教师可以在写作课上定期举办写作素材交流活动，为学生提供表达交流的机会。在活动中学生彼此交流所积累的写作素材，这不仅有利于扩大写作素材的积累面，还有利于锻炼语言表达能力。在活动中教师可以了解学生的阅读情况，根据学生的素材积累情况，引导学生将所积累的素材转化到写作中，达到以读促写的目的。

(三) 重视语言表达训练，提升语言运用能力

学生在掌握写作知识、积累材料后，应进一步提高语言表达能力。教师应为学生提供语言表达交流的平台与机会，提升学生语言运用能力。

1. 创设学习情境

学习情境一般指学生在掌握获知的教学过程中，由教师利用想象、手工、口述和绘图等手段使学生获知达到高效，这些场景往往因时代的发展会有不同的创新。在写作教学中，教师应为学生创设舒适的语言情境，培养学生的主观积极性，为学生表达提供平台与机遇，并由此来提高学生写作表达和沟通的能力。同时教师也可在写作课堂中定时举办辩论活动，给学生创设具体的话语交流环境，并通过辩论和观摩相结合的形式调动学生的学习兴趣。

教师在写作课中安排部分课程时向学生播出新闻点评之类的电视节目。学生通过收看与社会热点和时事政治有关的电视节目，展开思维，进而进行点评与演讲。在收看过程中，学生不仅能够训练表达思维，也能够积累写作材料，建立写作框架，拓宽写作广度。但如果只是观看视频，写作教学效果不会特别明显，学生思维仅仅停留在表层，所以必须逐步地积累。教师应通过观看视频与演讲辩论相结合的手段，给学生创造语言交际的平台。学生在观看视频之后，针对新闻热点人物和事件提出自己的观点，进行话语并有逻辑地表达，之后才能落实在语言上，最后教师作出总结性评价。在"拟真"的语境中，他们展开讨论与思考。在讨论的过程中，学生相互交流、讨论，锻炼思维，组织语言，能力得到训练。演讲辩论和观看影片相结合的方式，能够显著提高他们在写作时的语言表达能力。

2. 师生互动共写

著名教师黄厚江在《从此爱上写作课》中指出一个比较高效的写作教学模式，即共生教学模式。"主要是由教师指导学生进行写作的写作教学模式，但这个模式和中国传统意义上的写作教学模式有所不同，更加适应中国语文核心素养中关于语言结构和使用的教育理念与要求。"共生写作教学特别重视教师内部的互动性，一般分为两方面：一个是"用写作教写作"，另外是"大家一起讲故事"。教师采用共生写作教学方法，不但能够在写作课堂中讲授语言基础知识，还能够提高学生写作积极性。教师通过此教学方法，能够给学生一个口语交流平台，以此提高学生写作的能力。"用写作教写作包括用教师

的写作教写作，用名家的写作教写作，以及用学生的写作教写作三个方面。"
"用写作教写作"不但能够提高教师的写作能力，教师也能够把自己的实际写作体会用交流的形式分享给学生。在活动中，学生不但积累了素材，还提高了对写作的理解，提高了表达能力，能够共同分享写作体会，积累写作心得。

教师通过举办"大家一起讲故事"的形式给学生创造比较开阔的展示空间。在表达互动中学生进一步形成话语系统，激发学生写作的潜力。教师以共生教学模式为基础，进行表达互动的写作分享会，不但可以改善教师、学生间的人际关系，还可以提升写作课堂效果。

3. 注重思维能力提升

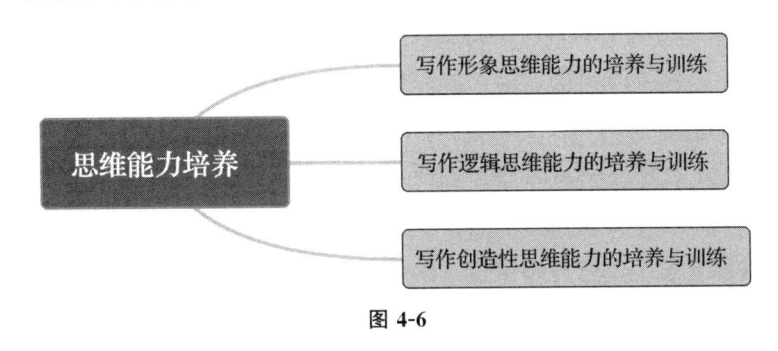

思维能力培养
— 写作形象思维能力的培养与训练
— 写作逻辑思维能力的培养与训练
— 写作创造性思维能力的培养与训练

图 4-6

（一）写作形象思维能力的培养与训练

在创作中，形象思维是透过具体化的人物形象和事情、具体化的情景和细节来表现作者对现实和客观事情的看法。写作形象思维贯穿整个写作的始终。联想意识和想象能力是写作思维能力的主要部分，教师应在写作教学中着重训练学生的联想和想象能力，以培养其写作形象思维能力。

1. 培养学生从多角度观察，并训练其写作观察力

表象思考是一项以客观表象为思考内容、以情感表象为思考材质、以人物形象为重要思考手段、以引导创造物化艺术形象的探索为重要目的思考运动。形象意识能力是学生在写作中应掌握的基本思考与想象能力，因此教师培养与锻炼学生的写作形象意识能力在写作教学中尤为重要。积累表现经验是培养学生形象意识能力的重要方法，而客观观察则是学生掌握表现的最重要途径之一。一般情况下，人首先是利用肉眼的观察力获得周围事物的表象，进而对表象事物展开更深刻的思考与想象。所以，提高观察力也有利于提高

形象思维水平。因此，教师要指导学生从多角度观察，并训练学生写作观察力，以培养学生的写作形象意识能力。

在写作课堂中，教师可选取富有特色的人和事的照片，引导学生进行观察。教师在写作课的头几分钟给学生介绍照片，比如介绍黄山的照片，教师会向学生讲述黄山的概况，或介绍黄山的诗句，诱导学生从横向、纵向、近处和远景等各个方向来观察，体会黄山各个角度的气势与风光，从而进行思考与想象。他们在观察后用几句话加以说明，在这种活动中不但培养阅读意识，而且提高写作自信。又如观察人物形象时，教师可通过画面的轮廓引领学生展开观察，再经过行动与语言的观察，进而了解人物形象的性格特点。在阅读活动中，教师应引领他们按照从简单到复杂，由浅入深的阅读原则，引导他们注意观察的顺序，以及观察的角度，做好多维度的阅读。教师也应引导他们把握事件的性质与要点，以及事件间的关系，这样才能提高他们对事件的理解并做好进一步的加工，便于他们进行有效写作，为其写作开辟新思维。

2. 与指导学生读思写相结合，以丰富学生表象储备

形象累积越多，联系就越充分；联系越充分，思想就越敏捷。学生大脑中的"象"是他们展开思考和想象活动的基础。但一般的学生在大脑中储存的形象资源相对较少，使得他们形象思维才能的发挥受到了抑制。所以，教师应引导学生以适当合理的方式，来完成形象储存与积淀。除了上文提到的观察是形象储存的重要途径之一，形象储存中还有另外一条十分关键的渠道便是深入研读图书。我们从图书中获得的形象素材，可以通过阅读积淀，完成思考、创作过程。在写作课堂中，教师还需要指导学生把读思写进行有效整合。

教师要合理利用课内阅读资料，以发掘课内书籍对学生的创作价值，同时教师也要合理利用课外读物的功能，做到双管齐下，以培养学生的作品形象与能力。教师需要有意识地把语文课程中的各方面教学活动与其内容进行有效融合，例如在阅读教学中，教师在课程介绍时要合理利用课程中的资料，根据授课文本的类别和要求，让学生写下自己的感受，合理挖掘授课范文的某些方面指导学生进行创作，并趁热打铁利用续写、模仿、改写故事情节等方式，培养学生的创作思路。与此同时，教师和学生之间还可以相互介绍书本，并进行课外阅读，当获得了一定的阅读数量之后，进行读后感作文比赛，

在比赛中师生双方便可广泛交换阅读体会与感悟。这样不仅给学生带来了大量的写作素材，在交流过程中，学生也能够提高口语表达能力与写作能力，从而充实表象储备，提高文章形式的意识能力。

3. 运用多媒体教学手段，增强学生写作的直观感受

许多学生的写作中出现缺乏真情实感的现象，是因为学生没有对人生的真切感受。他们每天的生活圈大多限制在校园，不能形成对看到的东西进行大量思考与联想的习惯，从而影响了他们写作形象思维能力的开发。语文教师应在写作教育上采用一定的有效方法，利用多媒体工具，来提高他们写作的直接印象。

多媒体教学是指在课堂教学过程中，由教师们针对课堂教学目标和教育对象的主要特征，通过课程设计，合理选取和使用现代教育媒体，并与中国传统的教育技术手段紧密联系，一起积极参与整个教学全过程。教师利用多媒体手段开展写作教学，可以启发学生的想象力，加深学生写作的直观感受，培养学生写作形象思维能力。

在写作课堂中教师可以适当放映影视和纪录片给学生进行欣赏，来提高学生的认知能力。教师们不但要充分发挥自身的聪明才智，还要针对学生情感体验的实际状况来选择播放的电影，影片内容最好能引发学生兴趣。教师要提前设置好学生在观影后所想讨论的问题，诱导他们抒发情感感受。比如当看到《烈火英雄》这一部电影后，教师可以引导学生发现英雄就在我们身边，而不是我们之前印象里那种可望而不可即的人物，平凡人也可以成为英雄，为社会做出贡献的就是英雄。教师要引导学生根据人物本色和当时人物所面对的环境，引发学生深度思考，发表对人物的看法。教师还可以播放纪录片《我在故宫修文物》，学生可以提出对文化遗产的看法和敬业精神的问题，从而诱导他们表现真挚情感。欣赏作品的过程是视觉听觉相互交融的过程，从中能够唤起他们内心深处最真切的体验，不但可以开阔他们的创作视野、积累创作材料，而且可以加深他们创作的直接体验，促进他们的形象思维水平提升。

(二) 写作逻辑思维能力的培养与训练

思维是根据特定的系统知识，按照特定的逻辑程序来展开的逻辑活动，写作思维能力就是通过分类、总结、归纳、抽象的手段，把理解、表达的客

观事物准确地表达出来。作品的选材结构、语言表达、结构语言等离不开写作思维方法，提高写作思路能力是写作课程的关键。

1. 指导学生拟写写作框架，并训练学生思维

学生阅读写作材料，确定写作内容以后，需要进行审题立意以及总体构思。怎样进行很好的布局谋篇和安排合理的结构层次，这都是思维运作的问题。在写作前，学生的大脑中要形成明确清晰的逻辑架构。不少学生虽然能清楚选题立意，但仍存在不知怎样展开写作的问题，这是因为学生的思维中未能完成基本结构的建立。所以，教师必须引导学生培养写作思维的良好习惯，指导学生时常拟写写作的提纲和结构。

好记性不如烂笔头，教师应当引导学生从总体上确立文章的主要逻辑思想和层次，同时建议并指导学生设定好写作提纲，不管怎样的文体，这个环节都至关重要。无论是记叙文还是议论文，学生都必须清楚自己要写什么、如何写作、为何要这么写作的基本行文思想。拟写预设提纲的过程，是学生提高写作逻辑思维能力的重要过程。教师在指导过程中，要适当地给学生提出一些核心问题。

2. 开展仿写优秀作品活动，引导学生加强语言逻辑能力

写作是使用语言文字以规范化的形式，表达情感、传递知识、反映客观事物的创造性脑力的活动，要求表达者逻辑清晰地加以表述。逻辑思维贯穿写作的始终，故对于提高写作逻辑思维能力十分必要。但许多学生对事物的认知仅仅停留在表面，思维缺乏深刻性，在语言表达中也往往会遇到表现模棱两可、表达不合逻辑的问题。另外，部分学生在行文组织、信息表达方面也往往存在逻辑紊乱的问题。所以，教师在写作教学时要训练学生写作逻辑思维水平，教师培养他们写作思维水平要循序渐进，要有规律性。

"文"无定法，但有定格，每篇优秀的文章从遣词造句到选择立意，再到谋文布局均有独到之处，作者的写作思维水平直接影响了文章的品质。读优美的文章，并模仿文中作者的思维，是提高学生写作逻辑思维水平的最有效方式。教师也可通过开展仿写优质范文的教学活动，指导学生吸收优秀作品的精髓，并建立合理的思维模型。同时教师还应指导学生品鉴分析优质范文的优点，如范文的构思结构以及语句表达的逻辑次序与技巧，以及篇章的构成与形式等。在品鉴后，教师还要给学生布置具体的模拟写作任务，对学生模拟写作内容作出分析评判。

(三) 写作创造性思维能力的培养与训练

写作创造性思维，是发现客观事物的实质与内在联系，并能引导我们去获取新认识的未知问题新理解的方法。学生只有具备较高的写作创新思维能力，才能够提高写作的新颖性。

1. 激发学生写作兴趣，为创造性思维的形成提供动力

兴趣指人们对某种事物的爱好倾向，兴趣会直接改变我们做某种事情的效率。写作兴趣是学生对文字以及语言的强烈欲望，假如对文字缺乏兴趣，那创作主体将会对文字造成思维惰性和心灵上的恐慌。所以，教师应该充分调动学生的创作积极性，充分调动他们的创作主动性，他们就会乐于进行深度思索，乐于写出创新的文字。教师要多引导学生留心观察生活，通过观察、反思生活，找出感兴趣的点并展开写作。在写作课堂上，教师还可以分配一些时间与学生进行分享，当学生在分享感兴趣的点以后，由教师针对学生感兴趣的点来给其布置微型写作任务。因此，教师的写作课堂并不能只局限在高考写作类型的练习上，也不能只限制在语文课本中的写作任务练习上。教师要掌握学生的写作实情，并适时指导学生进行社会实践活动，在此过程中不但能够打开学生的写作视野，扩大写作角度，还能够调动学生的写作兴趣。针对学生的兴趣爱好，给学生创造适当的创作情景。学生在情景中不断思索，才能激活自身的创作灵感，为创新思想的发展产生创造动力，从而为创新写作打下理论基础。

2. 适当运用思维导图，培养学生的写作发散思维

思维导图也叫心智地图，主要是利用图文结合的方法，将内容和图形以及色彩等要素加以合理的联系，是一个应用性很强的思考方法。在写作教学中，教师能够有效地利用思维导图开展教学活动，帮助学生合理运用思维导图，协助学生建立清晰的行文思维，协助他们建立篇章框架，从而实现培养他们的写作发散思维能力的目的。教师在讲解审题立意后，可通过思维导图的实例说明，诱导学生发散思维，大胆提出见解，再由教师加以归纳。选择恰当的写作方式以后，必须形成文章的主旨和框架。教师应随时指导学生紧紧围绕主旨展开思维，不要脱离写作话题的核心，要从中进行创新思维和发散思考，引导他们进行思考与联想。在思维导图构建上，教师要给学生提出多种不同的素材，以帮助他们从各方面、多角度思考问题。绘画思维导图后，

教师应引导学生根据思维导图的想法、思路、立意完成创作。思维导图的使用，不但有助于教师提升课堂效果，还可以培养学生的写作水平。

三、关注审美情趣培养

写作不仅是单纯的语言表达和文字的叠加，同时也是表现美、创作美的过程。《普通高中语文课程标准（2017年版）》中提出写作教育应当培育学生写作审美意识，以激励学生表现美的愿望，提升学生写作审美水准。所以，在写作课程中教师也应当重视对学生审美趣味的培育。如图4-7所示：

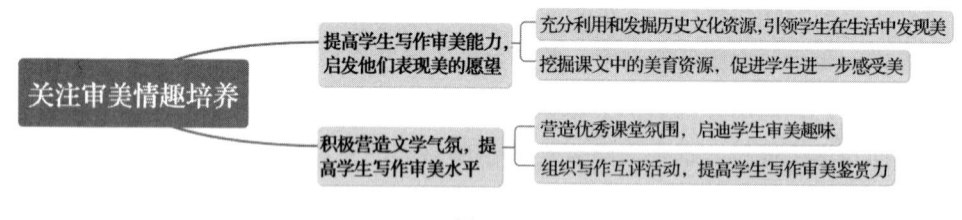

图 4-7

（一）提高学生写作审美能力，启发他们表现美的愿望

具备审美意识是学生在创作中表现美、创作美的前提条件，但大多数的学生由于没有写作审美意识而往往忽视了对美的表现，导致文章平淡无奇，缺少风韵。教师应积极培育学生的写作与审美意识，启发学生形成在文字中表现美的冲动。

1. 充分利用和发掘历史文化资源，引领学生在生活中发现美

生活是个千姿百态的大舞台，是学生们进行写作的主要素材源泉。写作教材不能脱离学生生活实际，教师在课堂教学中要善于运用生活资料，把日常生活带入课堂教学，把写作内容带入学校生活，以培养学生写作的积极性。生活资源涉及大自然、社区生活以及家庭日常生活等，教师要主动开拓、善于运用，在课堂教学中帮助学生认识美、创作美。

自然界的美会给人留下无限的联想和各种美的体验，如果有一双擅长仔细观察的双眼，就能够感受自然界的魅力。不管是明艳的春天、热情满满的夏天、天高云淡的秋天，又或是寒风凛冽的冬天，都是自然界美的体现，它们也都利于调动人的审美兴趣，从而激发人表现美的愿望。因此教师应该充

分运用和发展自然的优势，开展学生写作的教育。比如教师在开展对学生的写作教育过程中，可针对周围的自然开展合理安排。又比如在生机勃勃的夏季，教师可以给学生们安排以"荷花"或是"夏天"为主题的写作活动。在条件许可的前提下，教师指导学生仔细观察校园内的荷花等植物，引导他们切身体会荷花和夏天的美丽。在阅读活动中，教师可以适当引用关于荷花的诗词，指导他们通过实物感受古诗词所描绘荷花的美丽并完成写作，这样可以增进他们对美的进一步认识，达到审美感受，启发他们表现美的愿望。

社会生活是个多姿多彩的大讲堂，教师也应指导学生学会在平常事物中发现美好。如教师在写作课上，让学生观看"感动中国十大人物"的录像，可以引导学生体会平凡人物身上不平常的美好。而教师在写作课堂中运用生活资料，则可以增强学生对身边事情美的感受，把美的感觉真正表达出来。

2. 挖掘课文中的美育资源，促进学生进一步感受美

高中语文课本里的文学作品，不管古文还是现代文，无不蕴涵着丰厚的历史文化底蕴和巨大的美学教育意义。教师必须提高美学水平，增强美学教育能力，进一步完善教学，全面发现和研究课文中的美术材料，促使学生深入体验美感。

教师要认识语文课本在写作教学中的重要性，将文本分析和写作训练进行结合，以整合教学资源，提高教学质量。教师应培养学生在掌握文字的基础上，感悟文字蕴涵的各种美感，培养他们文字的审美水平。因此教师在布置关于写景的写作任务时，也可巧妙利用课文里的作品。教师可以通过抓取《荷塘月色》中描绘了荷叶和月色的片段，并将它们呈现在 PPT 上，让学生通过回忆选段的修辞手法，使他们体会作家笔下月亮、夜色、荷塘的美感，增进他们对作品中的语言美和思想美的进一步的认识，从而启发他们进一步表现美。

(二) 积极营造文学气氛，提高学生写作审美水平

教师在培育学生写作审美意识的同时，不要忽视实践锻炼，要通过举办各类比赛、布置相关书写活动，优化教育资源，培养其写作审美素质。

1. 营造浓厚课堂气氛，启迪学生审美趣味

构建好课堂环境，是培养学生审美能力的重要途径。教师应在课堂上给学生营造轻松愉快的气氛，借助氛围的渲染，引导学生体验美感。教师要在

三个方面渲染好课堂气氛，培育学生审美趣味。

首先要利用声音以及图像创设环境。利用视听相结合的环境能够激发他们的审美热情，进而进一步调动他们表现美的愿望。比如教师给学生安排描绘落叶的创作任务，首先教师给他们演奏舒缓的轻音乐，接着在音乐中展示各种落叶的图像，引导他们在优美环境中体验落叶之美，然后要求他们完成创作。在良好的环境中创作，不但能够激发他们的审美热情、审美体验以及美学联想，有利于他们创造美感还能够有良好的代入性，有助于他们形成优美和谐的作品。二是教师能够利用手工艺和图画创设环境。例如我们的学习阶段，在以"我"为主题的写作课程上，要求学生提供上课之前预备好的一张表示个人生活体验和思想追求的照片和手工艺品，给他们创造表现自己的机会。他们结合手工艺作品中表现的生活体验，抒发自己的真实情感，引起大家的情感共鸣。在这样表达情感美的环境熏陶下，学生审美情感进一步得到陶冶，逐渐打开自己，勇于表现，进而引发审美兴趣。三是利用微型话剧和微视频。微话剧与微视频在写作课堂教学中的运用，不但能够调动学生的兴趣爱好，激活课堂氛围，而且能够提高创作参与性，加深其美学认识与感受。教师应该通过上述3种渠道来渲染好课堂气氛，充分调动学生的创作审美趣味。

2. 组织写作互评活动，提高学生写作审美鉴赏力

课堂教学评价，是指根据课程任务对教师教学进程和成果，作出教育价值判断或为教师课程决策提供指导行为，并对教师授课中实际的或可能的意义进行评价的方法。课堂教学评价一般包括对学生效果的评价和对教师课堂操作过程的评价。本章节写作教学方法狭义上指的是对学生写作的评价方法。对学生写作的评价方法也有许多，如教师评分、学生自评、学校教师互评等。

写作审美的鉴赏能力是影响学生写作艺术表现的关键因子，学生只有在看到美时，才能够认识美、欣赏美，从而更流畅地表现美感。所以，我们应该培养学生对美的审美鉴赏能力。选用恰当的写作评估手段，能够更有效培养学生的审美鉴赏能力。不过在目前的写作评估中，由于写作评估的批改作业手段较简单，且大多由教师主导，因此学生们极少介入其中。这不利于学生的共同品鉴写作，更不利于美学鉴赏力的提高。因此，教师应该丰富作文评价方式，开展学生互评习作的活动。在互评习作过程中学生可以相互品鉴作文，感受他人的文章之美，增强对作品的审美能力。

教师所进行的习作互评过程，大致包括以下三个阶段，如图4-8所示：

教师互评过程

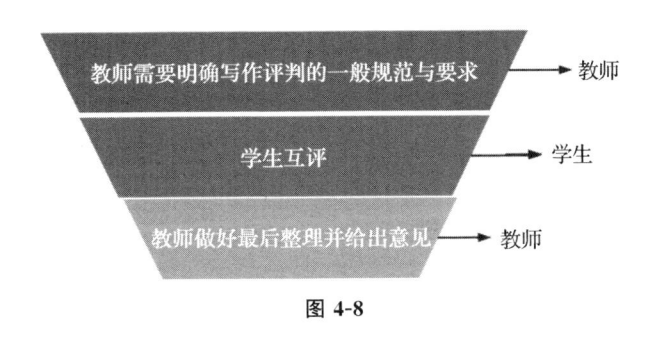

```
教师需要明确写作评判的一般规范与要求 → 教师
学生互评 → 学生
教师做好最后整理并给出意见 → 教师
```

图 4-8

第一步：教师需要明确写作评判的一般规范与要求，让学生具体从哪几个角度作出判断，包括：立意、题目、语言、写作等内容，确定要求后再进行互评互改。

第二步：学生互评。教师将学生分为几个小组，确定组员和组长，将文章分发给各个小组。小组成员通过共同分析不同写作的优点和不足，然后推荐出一篇大家一致认为比较好的习作。最后，让各组员共同总结本小组中对优秀习作的评改情况。学生在评改过程中会特别认真地品读，产生对写作的浓厚兴趣，这也为学生进一步欣赏文字之美打下基础。学生们在研讨中共同学习、欣赏作品，在筛选推荐习作过程中，将对美的欣赏体现到情感表达中，这样学生就更加深化了对美的认识与研究。通过整个互评互改流程，学生们既能够得到审美体验，又能够吸收借鉴别人的审美观点，就这样潜移默化地提升了学生审美鉴赏能力。

第三步：教师做好最后的整理并给出意见。总结部分是：对各个组提出的作品作出评论，对各组的提出理由作出评论。这样赏析式的评改活动是一个发掘美、欣赏美的活动，也是一个写作取长补短的活动，将大大提高学生与作学习的兴趣。

四、建构文化传承意识

《普通高中语文课程标准（2020年版）》中的"文化传承与理解"要求学生对于源远流长和富有特色的中国传统文化进行了解认知以及继承，这不但要培育学生中华文化继承的能力，也要培养学生应对不同地域文化交流的正确态度。在写作教学中教师不可忽略对学生语言基础素养中的文化素质的训练，写作教学要以文化素质为基础，培育其文化能力，提高其写作文化素养。如图4-9所示：

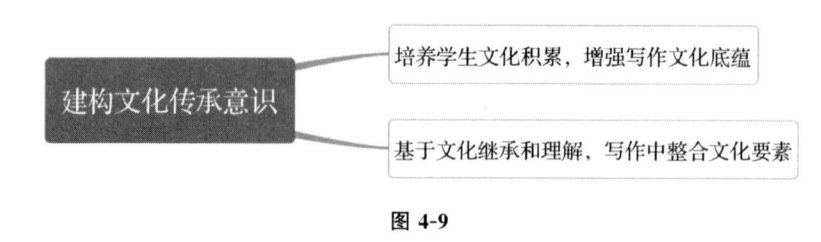

```
建构文化传承意识 ── 培养学生文化积累，增强写作文化底蕴
              └── 基于文化继承和理解，写作中整合文化要素
```

图 4-9

（一）培养学生文化积累，增强写作文化底蕴

"文化底蕴写作"通常指写出富有内涵的文章，是把作文的根扎进文化发展的沃土，让作文在数千年的历史文化长河中吸取养分，让作文散发出文化的芬芳。学生要想写出富有底蕴的好作文，自身就要有相应的文学积淀。在写作教学时，教师也应有意识地指导学生积淀文学底蕴，提高学生文化素养。

1. 积极培育学生的文化传承意识

中华民族的优秀传统文化精神是华夏五千年中华民族的根基，优良思想传统历史文化精神必须世世继承、发扬光大。当代的学生作为社会主义的知识青年，有传承和发扬富有特色、源远流长、渊博精深的中华优秀传统历史文化的使命与责任。教师在写作教学时，对学生的思想传统、历史文化、精神使命感的培育也不容忽视。在阅读指导活动中，教师应逐步引导学生认识中华民族优秀传统文化的精神，感受中华民族的底蕴，并体会中华民族历史文化精神的渊博精深。学生唯有了解并接受中华民族历史文化精神，方可建立起中华民族历史文化自信。教师也应培育其中华民族文化的自信，并推动其中华文化传统意识的建立。

教师在写作课堂应帮助学生筛选恰当的文化题材，并在课堂上指导他们研究与创作。针对文学题材的需要，教师可以通过多媒体教学的手段，给他们带来能够表达本土先进文化的纪录片和影视剧。这样不仅能提高写作教学的直观性，还便于学生对文字素材的掌握，而且也有助于学生重新看待本土的先进文明，提升他们的文化情感，对中华民族历史和中华民族文化形成深厚的认同感，进而唤起他们的人文传统保护意识，建立科学的世界观、人生观和价值观，从而鼓励他们把人文传统的认知融合到创作之中。

2. 借鉴优秀经典文学作品精髓

很多文学作品之所以成为经典，必然有它的独到之处。许多经典作品读起来耐人寻味，情节和人物至今还会给予我们不少启迪。按照《普通高中语文课程标准（2017年版）》中读书目标群之一的"全书诵读与研究"的规定，教师要选择课外3~5部作品，或者从课文节选的长篇作品中选择，并规定学生必须在两个学年内进行研读。这不仅是对阅读教学的规定，对写作教学也有一定的帮助。教师可以合理安排课堂时间帮助学生合理安排阅读内容，向他们介绍名著读物，指导他们积累古典文学作品资料，汲取优秀经典小说的精华，以培育他们的读写文学能力。

表 4-1

教材	阅读鉴赏单元	教学内容	写作指导版块
必修一	第一单元	现代诗歌	写触动心灵的人和事 记叙要选好角度 写人要凸显个性 写事要有点波澜
	第二单元	古代记叙散文	
	第三单元	写人记事的散文	
	第四单元	新闻和报告文学	
必修二	第一单元	写景状物散文	写景要抓住特征 学会描写 学习抒情 学习虚构
	第二单元	先秦到南北朝的诗歌	
	第三单元	古代山水游记类散文	
	第四单元	演讲词	
必修三	第一单元	中外小说	学会选取立论的角度 学习选择和使用论据 学习论证 学习议论中的记叙
	第二单元	唐代诗歌	
	第三单元	古代议论性散文	
	第四单元	科普文章	
必修四	第一单元	中国古代戏曲和中外话剧	学习横向展开议论 学习纵向展开议论 学习反驳 学习辩证分析
	第二单元	宋词	
	第三单元	随笔、杂文	
	第四单元	古代人物传记	

续表

教材	阅读鉴赏单元	教学内容	写作指导版块
必修五	第一单元	小说	学习写得深刻 学习写得充实
	第二单元	古代抒情散文	

教师要依据学生目前的能力和兴趣，为学生介绍优秀文化典籍作品，如：《诗经》《论语》《孟子》《红楼梦》等节选片段，也可能选用《唐诗鉴赏辞典》的有些篇目或者古代经典短篇小说，引导学生在诵读经典文学作品进程中，进一步体会中华优秀传统文化的韵味，接受传统文化的精神陶冶。当学生读完作品后，教师可在写作课堂中按照传统文化教育要求，引导学生通过欣赏优秀作品节选文章。如让学生通过剖析篇章的脉络构成，及其创作思想，欣赏那些典型篇目严密的结构与清晰的脉络，从而引导学生体会中华文化魅力，进而使学生体会中华传统文化元素在写作内容中的力量。

（二）基于文化继承和理解，写作中融合文化要素

浑厚的文化底蕴、深刻的文化认知、充沛的文化精神、较高的文化品位，是学生充实书写文字内容需具有的基本素质。身为新时期的青少年，学生的写作应该立足于对中华文化的理解和继承，在散文中融合人文要素，用人文的材料表达话题，用人文的笔法书写话题，用人文的思考发现话题，用人文的品质升华话题。

1. 片段写作实践，领会传统文化的运用技巧

从高考写作命题的趋向来看，写作命题不仅是对学生经典运用的考察，还是对学生整体文化素养的考察。写作的命题趋向在一定程度上成为学生弘扬传统文化的动力，同时也促进了学生写作探究能力和写作创新能力，不断丰富文化底蕴。从某种程度上来讲，在文化传承与理解的视角下探究写作教学是比较重要的。教师在写作教学中应该融入文化素养的要素，拓展学生的文化认知范围，引导学生对文化艺术作品形成正确的情感和价值观，指导学生进行正确解读和理解，引导学生形成正确的文化意识。教师应提高对学生传统文化的积累能力，并锻炼学生的文字技巧，从而有助于学生了解和领会传统文化的运用技能。

利用传统进行创作有许多方法，如引导学生使用古典词句，巧用古诗。

教师在安排风景描绘的微型创作课题时，应该引导学生将诗篇加以排比成段，成为修饰名词的定语。比如我爱塞北、我爱江南、我爱庐山等，本来这些书写就十分平常，但如果变成了诗文也会别有一番滋味。比如，我爱"回乐峰前沙似雪"的凄美塞北，爱那"千里莺啼绿映红"的艳丽江南，爱那"万丈红泉落，迢迢半紫氛"的庐山瀑布等，这些表现蕴涵隽永。而教师也可指导学生把文字拼装成段，并运用诗文创造新意象，从而提高文字的意境与文学性。

教师也可指导学生对经典诗歌的语句或结构进行仿用，或者根据文字表述的要求，将经典诗歌中的某一些词进行替代，并加以理解或整合。这样不仅使古诗内容充满了新意，也可使文字内容更具有意境。具体落实方式包括：由教师给每个学生布置引诗入文的片段训练，在开始阶段教师可以要求每个学生尽量使用所熟悉的、易于掌握的古诗词，在每个学生初步熟悉以后，再逐步加以扩展，从而增加学习难度。下面是对学生进行"引诗入文"段落训练的最佳结果："踟蹰在秋意渐深的时节里，不禁吟出一首'已恨理想相隔远，理想还被碧云遮'，身为一个即将参与高考的学生，前路是这样渺无可及。"这名学生仿用了李觏的"已恨碧山相阻隔，碧山还被暮云遮"的诗歌，清晰表达了自己的心情。教师通过指导学生从写作中了解中国传统文化的运用技法，也可以提高学生创作的文学性。

2. 聚焦当代思想与时政动态，连接中国思想与实际生活

《普通高中语文课程规范（2017年版）》中的教学目标第十二条指出："注重投身当代文化建设，关心并参加当代中国文化传递与文化交流，在使用祖国语言文本的实践工作过程中坚定自信，提升社会主义责任心，强化为中华民族光荣而不懈努力奋进的使命感。"教师应引领学生扩大人文视角，紧密跟踪当代人文的实时动向，引导他们通过对当代人文的理解，产生成熟的观念与思维，指导他们将其应用于创作之中。

在写作教学中，教师应提高现代社会生活技能，培养对时代问题的敏感度，具有时代精神。教师可在写作课堂上利用多种方式观看"国家诗歌会议""朗读者"等电视节目，充分调动他们的主动性，不断丰富他们的写作材料库。教师还会观看一些现代经济社会问题和事件的有关图片，指导他们分析某些现代经济社会的问题，提出意见与想法，使现代经济社会问题和文字相互交融。

教师通过指导学生对社会时事进行深刻反思，帮助学生培养独立思考与批评的精神，并不断丰富学生写作论文的内容。教师还应引领学生体会中国当代的人文精神，并选择文学代表性人物与中国传统的文化教育观念相结合，在循序渐进中培育学生的写作化素质。这不但便于教师在写作教学中研究、充实教育资源，而且还有利于开阔学生的写作眼界。

第三节 写作教学中的技能培养

一、议论文的书写要求和方法

（一）高中语文核心素养的议论文写作标准

高中语文核心知识在以往专题研究的基础上不断完善，强调学生语篇文化知识的巩固提升，更加重视并关心学生个人发展与社会责任；强调陈述性知识意义内容的求真和剖析，也强调程序性知识意义内容的致用和实践。高中语文基本素质，从语文知识、认知发展和社会活动三个方面对高中生的议论文书写水平作出要求，意在帮助教师明晰议论文书写的要求，指导学生发展成为全面发展的新人。与此同时我们对学生对于写议论文的认识与看法也作了调查研究，如表 4-2 所示：

表 4-2

问题1	你觉得在写作过程中，写不出来的原因是什么？（多选）		
选项	A 不知如何立意构思	B 论据少	C 不知如何运用论据论证
百分比	83%	59%	77%
问题2	你认为自身哪些弱点影响到了议论文写作？（多选）		
选项	A 语言表达能力	B 思维能力	C 知识储备不足
百分比	63%	83%	58%
问题3	你觉得议论文语言能力最应该注意哪些方面？		
选项	A 语言的准确性	B 语言的简练性	C 语言的生动性

续表

百分比	63%	24%	13%
问题4	你觉得写议论文可以开拓你哪些思维？（多选）			
选项	A 逻辑思维	B 辩证思维	C 发散思维	D 批判思维
百分比	53%	60%	45%	32%

表 4-3

问题1	你写议论文主要目的是？		
选项	A 为了完成写作任务	B 对它感兴趣	C 为了提高成绩
百分比	61%	8%	31%
问题2	你认为上议论文写作课主要为了什么？		
选项	A 写作训练提高成绩	B 为了配合老师完成教学	C 自身得到发展
百分比	58%	29%	13%
问题3	老师的通常写作教法是哪种？		
选项	A 范文举例	B 问题提问	C 自读材料
百分比	90%	2%	8%
问题4	在议论文写作课中，你是否积极参与回答问题？		
选项	A 5次以上	B 3~5次	C 3次以下
百分比	2%	13%	85%
问题5	对于老师上课所提问的问题，你经常会有怎样的感觉？		
选项	A 难度大	B 难度一般	C 简单
百分比	28%	69%	3%
问题6	你认为在课堂上的参与度对写作是否有影响？		
选项	A 影响较大	B 一般	C 几乎没有影响
百分比	33%	53%	14%

写作是最能体现学生高中语文基本素质的语文课程。新课标在对写作的要求上更加明确了：要体现作者真情实感，表现作者科学合理的思考精神；思路清晰连贯，要科学安排句子结构；对某个议题展开深度反思，多维度分析，明确表述自身立场和价值观。在议论文创作中，对写作水平的诉求尤为突出明显。所以，高中生写作技巧提高必须从语文基础素质的提高上加以提高和衡量。

1. 合格标准：信息整合与正确表达

高中语文核心素养中的话语结构和语言运用要求，学生能够在文学积累的前提下，掌握一定文字内容，同时也能在实际语境中，合理使用书面表述的方法，来表达自身的所思感悟。而写作则是掌握一定文字材料内容和合理书面表述方法的综合任务，需要学生在审题过程中能分析掌握所给材料信息内容，包括文字材料中的思维基调、内容、主要思维方式和情感以及语段间的逻辑关系等，将有效信息筛选整理，并结合学生自身的语言文学储备，从而形成合理的议论文中观点。在现实语境中的准确表述能力，就需要学生在现实语境中能够真实思考感受，并能够联系自身在文本阅读学习中所取得的经历，在熟悉实际社会生活情况的前提下，以正确格式的书面表述为前提，有目的、有条理、有深度地阐述自身对问题以及事物的认识，从而表达解决问题的思想和能力。如表4-4所示：

表 4-4

主题	审题立意		
项目	针对性明确	不完全符合要求	偏题离题
数量	70	24	6
比例	70％	24％	6％

换言之，话语结构与运用提供了议论文撰写的合格准则，即在议论文撰写过程中做到立意清楚、论证清晰、文能达意、格式恰当、契合题意、紧抓情境。写作能力既是理解文字信息的提升能力，也是在语言运用中的最高级表达。如果学生能够在高效写作课堂的指导下，撰写一份完美的议论文，就满足了语文核心素养的最基本需要。

2. 提升标准：思维方式与逻辑运用

高中语文的基本素质中的逻辑思维训练和提高明确具体的要求：掌握直观逻辑思维、形象思维、综合逻辑思维、辩证思维、创新思维这五大逻辑思维技能的会通能力，多维度表现自己的观点与态度的综合能力。写作过程中逻辑思维技能表现得最为集中的部分，就是必须运用丰富而翔实的资料来对观点加以分析、总结、归纳、化抽象为具体；采用分析、推论的手段表达客观事物，论述周到严谨，观点正确，思路清晰；以事物变化发展的多样视角研究事物，并能够以一分为二的观点看事物，对现象作出多重解读的利弊，以扩展的视野来处理某种现象；以打破传统思路束缚为基础，展开分析思维，拼接问题要点，探寻全新的思维方式，从多方面综合调整了思路的多元视野。

这种思想方法的正确使用与逻辑的正确运用投射在了文章撰写的各个环节，涵盖了审题、立意、表达、布局、论述等各个方面。观念进化的升级也给出了议论文写作的提升要求，即在议论文写作过程中要更深层次地研究问题的内涵和外延。在多维联系的内容方面，从情感理解上升为理性概括分析，并以更完整的视角来解读题目；在文字形式上能采用并列式、对比式等逻辑更清晰的方法加以表达；在论述方式中要采用纵向思考、横向思维、辩证思维、批判性思考等合理逻辑方法加大论述力量，即在议论文写作中能做到以小见大、化整为零、条理分明、结构严密、理性分析。在整个写作过程中，需要作者对思想与逻辑都能加以灵活的应用而且要融会贯通，写作的过程也正是对逻辑思维训练的过程。如，以"诚信"为论点的文章构思过程如图4-10所示：

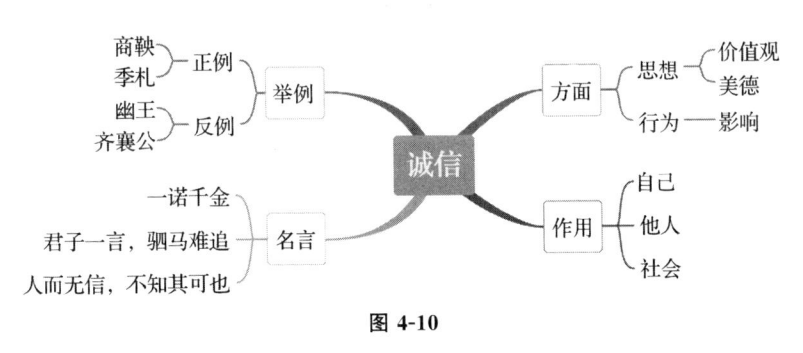

图 4-10

3. 素养达标：审美创作与社会反思

议论文最大的特点就是说理，即对事物提出自己的态度和思考。语言基础素养要求在议论文创作的过程中，应努力地朝着深刻性、敏捷性、灵活性、批判性和独创性的角度开展审美创作。为了写好议论文，必须开展全方位的社会反思，思考有深度、有广度是优秀议论文的重要标准，是通过写作教育实现全面发展文学人才素质的关键目标。艺术欣赏与创作、艺术传播与表达两大素养为写作素养达标提供了基础，要求在议论文审题立意中能够反复深刻地思索，力求通过表象发现客观事物的实质，立意要求层次足、启迪性深；要求在议论文的行文流程中能够快速、敏锐地处理复杂内容，统筹兼顾，直切中心，正确地表述自己的核心思想，不被写作素材所左右；灵活多样的思维组织方式，多维度思考社会问题；在对理论的思索中不落窠臼，独具慧眼，写出自己独特的观点；从字里行间表现出自己对时代进步、对社会健康发展等积极的看法与思想。作为新时代的年轻人，在历史进程中弘扬好民族精神，担负起新一代人的社会责任和担当，明确身份意识，提高社会视野，形成正确的人生价值导向，就必须在学校教育中突出教学"立德树人"的教育理念，认真履行学校教育中为社会主义现代化建设事业培育高素质人才这一根本任务。

（二）高中语文核心素养的议论文教学

1. 突破思维定式，多维改革教学方式

语文教学中"知识与能力""过程与方法""情感态度与价值观"的三维目标，让学生由基本核心素养走向语文核心素养，是中国语言教育史上的一大改革和进展。具体地，反映在议论文写作课堂上，教师们必须按照语文基础素养的要求，以《普通高中语文课程标准》（2017年版2020年修订）为导向，不断更新课堂理念，并改革自己的教学方法。

（1）点拨结合，激活写作思维

语文教师要开展新的教学模式，以语文核心素养为出发点与落脚点，把学生作为语文课堂的教学主体，从重知识点讲授变为注重素质教育教学，使学生具有更广泛的自主思维、自我创新的空间，并打破解决问题时对他人的依赖性，从而培养学生的自主性。高中学生的思维技能与初中阶段比明显有了提高，因此，教师们必须充分运用这一优点，在议论文写作课程中，关注学生的思维能力，激发学生的写作思路，让思维之花开满教室。学生一般善于观察生活、关注时事，对生命的感悟比较深刻，理解能力也较强，因此，在议论文写作命题的设置上，教师要不断推陈出新，避开过时、老套的写作题目，并尽可能选取一些学生感兴趣的、与学校生活和未来发展密切关联的问题，使学生有更广泛的个人思考的空间。当学生在课堂上表述看法时，教师要发扬民主精神，给予学生足够的话语权，使学生能够畅所欲言，表述个人心声。同时教师也要指导学生善于把握问题的实质，避免非黑即白、模棱两可、似是而非的评论。

（2）"下水写作"，提供"思维范式"

语文教师要确立"师生平等"的观念，走近学生，"下水写作"，以熟悉他们在议论文创作中可能出现的情况，并了解他们的思维方法，以更好地帮助他们写作。亲身演示议论文撰写的实例，供学生练习和参考，加深学生对语言材料的认识和语句规律的掌握，潜移默化地训练学生的逻辑思维和话语结构与运用的能力。

虽然目前高中语文课本不乏经典的值得参考学习的议论文，但教师亲自示范，让学生进行模拟练习，他们写作的主动性较强，也愿意效仿学习。教师示范，以身作则，使学生不但学得快，而且练得好。经过教师示范，他们就有了切实可依的范本，他们就很能提高对议论文写作知识和技巧的了解程度，也很能掌握对议论文写作语言使用的方法、表达方式的基本规律。

（3）口头作文训练，提高语言能力

语文能力涉及的知识点非常丰富，在当下的议论文书写课程中，往往更加强调对学生书面语言意识的训练，而忽略了对其口头的文字表达意识的训练。殊不知，口头语言水平的培养有着十分重要的意义。在议论文写作教育过程中，教师应增加对学生的口头写作训练，将课堂任务交给学生，并摒弃课堂上教师掌握话语权的常规教学方式，让学生畅所欲言，大胆表述个人意见，以训练学生良好的语言表达意识，培养学生的语言基础素质，进而培养学生的议论文写作水平。

2. 重视文化积累，全面挖掘教学内容

历史积淀对一个学生文化基础素质成长的影响是不言而喻的。语文课本中的课文是学者们历经多次探讨，最后选定的"文质兼美"的教育范本，蕴含着丰富的教育的养料。写作课程也要合理使用课内资料，但限于语文课程知识的局限性，在课堂教学中应该扩大视角，拓展延伸课外材料。从课内和课外材料两个方面着手，促进学生议论文创作材料的积累。

（1）充分利用课内资源

高中学生的生活经验相对有限，多数学习时间都发生在语文课堂。因此教师可以指导高中学生把视线投入课中资源，从语文课程中全面吸收历史人文知识的营养，从而培育深厚的历史文化素质，并最大限度地发现在语文课中阅读的价值，把语文课本中的典型故事、文章等当作自己议论文撰写所需要的论据。

（2）拓展延伸课外资源

南宋著名诗人陆游曾曰"汝果欲学诗，功夫在诗外"。教师应引导学生们有效地进行阅读，认识、了解中华优秀的传统文化，吸收我国传统文化的有用元素，并学会汲取中华民族优秀的文化精髓，从而提高他们对中国文学的认识，并充实自身的文学积淀，使这些都能为他们的议论文创作材料准备服务。

　　高中学生所面对的高考压力很大，而紧张的复习生活使得高中生缺少了对古典文学的认真阅读。教师们可以按照《普通高中语文课程标准》（2017年版2020年修订）"整本书阅读与探讨"的规定，由教师确定或教师同行共同商定，选取长篇读本开始阅览，如选取《普通高中语文课程标准》（2017年版2020年修订）在"对于课内外读本的意见"中的《论语》《孟子》《庄子》等中国文化经典，毛泽东诗歌、普希金、泰戈尔等诗选，《三国演义》《子夜》《悲惨世界》等古今国内外的长篇小说，《窦娥冤》《哈姆雷特》《牡丹亭》等剧作。在展开"整本书阅读与探讨"的流程中，教师应该以提问为引导展开"整本书阅读"，如阅览《论语》时，应该设定"你怎样了解中国儒家的精神追求""《论语》有何时代价值"等问题；阅览《哈姆雷特》时，通过设定"你觉得导致哈姆雷特悲惨命运的因素有哪些"，因为《哈姆雷特》是一部伟大的悲剧，学生们在问题的引导下，更能认真思考、细心涵泳所阅作品表达的主旨，更能掌握作品精华。学生们通览本书后，教师还可以让他们写下评语和读后感，让他们分享自己阅读"整本书"的感受、想法，同学之间也相互讨论、交流学习。如此才能使他们对读过的作品加深感受，更能加深自身对作品的认识，吸收经典作品的养分，进一步开阔眼界。

　　按照《普通高中语文课程标准》（2017年版2020年修订）"当代文化参与"的要求，教师可以在班级组建"爱文学""24小时新闻"等文学协会，以引起他们对当代文学的浓厚兴趣，并鼓励他们充分地利用图书馆、档案室、博物院、名人馆、纪念馆的各种信息资源。教师通过指导学生收集并整理与议论文创作密切相关的文字资料，引导他们利用各类媒介研究时评，组织他们进行有关新时代下出现的时代问题的社会调研活动；引导他们欣赏现代话剧表演，积极参加各种社会公益活动，激励他们为当代文学投入积极性，从而提高他们对当代文学创作的参与度。

　　语文教育要求以《普通高中语文课程标准》（2017年版2020年修订）为统领，以培养对学生的文化传统和理解水平为基础，以提高学生议论文写作能力为导向，以培养高中学生语文核心素养为目标要求，从具体的课程中训练学生养成自觉地积累文字素材的习惯。同时，利用课内和课外的联系交流，共同提高学生对文化传统的认知和理解水平，使高中学生能够借助祖国的语言文字规范化工作，进一步增强自身的人文自信和文学能力，关心中国当代社会主义文明，培养正确的文学价值理念，并以此提升高中学生在特殊语境下创作属于自己的文字作品的能力。滴水穿石、绳锯木断，常年的坚持定会使学生积淀起大量的课堂内外人文知识。通过传播先进文明、积淀先进文明，为学生的议论文撰写素材库增砖加瓦，克服学生在议论文撰写中采用错误、陈旧理论的问题。

3. 强调激励原则，构建良性教学环境

写作课堂教学环境对学生的议论文创作能力产生了至关重要的影响，良性的创作课堂教学环境也能够有利于学生提高议论文写作能力。因此，语文课教师应在文化内涵的指导下，努力形成具有激励性的教育环境。教师应强调学生的审美感受，积极营造审美教学氛围，进行议论文写作的审美教学。同时，教师还应该注重对学生写作兴趣的激发，并提供动力引导的氛围，使学生意识到议论文写作对他们长期发展的重要性。同时教师还应该构建发展性评价系统，强调过程性评价，使学生体验到获得成功的快乐。

（1）强化审美感受

审美素养是先天性的审美趋向及后天的社会文化学习中不断融合生长的成果，是指人在持续地社会审美实践活动、社会文化教学中产生的社会审美价值观、审美感受力和审美观创新能力。语文教师在议论文创作教学中，要增强审美教育意识，认识到议论文创作中"美育"的意义，注意对学生的审美教育培养，对他们进行议论文审美教育培养，提高他们的审美教育感悟，创设议论文创作审美教育培养氛围。

第一，感受议论文的美

语文教师应加深认识，高度重视审美教育对学生进行议论文创作的重要价值，通过指导学生了解议论文这一审美对象，掌握议论文的审美元素，以提高议论文创作的才能。同时，培养学生对议论文"美"的敏感，提高审美感受力，如欣赏议论文简单、概括的语言美，严谨、有条理的构图美，文学素材中鲜明生动、具有启示意味的人物形象美感，以及议论文思考的深度美感。教师们若能从议论文创作中训练好学生的审美素养，学生将更加喜欢写作，创作的主动性也将得以进一步发挥。在此基础上，教师才能从具体的写作中引导学生了解生活中的美，并选择美的优秀素材，使用美的语言表达美感。

第二，选择美的素材

教师应引导学生按照议论文观点来选取恰当的素材作为论据，从而了解日常生活中的美和文学中的美，并发现美的素材。因此，在命题写作"人们心中应有责任感"中，教师可要求学生首先介绍自己觉得有责任心的人的事迹，进而进一步思索责任心的社会含义，并抓住写作主题。而在此基础上，教师还可要求学生依托自己的写作素材库，通过引用有责任心的人的经典故事，并联系人物所在的社会时代背景探讨有责任心的人应有之举，从而反思他们如此作为的社会意义。

第三，用美的语言表现美

学生们形成了对"美"的认知，选择了"美"的素材之后，在接下来，教师就应引导他们用美的语言表达美感。在具体的写作中，应要求其观点突出，强烈地表现个人对责任感的认识，并有理有据地抛出论点，以"美"的人物为范例，清晰而深刻地说明具有责任心的人的特点，讲究写作的热情和气魄，同时注重对价值观念的引导。

学生们在教师的指导下的行文片段，如：

> 责任感是邓稼先在得知因核辐射而身患癌症后依然在罗布泊进行核武器研究的坚守；责任感是白求恩不远万里支援他国医疗事业的每一次行动……

这段文字，论据有力，话语言简意赅，文字准确而优美，深入地阐述了责任感的基本含义，引领人有意识地要求真、善、美，从而激励心灵。以此为例，在议论文创作的进程中，教师应以写作的立意为主线，引导学生认识议论文文体样式的美、语言表达的美、文章所选用素材的美，并以美的语言表达美感，以此训练学生的审美鉴赏意识和创作能力。

（2）搭建动力机制

写作教育主要从语文基础知识入手，通过构建活动导向的氛围，激发学生的创作兴趣，逐步转变"要我写"为"我要写"，刺激他们进一步产生想发表的愿望，从而充分调动他们的创作兴趣，并尽可能地充分调动他们的主体能力。高中学生的思维、心智发展等诸多方面，已达到了长足进步，因而高中语文教师应深信高中生潜藏着巨大的写作潜能。现阶段很多学生在作文文体选择中选用议论文的理由大多是议论文比较保险，不易跑题，而且评分标准比较固定，命中率高，而不是出于自身爱好，他们的写作动机也显然有偏颇。因此，教师要进行基础知识专项教学，帮助他们加深对议论文创作意图的理解，形成对议论文创作的科学观点，激励他们建立长久的学习动机。教师要让他们意识到议论文写作并不是单纯为了目前的好成绩，是为了自我素养的提高和自身的长期发展，让他们明白议论文写作是培养逻辑思维、语言表达意识、美学鉴赏能力、价值评价意识的最主要方式，是一种提升审美价值、表现内心的心声、向往"真、善、美"、追求"诗意"人生的艺术活动，是关注当代人生、融入社会生活、表达主人翁意识的重要途径。议论文写作符合学生终身成长理念，也为他们未来的人生做好了预备，是将来学业、事业发展的必需。

（3）建立发展性评价体系

发展性评价可归纳为根据学生本身实际情况，对其水平、潜力进行的质的全面评估活动。该评估体系强调过程评价，根据被评价人的不同特征，突出个体差异，并根据其优点与缺点给出激励以及具体而有针对性的改善措施，利于被评价人后继发展。较常规的写作评价体系重在考核其阅读成果，而语文核心素养下的写作评价体系则更强调过程性评价，并强调以素质教育的目光审视每一位学生。

第一，注重过程性评价。

语文核心素养的训练是个循序渐进的过程，而学生议论文写作水平的培养也是个相对较慢的过程。所以，教师对学生议论文书写效率的要求不能过高，也不能一蹴而就。教师可通过"写作评价卡片"的形式，强调对学生写作过程中的评估，把学生写作评价分成写作前、写作中、写作后三阶段，就每一段文章作出具体评估，并适时跟进记录学生的写作状况。

第二，及时评价。

部分学生对议论文创作并没有自信，或者觉得自身没有写好议论文的实力，又或者觉得就算自己继续勤奋、不断练习也无法写好议论文。针对这样的学生，教师要多引导、信任学生，以提高学生的创作信心，使学生形成更坚强的创作信心。在教学上，教师可以让学生根据给定材料畅所欲言，表述个性主张，并作出审美评价，多给学生展示自己，以及表现个人特有个性和魅力的机会，并要善于抓住学生精彩表达的"瞬间"，对他们合理、新颖的论点及时予以肯定，多鼓励、表扬学生，让"激励与肯定"在学生心里留有深深的印记。对学生的议论文撰写能力作出及时性评估，更能引导学生发现自我，树立信心，相信自身的议论文写作能力，相信个人的写作潜能，发现个人的独特价值。

教师们还可在班上发布班级周报等，更及时地呈现最"美"的教育作品，使学生通过及时反馈体验到成功的快乐。教师们也可把学生的写作结集成册，每学年或每学期出一本学生作品集，可通过自荐与评比等有机结合的方法，或由学生给自己班级的著作集拟书名，以提高审美品位与评价能力，并激励学生的写作热情。

第三，运用激励性的写作评语。

在传统的作品评价中，写作评语主要扮演着"找茬"的角色，即主要找出学生写作中的不当之处。对习作中的优点，教师往往一言以蔽之或者略而不谈，忽视对学生良好素养的肯定，对自身写作优势的强化，学生写作的自信心未受到鼓舞。

语文核心素养背景下的作文评语，要突出并强调激励效果。首先指出写作的"美"，并指出其在议论文创作中所应该肯定的部分，再进行积极评论，并明确指出可圈可点之处。另外，积极评论也要具体、明确地指出写作的优秀之处，包括观点新鲜、独到，观点典型、有说服力，文字精彩、逻辑性好等，并使学生看见自身的进步，相信自身的巨大潜力，接着再针对缺点，委婉地说明在写作中出现的不足，并提出确实有效的改进建议。比如："此次习作中，观点非常新奇，有独创性，论述充分，有说服力，论证过程严密、深入，老师相信，你肯定是个思维活跃，有创造力，博览群书，见识深厚的人，但文章中有些语句还不顺畅，还有错别字，期望你仔细纠正，今后写作时加倍细心。"如此的写作评语，不但能够真实评价学生现在的写作能力，还能对学生下一次的写作有所促进，同时也能够促进学生的长期发展。

第四，评价主体多元化。

教师可选择各种评价方法，注意多方评价的结合，改变传统的"一刀切"的问题。在作文评价时，教师特别要注意学生的作文评价能力，允许他们自己批改。从某种程度上看来，学生作文批改能力是教师评价其写作水平的重要标准，也是学生重新表达与创造自我认知的"美感"的重要方法。具体来说，教师首先要让学生对议论文写作的评价标准有一个清晰而准确的认识，确立"美"的标准。首先树立宏观层面视角，关注文中的总体结构，看文中是否清晰地表现出个人观点；然后关注文中的局部问题，进行具体而微地斟酌，看在文中的词语、标点符号和一般性规则上是否出现了问题。

教师也可以选择学生互评的形式。一般来说，他们更容易接受同龄人的看法，也易引起学生的共鸣。他们对写作的互相评改是对别人写作中的长处吸取的过程，也是进一步反思自身的过程，反省自己创作存在不足的过程，也是提高自我鉴定能力和鉴赏水平的过程。在这一阶段中，他们对互相评改的积极性大大提高，能对自身写作中的不足与缺点有更加深入的了解，也会提高创作能力。

二、记叙文的写作标准及教学方法

（一）高中语文核心素养的记叙文写作标准

记叙文区别于议论文、说明文、实用文和其他文体的最大特点，是以实际生活为主要创作题材，以记事、描述和抒发情感为主要表达方式，以及具有浓厚的历史感情色彩等。具体而言之，学生在写作记叙文时是以自身的实际生活为创作背景，并选择自身的人生体验和亲身感受为主要写作对象；在表达方式的运用方面，记叙文创作注重记事、描述和表达，强调生动形象地表现日常生活情景或形象；与其他文体一样，记叙文创作还具有浓郁的主体感情色彩，强调自身主体思想感情的宣泄，在抒发时要做到真实自然。上述特点也成为记叙文文体的创作特点。

1. 以真实生活为写作对象

记叙文所记述的对象往往是学生的日常生活。生活承载了他们在成长历程中的点滴，也成了他们写人记事的源泉。人生经历丰富的他们，笔下的小说情节非常丰富，有生活情调。但其写作如果偏离了真实，就会落入"造假"的泥沼，违反记叙文创作的根本要求。

在实际教育中，教师就是要促进学生的日常写作，要学生"为日常生活而写作，而不仅仅为写作而日常生活"。特级教师王君曾在公共课上示范了一个学生写作《龙忆舟，你让我难忘》，文章记叙的是"我"不慎崴脚后，朋友龙忆舟热心把"我"带到了站台上的事。但很可惜的是，该名学生已经坦白，该篇小说中记载的事情都是自己为了写作的要求而编写的。由此可见，班主任要时时警醒他们"为写作而生存"的行为，并引导他们记录下自己的真实人生，努力做到从真实中选材，不凭空捏造，也不歪曲事实。

2. 以记事、描述和抒发为重要的方式

在最常见的文学表达方式中，记叙文写作比较注重记事、描写与抒情的运用。了解这些最基本的表达方式，对学生写好记叙文有很大的促进作用。

不管写人或是记事，记叙在记叙文创作中都是至关重要的。因为记事的意义就在于表达人或活动的总体状况，像"记一次课外活动""记上学路上的一件事"这些问题都是需要我们记载自身的一次体验，因此当然少不了记事技巧的应用。描写是对人或景物局部特点的勾勒，它把实际情况表现得更加具体，把人物心理描写得更为入神，也把思想感情表现得更为细致。而抒情则表现出写作者对所记之物、所写之人的情感看法。最常见的抒情形式是直接抒写和间接表达。在记叙文写作中，学生必须综合使用这些表达方式，以丰富文章的内涵。

3. 富有强烈的主观感情色彩

说明文与议论文讲究结构严密、精确，并力求语言表达上的逻辑性，较多展现出写作者的理性思维。与之比较，记叙文则是另一类抒情文体，具有较浓厚的主观感情色彩是其文体特征所在。这些主观感情都来自写作者的生命感受，是写作者心中真正思想的表现。所以，记叙文写作中的主观感情都应该且必须是真诚的。

记叙文创作是一种艺术化的描写真实、表情达意的写作方式，学生们把自身的真实体验或亲身感受诉诸笔端后，能够在立足实际的情况下进行表现，以使情节更趋丰满，思想与心情表现更趋丰富多彩。另外，从某种意义上看，对比、拟人、夸张等修辞手法的使用也是写作中虚拟的表现方式，而这些方法都是作者对某一人物原型的塑造，是根基于真实的艺术创作。所以写作虚幻只是对作者真实生活的艺术塑造，并不会虚伪地"再造"真实，更不会沦为导致写作情感虚伪的"元凶"。

（二）高中语文核心素养的记叙文教学

通过当前阶段语文课程改革的主要指导思想可以看出，目前的语文课程教学不仅是单纯注重于语言知识基础的教学，而且真正地从学生的个人生活与成长需要入手。要通过语言基础知识的教育活动，促进学生个人的成长，使他们真正地成为语言知识的主体，进而达到"立人"的教育宗旨。所以，高中记叙文创作课程的新要求就应反映学校写作的主体性理念，让课程写作要求与学校写作要求达成"和谐"的状态。

通过进一步明确以上课程指导思想，并结合高中语文新一轮教学课程改革对复杂记叙文的主要内容与核心主旨的要求，笔者尝试把适应高考复杂记叙文写作课程的新特点，归于如下五大要点。

1. 实现个性发展

"对每一代人来说，教育都是一个新的问题。"怀特海因在《教育的目的》上将教育看成一个和人的进步相关的永无止境的历史过程。母语培训项目要求教学的设计必须具有非常强烈的个人教学思想，适应学生个人的发展，克服过去教学陈旧、形式单一的缺点。学习应该充满活力，僵化的东西都只是存在于"过期"的书本中，这正是各国教育建设关注的核心问题。

汉语作为中华民族的共同母语，高中阶段的语文课程设置也应在延续小学、初中等基础性的课程教育理念的基础上有所突破。汉语教学也不仅仅是让学生学会语文知识，还可以在参与语文课程的不同阶段中，使其对个人发展方向进行恰当、合理地发展引导，从而切实把学校教育的隐性知识渗入语文课程之中。

一篇优秀的高中记叙文创作，从观察日常生活点滴，到从人生体验中获得材料，积累、筛选人生材料，再经过作品的立意、构思直至文字表述的全过程，既体现出其个人健康心灵的特定发展过程，也体现了情感观念和精神品格的形象。中学阶段是学生由父母、校园的被控制角色，逐步转换为个人发展的、参与型角色的阶段。采用这样的写作方式，可以更加精准地体现学生此时人格成长和真、善、美人生观的构筑水平，从而在教学中带动学生形成良好的社会适应能力、人际关系素质和社会活动素质，促进其人格发展的健康成长。

由此可见，语文课程要促进个人的成长，除了课程的设计要符合个人成长的需求，符合个性培养的理念，更要求学生主体具有相应的全面素质。主要要求学生个人有一定的人生经验，自身心灵需求具有相应的完善水平，具有相应的专业知识技能储备，具有自己的价值观认知，并且要求个人内心具有使自身的人格向积极完善方面发展的主观愿望等。

新课标颁布后，对高中复杂记叙文的写作新要求，体现出显著进步的教学目标，即能将语文教学课程的内容发展与学生个性成长进行科学地结合，通过记叙文的写作实现二者的共赢。

2. 强调自主写作

（1）确立自主写作的教学要求

学生有独立写作的能力，是写好记叙文的基础。皮连生在《教育心理学》中论述要进行有效教育所必须掌握的四项最基础的心理因素，我们将之概括为：对学校的原初性知识的准备；对学校自我的发展欲望和个体差异；学生学习的动力；影响学生学习的环境。

此3种要素（原初性知识的准备、自身的发展欲望及个体差异、学习的动机）是对知识主体的内在要求加以概括。其中，学生的学习动机包括了学习需要和学习期待，它是在学生同时拥有前两种要素的情况下，教师能够成功激发他们学习积极性的重要基础和必要条件。所以，从记叙文的创作课程中调动他们的创作积极性，使他们对中学的记叙文创作产生期待，培育他们主动阅读的能力，可以符合有效教育的基本要求，适应复杂记叙文创作的最新特点。

（2）寻回教师教学的自主性

进入中学阶段，在记叙文的创作教育过程中，学生们逐渐发现"写作审美疲劳"的现状。对于写作素材单调、写作范围狭小、作者情感匮乏等现状，学生们常常不知怎么落笔，或者产生了恐惧、反感的心态，而这些都将直接影响有效教学的进行。那么怎样才能顺利激发高中生对记叙文的热爱，激发学生创作记叙文的兴趣，让其有勇气完成好的记叙文，培养学生追求自由创作的能力呢？

当前高中学校对记叙文写作的最终教育目的，是使学生们真正成为写作的参与者，通过训练他们以自主的语文能力写作，充分调动和培养他们写作的主动性与兴趣爱好。在应试教育的当下，教师依然是教学的主体，教师在课堂是否具有记叙文写作教学改革的自觉能力，直接关系到他们写作自由能力的形成。

记叙文写作教育往往受困于应试环境，最明显的受害者除了学校学生就是教师。教师们迫于各种评比、升学等压力，只能严格遵循小范围内"统一"的教育思路进行课堂教学。这严重束缚着他们的课堂设计能力，束缚着其富有创造性的教育理念与教学策略。看似"标准一体化"的规定，实际上是在扼杀教育创造性，并没有科学性地强制统一课堂教学思路。试想，一个原来就对语文教育抱有足够自信的语文教师，却因为遵循统一的课堂教学思路，而被迫放弃了自己的教育设想、教学计划，也无法实施有利于自己学生心理发展、符合其学业需要的课程设计，这样的语文教师又该是多么的痛苦？

所以，中国语文教学改革的首要任务，就是"因地制宜"地释放中国语文教师，释放给学生更充分的课堂空间和教育自主权。当然，我们的教师也必须严格按照国家所提出的语文课程宗旨、教学指导思想和教育原理进行教学，同时对于语言课程的选择、教学方法的选择，也应因材施教，并针对学校的实际情况灵活有度。只有先使教师们寻回教育的自由意志，寻回教育的自主性，语言教育工作才能达到其自主性的写作。

（3）唤起学生写作学习的动机

以往的写作教学之所以遭到学校的漠视、排挤，以至于发生年龄越大记叙文的创作积极性就越差，而记叙文的质量却不见长进，也很少出现具有创造性的优秀作品等现象。一方面是因为课堂教学的重复性、教学方式缺少趣味性，以及教育思想没有科学性；另外，也因未能树立起其独立创作的意识，在根源上阻碍了其主体记叙文写作水平的成长发展。

当学生对记叙文创作逐渐树立起自己创作的基本认知，建立起创作的兴趣爱好后，并经由具有创作教学积极性、具有创作教学主动性的教师实施有效的创作教育引导。这将有机会在高中的记叙文创作过程中激发学生的创作学习动机，激发教师创作教学的积极性，解放学生的记叙文创作的成长空间，在提高学生记叙文写作能力的同时提高教师自主教学的能力。可见，强调唤起学生的学习动机，不仅因为它是影响学生顺利写作的心理状态，更是基于语文教育目标的达成，需要学生具备这种人格特征，从而增加教育的效能感（课堂教学效果和个体的学习效果）。

3. 整合感性与理性

通过中学记叙文写作来帮助学生人格成长，养成独立写作的能力，使他们形成对记叙文的创作动机,并要在学习中融合情感和理性的教育,合理发展他们的思想。

(1) 满足当下的社会需求

21世纪,现代社会的各组织行业都对人才培养提出了既能"走进专业"又能"走出专业"的新要求。这就意味着现代社会各行业不仅需要人员掌握较过硬的专业知识,还需要具有比较精深的人文科学基础知识,了解人类文明等内在涵养。

由"走进专业"到"走出专业"的发展历程,也反映出教学思想为文理知识综合、各学科知识综合化教学的发展倾向。义务教育阶段的学生教育目标,不论是以技能就业的院校或是以知识升学的院校,都必须从课程上拓展他们的认识广度,扩大视野的范围,并灌输以知识跨学科研究的教育理念,以激发学生的内在潜能,确保他们的专业知识能力在得到提高的同时,也符合个人精神成长的需要,从而达到技能和人格上的自我成长。

(2) 体现研究价值

融合感性和理性的思考,将使学生学到的知识更加富有普适性,使高考记叙文的写作研究特点更为清楚具体,实践性也更强。它将有助于高中语文写作课程的全面开发,并且弥补文理课程分开的学校教学内容建设中的不足。由此可见,在中学记叙文写作中融入情感和理性的思考,将对解决当下中学记叙文写作课程发展中遇到的教学困境,起到关键的意义和作用。

(3) 改变文理分离的教学模式

高中生的记叙文创作水平,在文科与理科学校中普遍存在"内忧外患"。而另一方面,由于高中生记叙文创作课程一直未能受到学校课堂教学的广泛关注,也没有系统科学的教学课程,从而造成了高中生的记叙文创作写作水平不理想。由于高中学生本身就对记叙文不再有新鲜感,以至于出现了厌烦心态。尤其理科生由于对理科的偏爱,而忽略了文化科目,也没有融合文理社会科学经验的能力,而单纯地做题、画图、做实验,忽略了记叙文的书写练习。感性思考技巧的大大削弱,使中学记叙文写作在课堂上陷入"内忧外患""雪上加霜"的困境。

在新一轮教育课程改革后,高考复杂的记叙文写作教学中,教师们首先必须从教育思维上,破除传统学校文理分开的错误思想,并转变部分学生偏科的习性。教师在写作教学中,指导学生融入个体的情感与理性思考,使学生的情感与理智在记叙行文写作的前期准备、行文期间与行文完成的全过程中得到融合，在记叙文的创作中达到个体理性智慧与感情精神的"共赢"状态，在文理互通的思维中，实现个体人的发展和成长。

中学阶段，尽管是高中学生理性思想发展的关键时期，但由于高中学生的社会生活经验并不丰富，情感体验还需要经过大量积淀，所以仍必须关注其情感思想的发展。原因是随着个人的情感思维发展，只有形成丰富的情感思维，并累积丰富的情感体验，才能顺利实现理性思维分析等综合能力的逐步发展。在具体的教育过程中，要遵循高中生情感思维发展和经历经验的逐步积累，并寻找学生的最近发展区，在写作练习中顺势指导、予以提高。

4. 促进综合运用——由模仿的写作变为任务引导的写作

记叙文的写作能力，主要表现在学生写作表达能力的高低。记叙文的创作发展阶段，由小学、初中时期处于目标模糊状态的模仿型写作，到高中阶段写作目标指向清晰的写作，对学生综合表达能力的提升至关重要。

（1）综合表达的必要性

基础教育阶段，其他文体的撰写，教师通常都把主旨、内容、立意、结构、形式和逻辑等列为写作的关键，课堂教学中也常常选用上述几部分的成绩优秀的篇章为范文。教师共同阅读此类优质作品，总结研究其创作亮点，给学生创造模仿的机会。

模仿形式的写作练习，几乎适合于不同语种、不同文体的写作教学。但是，由于汉语是一种语言本身既有的深厚文化历史渊源，其文学表现艺术和语言修辞艺术又蕴含着古老文明的语言。因此，中学阶段的语文写作课程，则从字、词、句、段、篇方面的语文基本能力，逐步上升到文学表现技法和文字修辞艺术等方面，从写作上逐渐促进了使用者个人的语文综合表达能力，实现个体较为复杂的情感表达的需求。

在写作中综合运用各种表达方式，娴熟地采用不同修辞手法，间接含蓄地表达思想，是记叙文写作中个体综合表达能力提高的明显标志。一种语言的形成与演变的历程，将使这个文化的语言在表述与修辞方面产生自己独有的特色。汉语的写作教育之所以不同于其他语种的写作，正是由于汉语自身所具备的我国古老的人文习惯、思考方法和语言习俗等。所以，在中学记叙文的创作课程中（作为高中阶段开展的第一个写作教学体裁），把汉语古老的文字表达方式和汉语自身的修辞技术的运用加以结合，对这一教育理念来说非常重要。

(2) 由模仿型写作发展到目标导向的写作

"读读、背背、抄抄、写写"被学校以及高中教师们认为是写作教学亘古不变的永恒方法。这一类模仿形式的写背积累经验的教学方法，是指通过大量的"优秀写作"和课文中的优美语句，教师让他们熟读抄写或诵读其中的优美的文字，从别人的美词佳句中积淀自己的文字语言。不足之处是，由于教师们对这种优美文字写作技巧和表达方式的亮点重视与指导程度不足，也较少有学生能切实在这种模仿的优美篇目中，学习作家的欣赏视角、创作方式等，使模仿文学完全成为失去个体理性思考，而不能进行内化处理的机械行为。因此，这样的教学方法极大抑制了学生写作能力的正常发展。

诚然，从教育心理学中的研究结果可以看出，对正处在写作训练关键阶段的学生实施语言知识的不断强化、读背记忆等的教育方法，是比较科学且非常合理的。但由于这阶段的学生活动领域狭小，社会生存经验比较欠缺，认识与生活水平也比较落后，语言表达意识薄弱等等。这种主观的心理原因直接影响着他们主体独立思考，分析、解决问题的能力。此外，由于这是学生独立语言的成长初期，而个体的创作对象还处在不确定阶段。所以，在此时期的课堂教学中之所以采用模仿的写作方法，原因在于此时的学生已具备较强的模仿意识和记忆功能，而这些都有利于在课堂中进行强化、记忆、模仿型的写作教学。

在中学记叙文的创作课程中，教师面对那些写作水平相对较低的学生，为了防止学生发生写作内容单调、表现手段单调的状况，教师们需从总体上为这些学生明确写作教学中必须实现的总体目标，并提出可模仿的优秀代表作品。教师应从写作内容、创作角度等方面分析其亮点，从而启迪学生自己的写作思路，并引导学生作出合理的思维迁移和合理的艺术加工，使学生在掌握优质范文的过程中，从根本上辨别模仿与抄袭之间的区别，从而防止学生在自己写作中形成过分效仿、过分依赖范文的不良写作习惯。

但是，随着对学生记叙文阅读能力的长期培养、学生写作能力的逐步提升、学生写作素质与人生经验的不断丰富，在中学记叙文的创作课程上，教师应更多地在文字表述与修辞手法上开展全面的写作指导。教师以此逐步改变学生主观表达能力较弱、写作方法不明晰的现状，促使学生思考表达之情与语言表达技能的提高，指导他们自主选择、确定立意，提出清晰、全面的写作方法，让学生逐步清晰写作新方向，达到个人写作整体水平质的提高。

5. "非构思":追求终身学习的写作思想

子曰:"学不可以已。"活到老、学到老是一种古老而现代的教育观念。终身学习是指学生积极的学习态度和意志力,是非智力因素对其教学效果的正面影响。记叙文作为学生对文学类文本的书写与练习的重要基础,更应该作为学生进入高一阶段后所学的主要文体。它对于散文、议论文、说明文等文体的书写起着基础性作用,更是培养学生语文素质的关键因素。学生的语文素质是由个人在学习与生活过程中慢慢养成的,为了写好记叙文,就要求学生充分地通过观察、感知、感受和反思日常生活,并据此获得文字素材,从而完成作文写作。

新课标在对语文课程要求的教学性质中特别指出,中学的语文课程需要提高学生的语文素质,为他们进行终身学习和人格上的自主成长打下基石。由此可见,强调终身学习的课程模式,能代表未来的语文课程教学目标,更富有科学性且适应社会要求。但是,绝对不要把高中的记叙文写作当成记叙文写作教学的终点,它必须成为一种崭新的开端。记叙文写作的培养,不但可以培养高中生的语言创作兴趣,而且能激活他们的创作积极性,为高中语文或其他文体的创作与学习打下知识基石,为他们个人成长、终身学习创造一个优良的语言文化沃土。

在高中的记叙文创作教学中,如何在实现"终身教学"理想的同时,让学生切实获得受用终身的记叙文写作能力?在20世纪80年代的创作文学方面,马正平博士研发出一整套领先的创作思维学基础理论——"非结构创作学"("创作生长论"),这套基础理论一般从赋形、方法、途径等三方面加以深入探讨,对创造性思考开展了全面、系统的研究。对于强调演练操作、形成技能的中学写作教学,尤其对高中记叙文写作的思维训练具有很强的可操作性。

在中学记叙文的创作中,不但可以综合利用各种方法和总结的作业模式、技巧来引导学生写作的立意、选材,而且还可以在语言生成能力作业中利用这种作业方法帮助学生提高运用语言行文的技巧,从而达到记叙文写作能力素质的整体提升。通过一整套的思维运作模式,可以自由行文,这也就是"非构思"式写作的基本原理和实质内涵,它也为适应高中生复杂记叙文创作思维的特点进行了一种写作思想的技术准备。这样在终身阅读的课程思想引领下,高中学生才能真正切实获得受用终身的复杂记叙文创作思维。

第四节　写作课程中的思想塑造

一、开展思维培训以健全知识结构

（一）厘清常用思维方法

一些研究者指出，学术体系的完善与否，既取决于其独特理论积淀的多少，也取决于它的新理论应用的水平。语言教学课程中早已累积了最低限度的概念，并将观念结合形成了一种有内部联系的认识体系，这就说明了它正在走向完善。

对逻辑思维、表象思考、辩证思维等常见的思考方式的理论解释、基本原理、应用方法等进行介绍，并尽可能地以浅易的例子来说明思考方式，或使用典型文章借以说明，以文字思考的方式，增强学生自主进行思考的能力，从而逐步培养学生的"语文思维"，使学生对基本思考方式有一个更为正面和直观的认识，从而改变中国语文教育长期以来"重训练、轻理论"的局面。通过这些理论补充的教育方法，既适应于学生个人的认识成长与发展，也有助于学生了解基础思考理论，还可以促使他们增强对写作个性认识，进而提高他们的基本思维能力。

（二）思维分类，侧重突破训练

1. 通过反复深入追问培养纵向思维

在抽象性观点为核心观点的作文中，纵向思考能进行追问以明确立意观点的构成层次，在不断思索解答的过程中，对核心观点的阐释方式与阐述方法有较为全面深刻的认识。下面是两种最常见的培养纵向深度的方式。

刨根连问法：用不断设定疑问的自我剖析方法，从文本中对论点概念的分析中深入追问，通常通过对"是什么""为什么""怎么样"进行连发提问。随着设疑的解答，文章全文的主体思想就会随着明确，主题内容也会随着深化。如在以"自立自强"为中心观点的写作中，反复深入追问"自立自强是什么""怎样自立自强""自立自强对个人生活有哪些价值或社会生活有哪些影响",就更能理解"自立自强"这个中心观点。

以小见大法：在研究写作内容的客观现实的心理活动中，找出最接近的切入点，并采取"从个别到一般"的研究方式，从小范围的行为与影响作为研究起点，联系到大范围的行为与影响，并进行进一步拓展的研究和反思。因此，通过"绿水青山就是金山银山"这一概念，我们能够帮助他们把握经济社会生活中的相似现象——发展永远不能只是注重当下，而必须放眼于未来。因此，他们也应该对更多社会问题开展追问，培养纵向思考能力。

由表及里、由小见大，就必须在深入追问中互相渗透、相互剖析，从而取得促进学生纵向思考的重要作用。以一节课堂教学实践为例，教师们就介绍了"在故宫一座充满历史底蕴的大殿内，星巴克这家美国咖啡店，也占有一席之地"材料，指导学生通过探讨这个问题的实质，以小见大，展示本质：故宫象征源远流长的中华文明，而星巴克咖啡公司也是西方文明的象征之一，这个小事说明，外来文明已经大量进入中国。在明确了核心问题以后适当纵向拓展，探讨问题：外来文明在中国为何会这样流行？指导学生得出如下分析结论：

中国发展获得了历史性的成果，这也表明中国在发展过程中与世界各地的紧密交往已经不可避免，文化的相互联系便是最常出现在社会生活中的例子。外来服装、饮食既适应了中国人民群众越来越丰富的物质生活的需求，也迎合了中国人民群众追求时尚、享受生活品位的心理需要，同时也更加符合现代社会紧凑快捷的生活节奏。

教师根据思考成果，指导学生进行辩证说理，并预测结论：请大家根据自己所了解的外来文明大量进入的事实，谈谈外来文明对我们国内生活方式的冲击，以及我们应当怎样看待外来文明。而根据学生课堂上研讨的成果，教师也作出了指导和总结：在当今社会发展大潮中，按照"优胜劣汰"的原理，中华民族的正统地位必然要被外来文化所撼动并冲击。但中华民族文明具有强大的生命力，必将在与历史的碰撞中吸收其他文明所长，并进一步发扬光大，甚至还将进一步在全世界范围内扩大自身的文化影响，如近年来流行的新汉语热、孔子学院等。我们可以将其归结为：外来文化的出现，创造一种有序竞争的机制，将推动我国的文化产业更健康地发展，让我们的中华民族迸发出无尽的魅力。

2. 通过多向比较来训练横向思维

横向思维是多用于突破逻辑束缚，把视野向更广阔方向扩大的前进型思维。横向分析就是把物体间的不同和共同之处作出对比研究，提供多点切入空间，得到更多的研究角度和研究方法，如图 4-11 所示。在中学议论文书写活动中，应该从事情发生、本质，问题产生的缘由、后果，事情的进程等角度入手，从更广阔的视野训练写作思路。

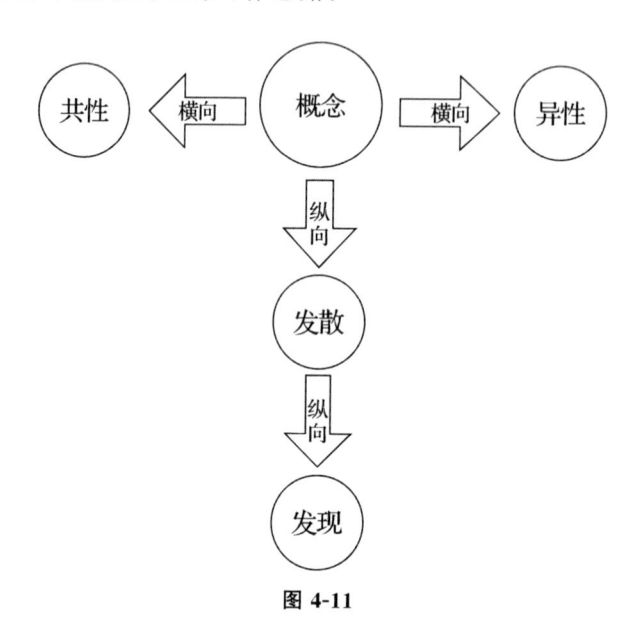

图 4-11

比较选取法：在由多则并列材料所构成的写作题中，每则材料都会引申出一个独立概念，人们可以利用比较选取法，以材料中的人或事物为线索，对不同要素的相同点和不同之处加以仔细梳理，将多种观点有机联系起来，再经过对比综合，从而产生自己的中心观点。以下列多则名言写作材料为例：

第一句"苟利于民"强调要打破传统、勇于创新；第二句"芳林新叶"辩证统一说明新事物代替旧事物是必然的；第三句"行之力知之深"强调实践与认知之间的关系；第四句"天下难事"强调成功须从简单事情开始，从具体细节着手；第五句"登东山而小鲁"说明要跳脱出现有的格局视野，通过提升自我以达到超脱物外的心境；第六句"不足谋一城"指出要有顾全大局的心态和视野。采用比较的方法，可以发现词语之间的差别和共性，分别成为每一个问题，共同点成为核心观点：一二句可说明成功创新的必然性；

三四句可说明加强认知和细化与现实的联系；五六句可谈超出了自己的视野，有很大格局等。

观点细化方法：在一些理论范畴很宽的核心理论上，如果急于从大范畴里寻找论述论据，很容易陷入没地方落脚的泛泛之谈之中。横向阅读需要我们把一个理论引申出来，类似"头脑风暴"的方法，从中获取与之密切相关的有效子理论，将有效理论有机串联，才可以达到思路更为开阔的整体视野。诸如"创新""坚持""拼搏""大同社会"这些抽象的主题，形成的观点太宽泛，确立具体的可操作的中心论点难度较大。用横向思维将角度缩小细化到子概念中阐发，"坚持"可以引申为"成功过程中不懈的追求"，"大同社会"可以引申为"政仁民和创设大同社会"等。

3. 通过正反否定训练辩证思维

全面分析事物，是指一种思维逐步深化，由感性认识飞跃到理性分析的过程，由个别认识逐渐上升为普遍认识的理论。在这个过程中，除运用思维深入分析以外，更要通过运用正反否定的辩证思维来使思维全面化、客观化。正反否定是突破思想僵局的最有效工具。在平时练习时增加了多角度思考的论题，可以更有效帮助学生锻炼辩证思维能力。教材中也有不少思辨性的文章，如表4-5所示。以"刘邦斩丁公"的原因为例：提出疑问：当刘邦担任君主后，斩了曾放自己一马的项羽部下大将丁固（即丁公），是不是需要补充资料？

丁固有个外甥（一说为同母异父兄弟）名叫季布，季布长期服务于项羽，并曾多次领兵和刘邦对战。于是，在刘邦平定天下后，便悬赏千金捉拿季布。而季布则通过朱家帮忙，经过滕公的协助才得到赦免，并任用他作了郎中。原因主要是滕公对刘邦劝说季布是贤者，以及当时他是项羽的部下，各为其主，所以当时理应效忠项羽。（《史记·季布栾布列传第四十》）

汉十一年，梁王彭越以谋逆罪并诛三族，徇首示众，当时天下之人都唯恐被牵连而避之不及。但栾布居然敢当众违反诏令祭祀彭越，最后高祖刘邦只好释放了栾布，并命其为都尉。（《史记·季布栾布列传第四十》）

深入问题：过去效忠敌军的人要给予赦免或给以官职，不效忠敌军或对我方有恩的人要诛杀不赦。

可引导学生用正反否定的方法探讨原因：

丁公违军纪而放走了刘邦，项羽应当以军法治其罪而不能治。但不管怎样，丁公都对刘邦有恩，而在这时刘邦却以丁公为人不忠的名字加而诛之，一是杀而无名，二是恩将仇报。

反面否定：丁公触犯的是项羽的军纪，所杀的人是由项羽以军法处理，但轮不到又是在事后又是项羽的敌对方来捉刀。说丁公此人对人不忠有些上纲上线，但丁公当时觉得刘邦是个枭雄，所以出于不忍之心就放了对方，而不是有过勾结敌人或卖主求荣的不忠之事。

正面否定：刘邦诛杀了丁公，其实是基于极其自私的心理，目的是借丁公的首级以徇军法，并告诫人臣要对刘氏王朝无条件忠诚。

从各种角度看待事物，尽管看法截然对立，但如果能够自圆其说，以自己的角度否定事物，对于辩证思维的提高与完善也有显著效果。在写作时，注意运用对立统一的辩证法，学生就会更加严谨理性地分析论证，进而提高论证的严谨性。

表 4-5

必修	文章总篇数	古代思辨性文章	现代思辨性文章	思辨性文章篇数	思辨性文章所占百分比
必修一	13	无	无	0	0%
必修二	15	《兰亭集序》《赤壁赋》《游褒禅山记》	《就任北京大学校长之演说》《在马克思墓前的讲话》	5	33.3%
必修三	17	《寡人之于国也》《劝学》《过秦论》《师说》	《动物游戏之谜》《宇宙的边疆》	6	35.3%
必修四	19	无	《拿来主义》《父母与学生之间的爱》《热爱生命》《人是一根能思想的苇草》《信条》	5	26.3%
必修五	13	《逍遥游》	《咬文嚼字》《说"木叶"》《谈中国诗》《中国建筑的特征》《作为生物的社会》《宇宙的未来》	7	53.8%
合计	77			23	29.9%

4. 通过谬误审辩进行批判性思考

由不懈怀疑、多元观点和合理评判的三个步骤所构成的谬误审辩过程，是教师培养学生批判性思维的主要途径。尽量避免用非黑即白的二元观念方法对事物作出评判，因为二元观念方法会影响我们思维的眼界，会使我们不加考虑地作出冲动的判断。而教师则可借鉴由理查德·保罗所提出的"逻辑谬误十七式"，如表 4-6 所示，让学生理解其中的谬误角度与思考方向，并且在专题研讨中，带领学生思考热点问题，如"批评是不是最正确深沉的爱国方式""学生是否不读培训班就会输在起跑线上"等，并开展小组讨论，借助教师所提供的阅读点评文章提高学生对批判性思维的认识与把握。

表 4-6

以己度人 （MindReading）	假定可以读出他人心中所想，但明明对此没有充分证据。	示例：我知道，他认为我就是个废物。
宿命论 （Fortune-Telling）	总是悲观地断言未来，认为事情会越来越糟，或是前路危机四伏。	示例：那门课我会挂掉。
小题大做 （Catastrophizing）	认为已经发生或将要发生的事，是如此可怕且难以承受。	示例：如果我失败了，就会万劫不复。
乱贴标签 （Labeling）	给自己或他人贴上某些主观且恶性的性格。	示例：我不受欢迎，或他是个堕落的坏人。
无视正面 （Discounting Positives）	执着地认为自己或他人所做的都微不足道，这样才能坚持自己的负面判断。	示例：这原本就是为人妻者应该做的——所以虽然她对我好，但也算不得什么。
负面过滤 （Negative Filtering）	所能看到的几乎都是消极的，而极少看到积极的。	示例：看看这里所有的人，没人喜欢我。
过度概括 （Overgeneralizing）	根据某一偶发的独立事件，却感受到一种普遍的模式。	示例：这种事通常会发生在我身上，那看起来我什么事也干不好。
二元对立 （Dichotomous Thinking）	看待人或事时，不是全面肯定，就是全面否定。	示例：每个人都把我拒之门外。
想当然 （Shoulds）	看待事情，总是只考虑应然，而不去关心实然。	示例：我应该能做好，如果做不好，那我就是个失败者。
苛责自身 （Personalizing）	发生不幸的事，总是把过多的罪责归咎于自己。	示例：婚姻以失败收场，都是我的错。

续表

责怪他人 (Blaming)	将他人视为负面情绪的根源，并拒绝承担起改变自我的责任。	示例：父母造成了我现在所有的问题。
不当比较 (Unfair Comparisons)	按照不切实际的标准来理解生活。总是将目光放在更优秀的人身上，他们总是能做得好一些，因此认为自己低人一等。	示例：她总是比我更成功。
追悔不已 (Regret Orientation)	总是纠结于过去而无法自拔，总在想本来是可以做得更好，而不关注现在能把什么做好。	示例：要是我当初努力一点，现在本来可以有更好的工作。
杞人之忧 (What If?)	总是提出一连串的问题，"如果"发生了某事那该怎么办，却对任何一种答案都不满意。	示例：对，但是如果我变得很焦虑呢？
情感推理 (Emotional Reasoning)	任由感觉来指引对现实的解释。	示例：我情绪低落，所以，我的婚姻是走不下去了。
无力证反 (Inability to Disconfirm)	一旦产生了负面想法，就拒绝所有可能与之相逆的证据或观点。	示例：我一点都不可爱，人们都讨厌我，那些人们喜欢我的证据都无关紧要。
妄下评断 (Judgment Focus)	在看待自己、他人或身边事时，总爱用好或坏、优或劣的评价，而不是描述或是理解。	示例：看看她，多成功，而我却一路坎坷。

以关于"佛系青年"学生定义上的研究为例：最近，在网络上"佛系"盛行，佛系青年、佛系学生、佛系生活……"佛系"的概念也奔涌而来。佛系思想简而言之就是：怎么样都可以，事事都随意，好坏也无所谓。以指导学生运用不懈质疑、多元看法、理性评判三种关键词为基本步骤，开展批判思考。我们对研究核心理论的不懈追问："佛系"生活，听起来是不会有点超然物外、超群脱俗的"出世"滋味。然而，我们要知道，佛家的出世，是在经过世俗生活后的幡然醒悟，突出心灵的升华与智慧的解脱，也就是说"佛系"必然是在出世前进行了一番入世的深度体味之后的新人生方式。汇集多元意见，充实论证内容：汇集了各种能论证人生中必须充实、要踏实努力的典型故事和语句。对问题进行了理性评判："佛系"盛行从根本来讲是因为对待现实的一个无可奈何却懒得加以改造，"佛系"的问题是关乎个人和世界的问题，是回避了真实世界中的行为问题，是对人生经验的浪费。利用不断质疑的谬论审辩进行批判性思考，可以促使他们更好地对世界价值作出分析和

反思，这是培育创新型人格的主要途径。

二、内化写作动机以增强文化认同

议论文写作固然讲究技巧性和严密的逻辑思维，但归其根源，议论文首先是表现作者自己对社会人生问题的态度与思想的文章。一旦缺乏了最基础、最实在的思维，学生所有的思考方式、思想角度都会变成一纸空谈。所以，语文教师就必须在写作的思想教育中添加一剂"社会主义核心价值观"，以内化学生的写作价值观，使文字教育更加有温度、有力度，有了思维上可落脚的思想根基。

（一）积极体验社会生活，主动理性思维

"致用"的前提，一定是对社会人生有着真实的感悟与"求真"的心态。在议论文撰写课程上，教师可以引导学生多阅读主流报刊及媒体的时评，学生通过练读时评试着表现自己的思考方式，通过课前五分钟"每周一评"环节，对一周出现的焦点事物展开反思和评论，加深对社会生活的集中注意和反思，进行累积和沉淀。至于针对性的联系，可以在安排他们写作习作之前，先让他们读一些同样或类似题材的时事评论或文章。当教师引导他们写作时评时，不要让他们的想法停留在浅薄层次，应框定原则，强调并非为了实现语文目标，而是应该从一些有用的方面入手：让他们参与实际的活动，了解生活，并永远对生活保留兴趣；理性对待社会生活中的两个方面，理性分析世界的积极和消极现象，感受多样的人生，并要从混沌当中发现更多的真善美——做人必须要"会爱"，才有可能去分辨世界的假丑恶；时事评论也要兼顾世界大事和身边平凡的小生活，认识真实世界，感受现实生活。唯有在这样的时评文章中，学生才可以更用心体验现实社会人生，才能进一步提升社会责任心，使文字更具有思考的深度。

（二）转化写作动机，践行立德树人

写作需求是促进学生完成写作任务的重要因素，而引发写作动机则是促进学生主动写作的主要途径。一般心理学则认为，产生动机需要有内部环境和外在环境，产生动机的存在前提是满足需要，而动力则是在需求的基础上

形成的。在实际的写作中，很多高中生在应试压力的影响下，利用考场即时写作可以获得良好的学习成绩的创作动力，虽然目标十分明确，但对写作技巧的提高并没有太大的促进作用，也不是一个人有言语生命冲动时的内在的原发性的创作动力。只有将他们的内心创作动力激发起来，写作技巧才会有相对而持续有力的提高。写作动机产生过程如图4-12所示：

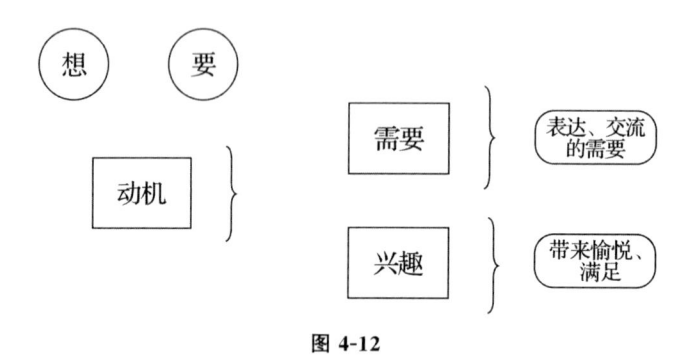

图 4-12

课堂教学上，教师应指导学生积极发挥，运用平时写作课堂中累积的对社会生活的深入思索和体会，多练习那些能使他们言之有物、接近实际生活的写作素材。帮助他们找到周围的值得学习的真实榜样例子，在学生中建立良性的探究和反思环境，营造合理的真实环境，调动他们的内在创作积极性。同时，引导他们接受和强化自身身为中国人的社会使命和责任，继承和弘扬繁盛千古的中华优秀文学精神，增强社会使命感，以激情和期待应对新社会生活，并将自身创作动力再次转换为"高尚写作动机"，不仅要愿写文章，更要写"活"文章，历练个性、体察民生，在真实的社会感受中实现人格的成长，完成"立德树人"的根本任务。

"立德树人"所提倡的"立"和"树"，并非单纯地依赖灌输和考核等校方手段，而且注重整个社会生活气氛的浸染与陶冶，蕴含浓烈的教育色彩，"立德树人"既有对传统的充分尊重，又加入了习近平新时代中国特色社会主义的要求和人才选拔标准趋势，是重视"立德"为先，"树人"为基本目标的人才培养规律。语文课堂有更大视野，而写作课堂则有更大空间，使学生在写作教学中吸收提高道德品质的精神营养，从而变成全面发展的人。

第五章

基于核心素养理念的课堂教学活动

在语文课堂的实际课堂教学活动中,虽然文字、语法、阅读与写作的知识点讲解都十分关键,但真正落到实处,重要的却是学生在课堂中的实际教学活动。这也要求我们需要在实际课堂教学中既落实到具体的学科知识课程,又把在语文基本素养中针对学生的四个培养方向融合到日常的实际课堂教学中。这是每一个教师需要认真思考的重要课题。本章从提高高中学生语文核心素养的目的入手,进一步说明应该怎样制定正确、有效、创新的语文课堂教学计划。

第一节 语文素养下的课堂教学活动

信息化时代的来临,不仅仅改变了人们的生活方式,同样对学生的学习方式和教师的教学方式产生了一定的影响,各个国家都开始思考新时期人们需要掌握哪些最关键、最基础的素质?又应该怎样提升这种素质?在进入21世纪以来,各个国家以及某些重要的国际机构,也相继开始了针对高中"核心素养"的研究。从美国的"21世纪技能"到欧盟的"核心素养框架"、经合组织(OCED)的"关键能力",再到日本的"德知体"、新加坡的"新21世纪技能",核心素养已然成为国际教育界讨论的焦点。

21世纪技能	核心素养框架	关键能力	德知体	新21世纪技能
美 国	欧 盟	经合组织	日 本	新加坡

图 5-1

  在此基础上，我国于 2017 年颁布了《关于全面深化课程改革落实立德树人根本任务的意见》，提出要组织研究各学段学生发展核心素养体系，并根据核心素养体系制定学业质量标准、修订课程方案和课程标准，以进一步提升学校综合育人水平，促进各类学校学生的全面发展和健康成长。2017 年末又制定了各学科的新课程标准，把关于核心素养的内涵定义具体到了所有课程，第一次明确提出了"语文教育课程核心素养"的定义，明确要"充分发挥语文教育的特色功用，促进学生语文教育专业内涵发展"。不论是学校的基础素质课程的建立，或是语文专业基础素质的确立，都是为培育适应新时代特征的人才。在这一点上，我们和国外教育界都站在了同一条起跑线上。所以，基于语文专业核心素养的课程设计是适应当今时代人才的发展趋势与特点的必然之举。

  为了达到好的课堂效果，老师在课堂上要对于课堂教学活动中的所有环节作出细致的思考和设计，所探讨的课题大致包括有：此段课程应达到的教育目标是什么？此段课程的内容是什么？此段课程采取的方法是什么？此段课程的教育应该怎样进行？此段课程怎样评价学生？对于课堂设计的定义，专家的意见多种多样。其中，主要共同点表现在对教师进行的课程设计旨在顺利实施教学。美国的知名教育工作者史密斯和拉冈都指出，教学设计就是为了达到预期的教育目标，运用系统观念和方式，按照教育教学过程中的规律和准则，系统策划教学的过程。而李锋对教学设计的概念就是运用系统的方式，把学生学习的基本原理和老师教学的基本原理转换成系统规划教学环节的具体步骤。本研究从宏观视角考虑，课程设计的目的是为达到特定的教育目标，教师按照合理的教学思路和课程原理，运用现代教学技术手段，通过仔细深入地钻研教学标准，并按照学习者的身心发展变化规律，对教育过程中的课程目标、教学内容、教学方法、课程评估等方面作出细致的系统性设计，以更好地实现课程任务，达到课程目标，帮助学生高效地学习。

  根据《普通高中语文课程标准》（2017 年版 2020 年修订）的教学思想，语文课堂策划是以启发学习者独立探索语言的基础知识、参与语言实验、积极培养思想品格为目的，针对课文特点及问题特征，确定教学计划，营造问题环境，选用新方法，进行教学，考核学生学习效果的一项有效的教学策划。它应当具备如下特征：（1）目的性：语言教育规划应当以学生的自主发展为目的，它不单纯是为老师的授课而谋划，更重要的是要为培养学习者的主观能动性、求学激情和寻求兴趣而谋划；（2）针对性：语言教育规划应当包括基础教育的自有特色，例如语言探索、思想磨砺、美学感受、学识积淀、情感熏陶、能力锻炼等；（3）过程性：要注重进程和结果能力的密切联系，既要利于学生参与学习进程、发掘新知和创造乐趣的体会，也要利于培养学生刻苦行为、提升学业效能；（4）创新性：要在教学过程中形成语言智慧和语文能力，要营造生动的课堂教学环境，让学生自己去认识问题、解决问题，使他们得到意想不到的智慧与技巧。由于语文课程改革的推进以及《普通高中语文课程标准》（2017年版2020年修订）思想的不断深入，我们对课堂观念也出现了很大的转变：意识从客观存在向主观探究转变；由永恒真理向无限发展转变；由知识动力向潜能动力转变；由工具理性向审美理想转变。人类对学习本质的理解已经发生了如下转变：由注重基础知识向关注能力转变；由直接接受积累经验向选择性发掘经验转变；由推崇尊重权威向怀疑批评权力转变；由反复演练习题向直面生活转变；由汲取书本知识向揭示人的本身转变。我们对课程本质的理解发生了如下转变：由单向输入向交互对话转变；由教材独立向教学资源开放转变；由方案式教学向问题式教学转变；由展示教师自我向展现学习者自我转变；由关注教师教学成果向关注学生教学过程转变；由注重教师知识结构向注重学习者心理转变。基于此，语文课堂教学设计必须坚持如下四个准则：

第一，操作性与指导性的原则。语文课堂教学设计应在一定的理念引导下，严格遵循一定的原则。它必须是可实施的，有具体的操作步骤，在具体课程上可以进行课堂实施，确保语言教学顺利有序地开展。

第二，差异化与开放性的原则。课堂教学设置工作大多由教师完成，但由于每位教师都有自身的教学风格与特点，从而在课堂设置时也会有很明显的区别。同时，因为在课堂上面临的对象是一个个完全不同的学习者，所以他们不管从语言能力或是意识层面上都绝对不一样，对同一个知识点的认知能力也可能不一样。所以，教师在课堂设置上也需要照顾到他们的特殊性，必须坚持教学差异化原则，以学定教，但不能完全一致，还需要同时处理好预设和生成的问题。

第三，基础性与创新性原则。语文教学设计要突出学习者语文基本素质和思维能力的提高，尤其是要历练学习者的基本语言思维能力，以推动学习者听读说写的能力全面发展。同时，语文教学设计也要富有创意，以培育学习者的审美能力和探究能力，为学生的终身学习和个人发展提供基础，采用自由、合作、探索的教学方法，以唤醒学习者的主观意志和能动性。

第四，提高审美能力与科学评估方法。进行语言课堂教学建设过程中，必须更加努力地通过课堂提高学生审美品位，培养学生的语言鉴赏能力，增强学生的情感品质，帮助学生打造美好生命。同时，也必须着眼于课堂目标，通过获取学生反馈数据，及时进行教学评估，纠正学生教与学的行为，提高学生的积极性，以确保语言教学目标的有效实现。

一、语言建构与运用

从认识哲学层面上来说，人是一种整体性的认识主体，人之外的客体世界也是认识对象，人在从自然环境中分离出来之后，其对外部世界的认识就可理解为一个无目的、无意识、无规律的过程。[①] 人的认识对象是无穷无尽的，因此人们无法控制自己的意识活动，也不能自证对外部世界的判断是不是合理，而人们所用的所有认识工具——语言、科技、文化以及价值上的客观性等，又都可能被看作是由人们从偶然中"建构"出来的[②]。同理，一个独立的个体，如果从小离开了社会环境和人类经验，就无法依靠自己的意愿和力量建立内心语言，与外部世界保持一致。

从认知心理层面分析，在一般认知状态下，认识者总是某一种具体的个体，而他的认识范围也就不仅是无限的世界而是一个特别具体的领域。用到某些具体的科学知识或技术领域，其认识活动往往是有目的、有选择、有评价和可修正性的活动，以及他人的间接经验等可供借鉴。比如一个人要学习书法作品，此时他的学习行为就是有目标的；他选王羲之或者柳公权的模板，

[①] 于漪. 语文教学应以语言和思维训练为核心 [J]. 北京：课程·教材·教法，1994 (6).

[②] 彭小明. 语文素养论 [J]. 兰州：兰州学刊，2004 (6).

里面就有决定；而他每天怎样学习，其中就有控制；他会按照别人的意见调整结构和章法，其中也包括了评估和调整。在这个认知过程中，他的认知行为也表现了相应的可控性，而认知成果在一定意义上又是可预测的。这就是说，作为认识参与者，个人的认识背景和意愿方式也积极参加了认识过程中，这将对认知成果产生正面作用。从这种层面上，也就不会再说"人的主观意志无法参与内部知识建构"了。

从设计规划的教学实施角度分析，制定合理的课程的目的就是"为了实现教育目的、目标""向学生提出预定准备好的教育内容，借以培养学生的人格、开发他们的潜能"。因此，学科课程的教学设计总是根据社会发展需要和学科特点的，课程信息是通过本课程的教师认真筛选的，教学方案是根据学生发展的规律合理制定的，教学活动指导是由富有经验的学科教师实施辅导的。所以，假如我们对一个课程的理解还算准确，负责课程设计与教育的工作人员也相当称职的话，那么进行这样的教学设计与教育活动，对学生学科积累与素质形成能产生可期待的促进作用，所以我们也就可能相信，这个课程对学生某方面的素质有"建构"之功。

我们不妨以"盲人摸象"来解释"建构"在三种认识方面的意义不同。"盲人摸象"是一个讽刺认知偏差的寓言，我们也可以把它看作一个学习活动设计的典型。如果学习者（盲人）既不知道关于大象的知识，也从来没有接触过实物，只是偶然地摸到了大象的某个局部，自然无法完整地"建构"起关于大象的知识，这相当于认知哲学层面的建构。但假如一些学习者在之前已经了解到有关概念，他们则或许会根据自己相关的生活经验去有选择地学习，而教育者会基于自己本身的生活经验与教育理论，有计划地去选取教学内容、设计方式，包括通过倾听、观察、借助想象等，协助这些学习者进行比较全面的有关大象的理解，这就是学校教学规划和课程层次上的建构。如果读过海伦·凯勒《假如给我三天光明》，就会对书中讲述的安妮·莎莉文老师让她掌握"K"这一观念的历程感受最深，这就是一位家庭教师协助学生顺利进行"词语建构"的优秀范例。

尽管人们并不了解为什么要进行话语建构，也无法判断阅读哪一本书、进行哪一些语文练习活动一定会让学习者的大脑中的话语建构产生何种变化，不过这一系列的学习与练习是有助于基本素质的形成的。事实上，近年来蓬勃发展的人工智能技术也可以支撑这种判断，既不要求人们完全明了事情的内在机理，又能推动人类主体意识的能力建构。

二、思维发展与提升

对"思维发展与提升"的高中语文课堂设计研究是发展学生核心素养、贯彻新课程改革的重要途径。然而，在语言文化发展的创新之路，必须先知其然，后知其所以然。所以，在学校开展这方面研究的活动中，对教育思想内容的研究是至关重要的，对逻辑思维、思想能力和中学语文教学中思想训练的基本内涵都作出了准确界定。而且，教育活动一般是严密而又有据可循的，可以比较全面地明晰思想训练的方法与途径，以便提供适当的教育方法，从而达到良好的教育效果。要想清楚如何提高学生的逻辑思维，我们先得明白逻辑思维内容是什么[①]。

有多个领域的科研目标，而不同的专业领域对思维能力的定义又不尽相

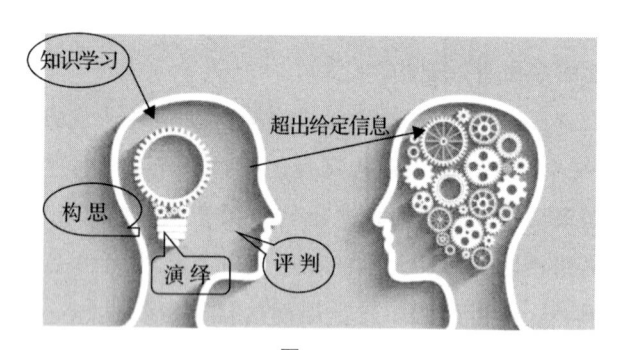

图 5-2

同。美国的教育心理学家布鲁纳指出，知识学习需要"超出给定信息"。而布鲁纳则指出，思维就是需要超出给定的信息内容。美国学者拜尔提出，思考是通过感官介入，产生认知和回忆的智力活动流程，在这一流程中，大脑进行了构思、演绎或评判等思考历程。

另外，学者林崇德、朱智贤等也主张"思维是人脑对客观事件及其事件间存在密切联系的规律所作出的间接的、归纳的反应"；学者汪安圣也提出，思考是一个直接导向解决问题的间接和归纳的认知流程。通过以上对思考各

---

① 褚宏启. 核心素养的概念与本质 [J]. 上海：华东师范大学学报（教育科学版），2016（1）.

个层次的概念论述，基于汪安圣所提出的论点，笔者提出了思考是人脑在认知经历的基石上，通过加以分析综述、抽象总结，产生新概念，从而作出正确判断与推论的认知流程。而语文思维则是指学习者在语文科学实践过程中的思维活动。其中包括了对语言文字标准化工作内容的理解、表达、审美、鉴赏、创作等，它是对有形的客体世界和无形的内心世界加以形象化、典型化并加以理解与表达的步骤。语文思维能力是从语文教育教学领域和社会实践活动中获得的思维能力，它既是听、说、读、写、思能力的有机整合，也是社会活动中个体语言思维活动的应用。我们要培养学生的思维品质，那么就要理解其内涵。思维品质是思维发展的原则，也是思维评价的依据。语文思维品质是指人们在语文学习和实践过程中逐渐形成、发展并表现出来的，能直接影响工作效率的个体智力特征。[1] 语文思维品质包括：敏捷性、灵活性、深刻性、独创性、批判性等。

(1) 敏捷性

迅速性和概括性，是敏捷性思维品质的主要特征。思维迅速，能让人在解决问题时快速地作出合理的判断，思考的速度越快，逻辑思维的概括功能就越强，在思维中可以更有效地减少思考时长，并且产生正确的思考结果。而敏捷性思维品质指向思想运动的能力，意在分析和解题过程中，可以应对复杂多变的局面，从而更积极准确地进行思考决策。

(2) 灵活性

思想灵活性是随着事件形势的改变，相应地转变观点与方法，寻求解决问题的有效方法。训练学生思想的灵活性，可以让他们顺应环境的改变，适时改变，并加以总结。在课堂上教师应教导学生不应当被狭小的视野所拘束，要打破观念束缚，让他们可以从各个视角、各种角度加以思索，对所学的知识、技术加以灵活运用。

(3) 深刻性

思想深刻性是指学生的思想能循着正确的方式展开运动，具有一种认识与判断世界的能力。思想的深度是思想的表现形式、手段、规则和多种差异的稳定体现，其内容和学科性质具有高度的相关性。林崇德指出，思想的深刻性是一切思想品格的根本。深刻性思想品格在语文教学中主要表现为语文

---

[1] 王万青. 基于核心素养谈语文学科培养目标 [J]. 语文建设，2017 (3).

思想的广度、深度和难度三个层面，对学生思想的成长有着关键影响。

（4）批判性

杜威把批判性思维界定为反省性思维，它形成的过程是思维主体积极进行思维的过程，体现为从审慎角度去认识问题，并对假设的问题加以深刻研究，寻求合理的解释或理由对结果进行阐述。在语文学科中，批判性思维品质强调合理而成熟的思维方法，即从各种视角思考问题的方式，特别是站在问题情境以及属性的对立面辩证地加以思索。

（5）独创性

语言思维的独创性也就是语言思维的创新性，主要体现为主体善于思维分析，也善于创造性地提出问题并解决问题。原创性主要来源于主体对现有学习方法或思想资料的系统总结，而后再专注系统地转化，通过综合研究，以寻找出新的思想维度和交结点。精辟的总结越多，内容系统性就越强，延展性越广，迁移性越高，关注点就越聚焦，其原创性也越为明显。《普通高中语文课程标准（2017年版）》强调提高中生语言的基础素质，其课程目标内涵主要涵盖了提高形象思维、提高逻辑性、提高逻辑思维素养。而思想素养的深刻性、灵活多样、批判性、敏捷性、独创性等是整体思维素养的重要构成因素，它们之间又是互相关联、不可分割的。提高他们的思想素质开发他们的视野，能够使他们掌握全新的知识和能力，引导他们探索崭新的天地。通过语言阅读教学提高他们的思想素质是培育语言基础素养的重要途径。

我们在高中语文教育的教学设计中要有意识地培育学生的思考技能，必须首先确定学生在哪一理念层面中，以及我们具体需要发展学生的哪些思考技能。在《普通高中语文课程标准（实验）》（2017）中，强调要发展学习者的直观思维、表象思考、综合逻辑思维、辩证思维、创新思维。

（1）直觉思维

直觉思维是一门高级的逻辑思维，通过直觉思维能够对事物进行准确理性的推测，并在问题产生的最初时刻作出正确反应，并要求及时地对事物作出解释与评估。直觉思维的产生，是对思维主体已掌握的认知能力以及相关信息的无意识反应过程，是对思维主体自身意识能力的重建过程；它也是对一种多维知识的归纳、缩减与迁移。这既是一个系统性的快速预测过程，又是一个科学性的预测。在语言阅读教学中的直觉思维，主要体现在学生在牢固掌握相应语言学习基础和深入阅读社会生活实践资料的情况下，生成的语言学习的"语感"和"文感",这是直觉思维的具体表现。直觉思维能够通过帮助语言学习者获得广泛的阅读量和扎实的基础而得到提高。

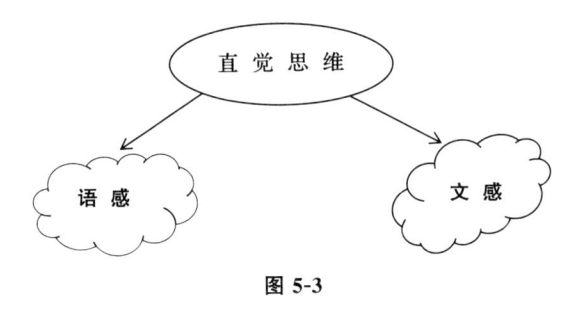

图 5-3

（2）形象思维

形象思维是指思维主体根据自身的经验意识和情感,在接受所研究对象的形象之时,通过联系并利用自身的经验意识,对所观察事物加以思考、推理、比较、归纳、综合、分析等,而形象思维的科学性则取决于思维主体的认识规律、审美判断。在语言阅读教学过程中,朗读作品的过程以及作文练习的内容都遵循了形象意识的原则,反映了形象知识的特征。

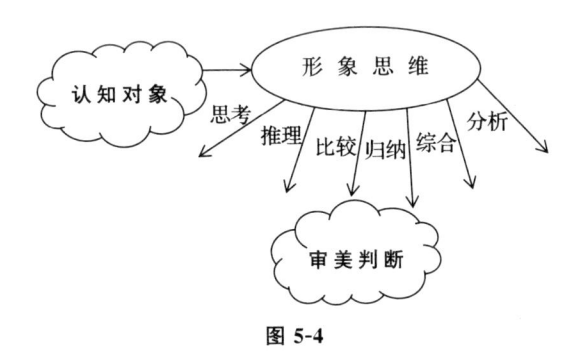

图 5-4

（3）逻辑思维

人们对事物要作出正确的分析与推论,需要恰当地使用逻辑思维。逻辑思维包括认识原理与客观规律。逻辑思维借助思维本身所具有的基本逻辑规律与语言惯例,分析语言过程中的归纳逻辑和表达逻辑等。而思维本体利用逻辑思维的同一率、对立度、排他性等充足原则,来表述自己思考问题的过程和始末,并以此区分语言运用的正误程度。在语言阅读教学中,老师应明确学生的基本思维规律,并加以正确引导与训练,以提高他们的思维水平。

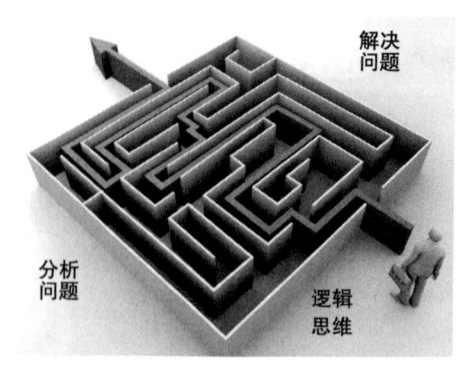

图 5-5

（4）辩证思维

辩证思维是体现并符合客观事物辩证发展过程及规律的思想。辩证思维来源于唯物辩证法，是高层次的抽象式逻辑思维。辩证思维应针对较高阶段的人。从多元观念的统一方面去理解、掌握运行和演变着的实际社会。中国教育家孔子的思想，始终以"毋意、毋必、毋固、毋我"要求自身，当中"毋必"就是指出凡事都没有绝对地确认或否决，所说事情并不是绝对的，也正是辩证思维的重要表现。在语文教学中，老师要把训练学生的辩证能力当作最终任务，从而让学生可以建立一定程度的高阶逻辑思维。训练高中生的辩证思路，可以使高中生在学习中会辩证且宏观地思考问题，并审视语文学习中的要点，从而多角度、多层面地分析问题，并借以辩证思路去分析人物形象、思考文字主题、理解故事背景内涵、提高理解水平等。[①]

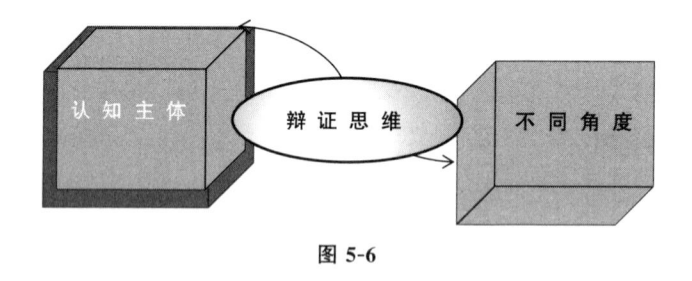

图 5-6

[①] 赵莹莹. 从"语文素养"看"语文核心素养"的内涵及特征[N]. 牡丹江：牡丹江大学学报，2016，25（11）.

（5）创造性思维

创新思想，是指开辟认识事物新领域的思维模式。它必须具备自主性、联动性、多向性、跨越性、综合性的特征。凡是冲破传统思想定式，具有新颖性、独特性等特点的一切思维形式，均构成了创造性思维。创造性思维也是思维技能的重要组成成分，可定义为解决问题并产生的思想产品，但在其形成以前并不是计划认知的过程。而是通常利用现有经验，从其他视角或多种视角形成了创新的、思想独到的、具有特定社会价值的思想产品。在语文教学中，教师应指导学生打破传统思维定式，开拓创新，以训练他们的创新思想。

三、审美鉴赏与创造

我们在"审美鉴赏与创造"中的教学重点，在于让学习者通过欣赏文学作品，来对语言艺术加以感悟与鉴赏，并从中得到切身的审美感受，感知文学的思想内涵，从而建立自己的审美能力，形成良好的审美品质，最后学习利用文学词语灵活地表达与创作美。与绘画、艺术理论等课程不同，对语言的审美被将语言视为媒介，并借助于语文课程中的优秀作品而进行创作，这是审美活动和语言运用之间互相整合的过程。这一点也决定了语言审美欣赏和创作活动相对于其他课程具有自身鲜明的特点，如情感化、形象化和愉悦性等特点特征。从建构主义方法入手，强调了美学鉴赏的创作基础——高中生认知世界的丰富性与差异性，以及艺术教育中应当情境化教学等方式启发学生审美。语言的审美将语言当作媒介，借助语文课本中的作品而进行，这是审美活动和语言过程互相整合的过程。所以在我们的教学设计中要反映我们教学的审美特征：

（1）形象性：语言形象化，是语文审美在审美观照上的一种突出特点。语文审美所用的内容，通常带有直观、形象、突出等特征，易于影响和诱导学习者。语文的审美活动，实际上是通过对话语描述所产生的艺术形象进行感知、想象和思考来实现的。这就需要我们在课堂教学设计中，需要充分研究和运用语文课程中话语形象化的特性，让学习者借助风景、人物等艺术形象，来感受其所蕴涵的思想价值、领悟话语的魅力，从而更好地利用艺术形象给予学习者心理感化效果。

（2）情感性：要求全面研究并运用语文课本中的形象性特征，引导学生借助场景、画面和意象来感受其中所蕴含的文化意义、领悟语言的内涵，从而有效地利用文字给予他们感化效果。这就需要我们在课堂教学时强调作品的情感性，使他们体会到作品强大的美学吸引力。

（3）愉悦性：愉悦性是指人类在审美的过程中，自然地形成的一种令人愉悦、舒畅的精神体验。当人们读优美的文学作品时，人类往往会全身心投入到作家所描写的精神世界之中，为文字中的某种人物形象所震撼和倾倒，从而能感觉到自身心灵功能的一切活动，都处于一种放松、自然的状态，并完全沉浸于无比愉快的一个精神世界之中，而这个表现便是所谓审美的愉悦性。这就需要我们从语文课程中发掘美的因素，并通过在教育过程中对学习者的指导，使学生看到并享受语言课中的思想情操美、理想境界美、人物艺术形象美、篇章结构美、语句形态美、谋篇布局美、风格情趣美等等，并从中获得对语言美的感悟，从而得到启迪，同时在心中感受并享受到语言创作产生美感的快乐，从而沉醉其中。

四、文化传承与理解

作为人类社会最主要的信息载体与沟通工具，文字是人类文化的最主要构成。高中语文课程是一种掌握与使用汉语言文字规范化工作的综合性、实用课程。工具性和人文性是语文课程的基本特点。但其实，汉语言文字规范化工作运用不仅仅是最主要的文化载体与社会文化传递的最基本工具，它本身便是一个更广阔的社会历史文化事象，建设当代中国社会文化生活也是高中语文工作应该重视的现实课题。高中语言文字规范化工作运用是我国社会数千年文化发展的结晶，掌握汉语言文字规范化工作运用必须涉及学习者对我国文化发展与社会主义文化的全面掌握和了解，其间还包含大量的社会历史文化活动，文学活动也是汉语言文字规范化工作艺术运用的最主要领域，包含了学生的思维情感、人格价值观等精神文化领域方面。这为学习者"传承与认知"能力的养成创造了优良的环境和土壤。

作为民族凝聚力与创造力的主要来源，中华文化在世界综合国力较量中的作用与影响也越来越显关键。而当前中国已处在社会经济转轨与经济发展的巨大变化时代，在全球范围内的思想文化碰撞与交锋也非常活跃。随着全球思想观念越来越多元,我国学生也越来越多地受到了世界各种思想意识形态、文化精神价值理念的复杂影响。在此背景下,做好对中华优秀传统文化的弘扬,积极指导青年学子培养对中华民族的自信也变得越来越重要。因此,不管对中华民族的崛起或是对高中生自身成长而言,"文化传承与理解"都具有不容忽视的重大作用。作为语文学科核心素养四大模块之一,相比于其他三个模块而言,"文化传承与理解"在语文教学中没有得到足够的重视和体现。[1] 要培养学生的"文化传承与理解"的基本含义和内容,而后再在此基础上针对其内容和特点,加以针对性的训练。[2]

第二节 教学设计目的

北京大学教授温儒敏指出:"所谓语言素质,是指高中生必须具备比较稳定的、最基础的、顺应时代发展的听、说、读、写等技能,并且在语言学科领域中体现出良好的对诗歌、艺术文章的鉴赏能力、审美意识、文风等等方面的人格修养的培育。"同时课程标准也强调要"全面提高学生的语文素养,充分发挥语文课程的育人功能"。

借助于了解教学设计的目的,教师们能够更准确地了解学生学习的初始状态以及入学后的发展情况,以便于适时改变教学内容、策略,并制定相应的教育方法,为学生下一阶段的教育发展提供良好基础。在这种意义上讲,课堂教学设计也是课堂教学工作能够顺利完成的基本保障。好的教学设计能够对课堂教学提出正确的行为方案,让老师在课堂操作上事半功倍,达到优秀的效果。忽略课堂设计的合理性,不但无法达到好的效果,反而会让课堂教学多走很多弯路,阻碍课堂目标的实现。

课程目标中的主要内容必须为学习者所要学习的内容。课程的设计,需要分析课程的主要特点及各部分教学内容在总体内容中的地位与意义;并分

---

[1] 邓文娟,杨向奎. 文本互涉理论在高中语文阅读教学中的应用 [J]. 教学与管理,2019 (15).
[2] 徐妍. "文化传承与理解"在高三学段的探索与实践 [J]. 文学教育(上),2017 (10).

析课程的范畴与深入、重点与难度，以满足高中生的学习需求；剖析包含高中生在认知中的智力因素和思维情感因素，以培育高中生的语文核心素养；剖析高中生的学习动机、学习兴趣喜好、已有的基础、习惯等学情要素，以选取最符合事实的内容。所以，老师在课程设计时不应当仅仅局限于教学目标，更应当建立长期发展的视野，以创设有利于培育高中生适应未来发展和社会需求的知识与技能。

在课堂教学流程中为实现课程目标和满足学生的学情与知识需求所制订的教育程序计划以及课程执行措施。在设计教学策略时，首先，老师必须因材施教，理解学生，并针对每位学生的特征有的放矢地实施教学。其次，老师必须选用恰当的教育媒介，用直观的绘画、视频等，充分调动学生学习兴趣。① 再次，教师应根据所学目标选用适当的教学方式，充分调动学生的自主兴趣，提高教学效率。

学校在进行目标设置时不但要重视如何使学生掌握到基础知识，最关键的是进行语言基础素质的训练。② 课程目标的制定上逐步从课堂教学的基础迈向语文核心素养的培养。

一、以人为本，尊重学生差异

课程改革的核心是教育"以人为本"，学生是教学的基础，教师应关心每一个学生的发展。因为他们是处在成长过程中的，精神成长不完善的，富有主观能动性的人。每一名学生都有自己的特点和很大的成长潜力，他们也存在可塑性、向师性、依赖性。他们不会空着头上课堂，这就需要教师全面了解每一个学生，善于发掘他们的闪光点。针对他们的学情展开课程的设置，只有以他们为基础，才能够制定出促进他们自身素质发展的课程，才能够培育出全面成长、符合未来时代成长需求的高中生。

---

① 蔡明，王立英，张聪慧. 语文课程教学设计与实施［M］. 北京：高等教育出版社，2008.

② 褚宏启. 核心素养的概念与本质研究［J］. 华东师范大学学报（教学科学版），2016（1）：1-3.

二、创设情境，因境生情

语文核心素养具备情境性的特点，这就需要教师在课堂教学过程中突出情境性，教师针对学生的兴趣喜好、内容，联系现实生活，创建生活化的教学情境，从而引起学生情感的涟漪。对语文课堂情境的创建，是教育学生掌握语文核心素养的重要平台。在课程的创建中，老师要充分挖掘各类教学资源，围绕具体的课程目标和学生已有的认识起点，创建课程场景。情境的创建能够将晦涩难懂的知识点系统化，以简单易懂的方法把内容展现在学生眼前，从而增进了学生的认知。所以，教师们必须注重情境化教育，充分利用生活场景或情境资源，使学生获得情境创作的乐趣。

三、以美促情，以情促学

苏霍姆林斯基说："教育，如果没有美，没有艺术，那是不可思议的。"同理可得，语文课堂教学假如没有进行对美的熏陶，那也是难以想象的。汉语言艺术则是一个风光无限的美学殿堂，学生走进其内就可以领悟无限美感。而学校的语文课程以促进学生成长为核心，每一段课文都文质兼美，切合学习实际。各种各样的文章都有自己的美感，而散文的美感，就贵在自然真切、独抒性灵。散文的美，美在字里行间，如琴声流淌，让灵魂得以洗涤，让思绪拂去风尘。散文的美，也美在文思意境中，如清泉在森林里淙淙，让情思得以奔涌，让闲情得以适从。所以，在课程的设置上，教师们需要通过画面和精美的文字来引领他们体验美感，从而调动他们的美学体验。辽阔的大漠，一望无际的海洋，蔚蓝的白天，那富有生气的朝阳，落日的余晖，淅淅沥沥的小雨，柔和的微风，飘飘洒洒的雪花都能够引发他们的美学体验。因为美无处不在，所以教师需要引领他们去留意生命的美感，从而培育他们的美学鉴赏和设计素质。

四、以"文"育人，提升文化素养

语文教学重视工具性与人文性的高度统一。但长期以来，语文课程的工具化占着主导地位，而忽略了语文课程的历史属性。而人文属性的实质则是人文精神，因此历史属性的产生过程，实际上是学校学生人文精神养成的必然过程。首先，教师必须将学校学生人文精神的养成当成价值导向，并在此基础上重新设定语文课程目标。其次，教师在教学中应重视人文关爱，重视并保护每位学生的奇思妙想与个性感受。第三，教师在课程的内容选用上应结合学生学情，充分发掘课程中丰富的人文内容，让学生得到美的陶冶。语文核心素养的培育也离不开人文属性，而人文精神的养成也对学生语文核心素养的发展起着不可或缺的作用。教师在课程设计时应注重工具性和人文性的融合，在语文教育过程中二者也同样重要，缺一不可，任何时候都不可以离开或让对方单独出现。

在"核心素养"理念下的语文教育目标，是激发学生的学习兴趣，培养学习者的个性与能力，培养学习者符合未来社会发展趋势和需求的关键品质与必备能力。它需要教师转换角色，变成学生读书教育活动的组织者、参与者、推动者、影响者和榜样。它还需要学生参与整个教育过程，通过丰富的语言积淀，发展感知与理解，发展逻辑思维，注重情感感受，并逐渐形成好的习惯，把学习者自己的学习过程和教师的教学过程有机地融合在一起，从而达到教育双重优化。

第三节　高中语文教学活动设计策略

语文课堂教学方案设计的主要内容是明确教育对象，确定内容。在做好语言课堂教学准备前，要先明确学习者的基本情况，包括学生自身的学习程度、能力和学习动机、心态等，了解学习者由起始阶段过渡至终结阶段所具备的学习能力以及所形成的性格和行为习惯，在全面了解学习者现状的基础上进行语言课堂教学不同阶段的设置，才可以准确地提高学习者的语言基础素养。[1]

---

[1] 窦桂梅、胡兰. 基于学生核心素养发展的"1+X课程"建构与实施 [J]. 课程教材教法，2015（1）：38-41.

一、语文教学目标设计策略

语文课堂教学目标设计的主要内容包括明确教育目标,选定教学方法,制定教学模式,组织教育过程等。在做好语文课堂教学方案设计之前,首先应当明确学习者的起点状况,以及学生自身的知识水平、专业技能和学习动机、精神状态等;再分析学习者在由起始状况转变到结束状况时所掌握的知识技巧以及所形成的心态状态和行为习惯等,在全面了解学习者状况的基础上进行语文课堂教学中不同步骤的方案设计。

二、语文教学目标设计依据

1. 语文课程标准

语文基本目标中的基本教育目标,语文中的单册课程目标和模块要求,是语文目标制定的基础。

语文课程标准规定,"学生在发展语言能力的同时,发展思维能力,激发想象力和创造潜能",比如我们在散文教学时可以遵循课程标准的规定,可以将教学目标设计为"引导学生体会散文优美的语言,培养学生的朗读能力,进一步提高学生的文学鉴赏能力和想象力"。

语文课程标准规定,"注重情感体验,发展感受和理解能力,丰富自己的精神世界"。据此,我们可以将散文的情感目标设计为"透过了解文章,领略其中的美,引领学生养成相对应的能力,引领学生勇于在平凡的生活里探索美、发掘美、创新美,培养学生积极进取的生活态度"等等。

2. 语文教材

语文教科书,是指按照国家语文教学大纲的要求以及学校对语言教育的具体要求,为师生在课堂教学中的应用而编制的、全面体现课程的专门教材。现代课程理论指出,老师、知识和课程是组成整个教育系统的三种要素,教科书就在这三种要素中起着纽带和中介的功能。它既是老师指导课堂的主要依据,考试命题的主要依据,也是学习者掌握语言基础知识的主要来源,提高语文能力的最重要阶梯,是陶冶情操的重要园地,启迪心智的最好钥匙,所以,教科书也是实现现代语文课程标准设置的关键。我们在高中每个阶段的语文课本教学中都有一定的教学任务，我们教学时应当按照教学的要求制定每一个单元或者每一篇课文的任务。①

三、语文学科特点

语文是最主要的语言交流工具，是我国文化中最重要的组成部分。工具性和人文性的共同统一，是语文的最基本特征。在设计语文的所有具体目标时，都需要根据上述特征。而实现工具化的具体特征就需要在文体课程中，根据工具化特征设定认识目标和能力目标。实现人文主义科学性的特色就需要在文体课程中，按照人文主义科学性特色设定情感总体目标，记事文动之以情、议论文晓之以理，而论说文则育人于知识。比如可以将记叙文的情感目标设计为"引导学生树立正确的三观"，可以将说明文的情感目标设计为"培育爱科学技术、爱自然的思想感情"，可以将议论文的情感目标设计为"培育明辨是非的能力，提高思维的能力"。

目标设计上还应落实语言实践性的特点，语文有强烈的实用性。因此，学校教授语文课的一项基本目标是培养学生使用语文的实际能力，而培养语文能力的最主要渠道就是在日常生活中实践。

四、学生身心成长特点

从实质上说，语言教育任务是对一单元、一段课文或某个课程的教学活动之后发生在学生行为和心理改变的预测。因此，要从教育任务上表现出学生的行为和心灵将发生什么样的改变，有怎样的表现，需要做到何种水平等等。为了实现上述目的，教育需要理清内心意识、情感状态和外在行动间的联系；在此基础上力求通过表达行动的改变来反映心灵的改变，使教育任务既不致抽象笼统，又能充分体现他们掌握语言的需要。每一个学生的能力、性格、志向、信仰、思维、精神、毅力等，均要有所培育与开发。现代教学思想指出，语文教学并不是简单的仅仅从提高语文能力出发，是为了让语文教育面对全体学生，让每个学生的人格得以充分展示，能力得到充分的提升。

---

① 刘晶晶.语文学科核心素养：内涵及构成［J］.教育探索，2016（11）：17-20.

五、语文教学目标设计策略

"教学内容"是指"学校传授给学生的知识、技能、技巧、思想、观点、信念、言语、行为、习惯的总和"。语文教学内容,就是在语文教学中教师向学生呈现的种种材料及传授的语文知识、技能及相关的信息。

语文作为工具性和人文性相统一的学科,在教学内容的设定上我们就要全面地去接触。从纵向看,有知识与能力、过程与方法、情感态度和价值观三个方面;从横向看,有识字与写字、阅读、写作、口语交际及综合性学习五个领域,而且三个方面和五个领域又相互交叉,每一个领域都要体现三个方面,每一个方面都要融合到五个领域中,从每篇课文的形式、内容,这样,就衍生出一个语文教学内容的立体网络。不仅五大领域的目标都要体现三个方面的内容,而且,每一领域又都包含众多子系统,子系统下还可以再分为若干项目。所有这些"点"都涉及"知识与能力""过程与方法""情感态度和价值观"三个方面,这样,语文教学内容就成了一个立体交叉的复杂结构,一个有序严密的庞博系统。

教学的根本就是课本。而高中语文课本主要是由以下几个部分组成,分别是课文、注释、基本思维与训练、语文知识,以及会配有必要的插图和附录。语文基础知识又包括以下四个方面,分别是文体知识、语言知识、文学常识、读写知识,它具有基础性和系统性,当然是语文教学必不可少的内容。课文是语文教科书的"血肉",它是阅读、写作、口语交际训练的材料,通过课文的教学,学生学习如何理解和表达。同时,思想内容和表达形式始终是血肉相连的,所以课文也是实现"情感态度和价值观"这一方面目标的重要凭借[①]。

六、语文教学方法选择策略

(一)教学方法的内涵及种类

语文教学的方法是根据语文课程的特性,根据高中生的生理、心理的特

---

① 杨若男. 语文核心素养研究 [D]. 石家庄:河北师范大学,2016.

征和实际的认知状况，为达到特定的课程目标，实现特定的课程任务，与教师共同参与中进行的具体的方式、手段与方法。在语文课堂教学中，有效的方法常常不止一种，这就要求方法间的高度配合，教师应明确以哪个为主，哪个为辅，分工明确，组合正确，力求发挥教学方法的最大作用。常用的语文教学方法有以下几点：

1. 讲授法。讲授法是语文课课堂教学中最基本的方式，是教师利用口头语言（一般是口头话语）向学习者系统地传递基础知识、进一步发展学生智力、锻炼学生性格的方式。授课法一般分为叙述法、解说法、评析法、串讲法和批评法。叙述法通常用于说明写作目的和历史背景，介绍教材内容，描摹情景氛围，说明中心理念，总结文章特点等。教师要吃透教材，把握教学内容精髓，突出重点，攻破难点，将最能体现内在规律的东西教给学生。讲授法的关键就在"授"，教师采用解说与注释的方法来解释语文基础知识，重点用于解释词语、难点解析、概念解释、历史典故、解释名物典章制度等方面。评析法一般是指教师采用点评、分析的方法来解释语文基础知识，将重点用来分析课文内涵、评析写作的特点、讲评作业作文等。串讲法一般适合于思考内涵深刻、文字艰深的课文结构，尤其是对于文言文教材。而批评法一般是对文字写作技巧和思想内涵予以批评圈点，并说明其优秀之处，有时也对重点词语或重要词句作一些注释。

2. 诵读法。诵读法也是语文课堂教学中最常见的教学方法之一。诵读方法主要是指通过反复诵读，疏通语言，以感受意思与情感，从而了解思想内涵，同时训练语感，培养朗读技能，积累语言素材，以提高对语言的感受性与记忆力，进而提升语文素质。诵读方法主要分为朗读、吟唱、朗诵等方式。诵读是将书面语言转换为口头语言，它可以提高语感，通过练习语言，再现文本意境，以增强语文感受，从而训练学习者的记忆力、语文感知能力以及口头语言表达能力。而吟唱则是按相应的语言韵律来朗诵作品，通过由声入意，以韵求意，以体会作者的思想内涵与韵味情趣。诵读主要是指通过记忆念出听过的文字词语，在理解的基础上熟读而成，通过诵读还可以积累大量的语文素材，从而提升语文基本素养。

3. 议论法。议论法是利用教师之间的回答提问和展开讨论，来进行语文教学任务的教学方法。议论教学法主要分为谈话法和议论法。谈话法是指教师根据特定的要求向学生提出问题，并让学生解答问题，或采用问答的形式来指导学生掌握或巩固基础知识的教学方式，其实是启发学生掌握分析问题、解决问题的过程。而议论教学法是在教师精心运筹下，以集体的小组形式，围绕某一教学重点或专题，进行讨论或争辩，并从中获取知识、开发学生智力的一种教学方式。

此外，根据语文课程的教学特点，也可以选择读写结合法或者情境教学法。读写结合法就以读学写，以读促学，通过与读写的紧密结合，达到与读写水乳交融共同成长的教育方法。情景教学法是指按照高中语文教育的基本内容和课程目标的实际需要，通过运用各种教育策略与方法，创造适合于学生学语文的最佳环境，让他们触景生情，入境心会意，进而掌握语言，发展智力，熏陶人格情操。

（二）语文教学方法的选择

第一，按照教学规律和教学原则选用教学方法。教学方式的选用与实施，都应当按照教学规律和教学原则。它们是不以教师的教学意愿为转移的客观存在，而它们又是对课堂教学原理的客观体现，是对课堂教学中诸因素内在联系的科学总结。例如，在高中语文的课文教学活动中，教师应适当运用朗读法和议论法。

第二，根据教学目标而选用方法。任何一节课中，都有具体的教学目标，如果方法不同，则必须选用不同的方法，并选用与教学目标相适应的、有助于完成教学目标的方法。比如，讲授写景的文字时，适宜采用感受法；讲授说明性文字时，适宜采用实物观察法；讲授议论文时，适宜采用辩证法或讨论法。

第三，依据教学内容选择教学方法。在课程的选用与实施活动中，内容起着基础性的、至关重要的作用。由于方法是内容的运动形态，所以教学内容决定了教学的运动方式也决定了教学方式。课程的优化选用需要依据课程的特点与内容的性质，选用合适的教育方法并进行优化组合。比如，讲授诗歌时，适宜采用诵读法和鉴赏法；讲授戏剧时，适宜采用表演法和情境教学法。

第四，根据教育过程选用教学方法。一个全面的、科学的教育过程，必须与各种教学模式有规律地结合。比如，在每节课开始的时候适宜采用诵读法，每节课的中间部分适宜采用诵读感受法，每节课的结束阶段适宜采用讨论法和谈话法。

第五，依据学生特点选择教学方法。在整个中学阶段的语文教学中，学生的语文学习心理，随着年龄的增长会不断发生变化。因此，语文教学方法的选择必须适应这种发展的心理变化。良师教学若良医用药，病万变药亦万变，学生万变教法亦万变。同时，教学方法还要配合形成学生的学习方法。这就要求教师在教学过程中，要全面地考查和把握学生知识的构成特点，选择适应的教学方法。在符合学生特点的前提下，做好相应的教学工作，完成教学任务，达成教学目标，更重要的是通过合适的教学方法，以辅助学生形成符合自己习惯的学习方法。比如，能力较差的学生适宜采用讲授引导法，能力较强的学生适宜采用点拨指导法，能力很强的学生适宜采用自由探究法。

第六，根据教师素质选用方法。一切教法都应该根据老师的实际教育来进行。教师应依据自己的素质，选择最适宜自己的方法，如此，使用起来才得心应手。教师的素养特点，如知识结构、知识结构、心智结构、人格结构等，这些特点均与教师教学方法的选用密切相关。教师教学方法的选择，往往只能符合教师的素质要求，并为其所掌握，才能够起到其效果。比如，素养较低的教师适宜采用讲授为主、讨论为辅的方法，素养高的教师适宜采用讨论谈话为主、讲授为辅的"茶馆式教学"法。

七、导入与收束设计策略

（一）导入的含义与特征

语文教学的导入阶段，是在语文教学的开端，老师要从此段教学的主要内容入手，并采取相应的教育手段，以充分调动学生的读书热情，唤起他们强大的探索求知欲，使其形成动机，确定教学目的，并从而将目光聚焦在内容上，同时，利用各种教育方法，给学习者以美的体验。[①] 具有教学实践经验的教师总是多角度、深层次、全面地重视课堂教学的物流活动，并且精心设计课堂的突破口，掌握好导入这一关键。导入具有以下特性：

[①] 王书军. 浅析高中语文课堂教学设计与教学手段的运用 [J]. 中国校外教育，2009（08）：54.

1. 启导性。导入的启导性是指它的启示和诱导性,这是由引导的实质所确定的。教师一方面将学习者"导"入正规的课堂教学当中,另一方面又将学习者"导"向未来世界,让学生在潜移默化中认识教师所教导语言的意思与目的,这也就是导入过程具有指导性的关键所在。

2. 概括性。导入的高度概括性,主要是由引言的短小形式来决定的。如果引言要短小精悍、高度概括、言简意赅,它的内涵就一定是高度归纳的、提炼的、升华的,同时也要丰富的。

3. 定向性。导入的定向性是由导语的驾驭功能、总领功能决定的。导语对整个教育流程和环节都具有某种或明或暗的定向功能。它虽然小,但它在课程开始时,为整个课程设定基调,并确定走向。

导入的重点是综合筛选。但导入并非目的,只是工具。导入作为每节课程中的有机部分,其基本目的就是让学习者对每节课需要掌握的新知识点有全面的心理准备,从而更加全面地投入学习,以期达到学习的目标,所以必须在进行导入前,先预习所要介绍的新知识。首先,导入的内容要尽可能接近学生的生活实际;然后,导入的知识内容要尽可能接近于教材,并同教师所教的知识点紧密联系,而不是离题万里、生拉硬扯。同时导入的教学内容也要力求新奇好玩,以调动学生的学习动机。

导入的设计,应注重把最新的知识给予学习者,切不可千堂一调、万课一腔。这要求老师从多方获取与授课内容相关的资料,细心甄别,精心组织。引入的内容要推敲。当导入内容确定以后,就必须认真斟酌导入的语言。总的来讲,导入的语言需要精炼、确切、具有创造性,同时还要适合于教学内容本身。而导入语言最关键的一项条件就是"准确",而导入语言表述的准确性,并非仅仅指通常意义上的语言正确,而且是说老师的问题应和所希望的答案必须保持方向一致。只有这样,我们才能在发问以后,获得最希望的正确答案。

导入的形式也要多样化。导入的方式多种多样,在设计导语时要注重文字交叉使用。每堂课文,或每篇课文都用一个模式的文字引导就起到不了调动学生兴趣、引人入胜的效果。文字引导的时限也要控制。导入技术所占用的时间一定要简短,但最多也不要大于 5 分钟。如果占用时间太长了,又有喧宾夺主之嫌,那也就从根本上背离了使用导入的本意了。虽然时间也不要过多占用,但又要发挥应有的效果,时间必须经过仔细提炼:要精选好内容,不能采用时间过长的材料；词汇一定要精炼、确切，不能拉拉杂杂、没完没了；在方法的选用上，要贯彻省时的原则。

（二）收束的含义与特征

收束是整个课堂教学过程的最后一环，也是非常重要的一环。对于局部知识点或者整体知识的介绍，教师在此过程中将进行概括、汇总与提高，并且要求延续、扩展，转换到未来的、新的知识；又或是把学过的知识，通过学以致用，变成知识的实际。它是课堂必不可少的组成部分，是老师聪明才智的凝聚、创新活力的体现，也是评价一位老师课堂上能力强弱的关键所在。好的收尾不但可以给每一节课画上一个完满的句号，甚至有时候还可以达到画龙点睛的效果，并能为下一节课的开展抛砖引玉。收束具有如下特征：

1. 收束性。收束环节的收束性，是由它在整个教学过程中所处的位置决定的。它不仅是前面各环节的自然收尾，同时也带动了知识前进的收结或暂告一个段落。

2. 归纳性。收束环节的归纳性，主要指它对教师前面所讲知识的梳理作用、归结作用、整理作用和系统化作用。

3. 延伸性。收束环节的延伸性，是由它对新旧知识衔接的作用所决定的。这种延伸既是过渡，又是升华，更是联系学生实际的学以致用，从而使所学知识更实、更活、更有用。

我们在收束设计也有要求，水到渠成，自然贴切。结束技能的运用要做到水到渠成，顺理成章，自然贴切，该收则收，该结则结，与前面的教学环节衔接自然，浑然一体，天衣无缝。

1. 前呼后应，首尾圆合。教学结束要做到前呼后应，首尾圆合。要注意照应前面的知识难点、要点；注意概括和集中；注意哪些问题应该突出，哪些知识应该强调；注意前面讲解中留下的伏笔和运行线索；尤其要注意导入的定向性指意与暗示，在此时要一一收结，一一关照。这样处理过之后，才能使整个教学环节前后照应，严谨圆合。突出中心，叶落归根。导入是教学活动的开始，中间它要经过若干教学环节，运用各种教学手段，最终它也要回到自己的原点和起点。教学的原点是所教内容的中心与主旨，所以教学活动最终要指明所教内容的中心。

2. 语言精练，收不离义。结束用语一定要精当，要言不烦，提旨点要，在教学活动的结束时刻，教师要注意用极精练的语言，点明要害，揭示主旨。联系实际，学以致用。有经验的教师在教学结束之时，都有意引导学生将已学过的知识或内容与现实相联系、相结合，尽量使之学以致用，或培训技能，或诱导创新。

3. 结而不死，善于开拓。结束的真正含义，只是收拢、收结，而不是结死、封死。因此，要求教师在运用结束技能时，善于将收结作为新的起点、新的生长点、新的发挥点、新的开拓点，从而将旧知引向新知，将旧课渡向新课，将知一推向反三，将思维引向开阔。这样就结而不死，且充满活力。

4. 形式多样，生动活泼。收束形式要多种多样，教师在实际操作时，要注意变换形式和方法，变换语音和声调等等。不要拘谨呆板，保留一个格式。要根据需要，根据情境，根据自身条件，根据学生的不同程度，灵活生动，富于变化，使结束绚丽多姿，采用多种有效方式，使教学结束这一环节有声有色，妙趣横生。

5. 绕梁三日，余韵不绝。收束时要格外注意语言运用时的韵味，如橄榄在嘴里，愈嚼愈香，才能使人回味、思考，所以在使用收束技巧时，语言切忌浅薄、直白、淡而无味。要充满深意，或者具有创造性，富于开拓意识，又或者有一点含蓄，给学生一个自由思考与探索的空间，让学生去钻研，去进行思考。

八、讲解与提问的设计策略

（一）讲解的教学设计

讲解是指由老师从实际的教学情况出发，根据特定的教学方法，选择灵活合理的讲述方式，并利用口头方式给学习者讲解基础知识、培养能力和培养智慧等知识的教学活动，是实现教学目标的主要手段，而讲解的效果也直接影响着教学质量的高低。在具体的教学中，老师的讲授方式必须保持科学性与艺术性的结合。在有关讲解的课程设置上，我们也必须坚持这样的一些原则：

1. 直切要点，具有科学性。这是要求老师们要用严谨的语言、精确的语句来分析综合、推理判断。而教学目的就是传播科学知识，这就是要求教师使用科学的语言，做到语言周到严谨、含义精确、不生歧义。

2. 通俗易懂，具有大众性。教学的目的是要让学生掌握教学内容，所以，教师讲话首先就要让学生听得懂，听得明白，这就要求教师要用大众化的语言，讲得通俗易懂、深入浅出。

3. 简明练达，富有逻辑性。这是要求教师的授课语言简练明朗、干净利落，既精确又洗练，句句贯通，联系严密，层次分明，富有内在的逻辑能力和高度的概括水平。

4. 生动活泼，具有形象性。这是要求教师的讲授用语必须鲜明活泼。课堂本来是庄重而严肃的，学生在学习时往往会因为课堂氛围严肃而拘谨，渐渐地由主动学习转为被动学习。结合教学内容，讲授鲜明活泼、生动形象，俚语典故历史故事的穿插，往往会使得本来严肃沉闷的教学活泛起来，讲授也具有一定的趣味性，学生的被动学习将会转化为主动学习。

5. 抑扬顿挫，具有感染性。教师讲授的声调要有变化，发音高低、音量大小、速度快慢都要根据教学内容的主次、详略、难易程度和课堂的现场情况的不同而变化。

6. 详略得当，具有适宜性。教师不仅要"传道、授业、解惑"，更重要的是要提高学生素质，培养创新能力，不能"一刀切""一锅煮"，必须目标明确，清楚实在，要善于把握中心，撷取重点，抓住全文纲领。有所舍，才能有所获；有所不为，才能有所为；为强干，就要削除旁枝；为保苗，就要铲除荒草。当详则详，当略则略，全盘在胸，果断处理。

7. 深浅有度，具有层次性。深，指课文钻研精深，浅，指语言表达浅显透明。学生的年龄特征、认识水平不同，教材的体裁、内容各异，教师在课堂讲解中应遵循"可接受性"原则，进行深入浅出地讲解。教师对教材钻研精深，才能平易浅出；而非平易浅出，就不能使人人理解。教师要根据不同课文采取不同的讲解方式，深课文可以浅教，浅课文也可以深交，有时需细腻详述，有时需着意点拨，深而有度，浅而有法，环环相套，节节相通，使课堂呈现摇曳多姿的曲线美。

8. 展收到位，具有精彩性。一堂课要撒得开，也要收得拢。课堂讲解开头要精彩，起句要引人，三言两语就要抓住学生的心，引起他们的兴趣，进而打开他们的思想通道，这样才能展得开，铺得平，夯得实。讲到"火候"，要关闸断流，明快作结，见好就收，给学生留下无穷想象的余地。

9. 疏密有致，具有平衡性。课堂讲解的任何步骤和阶段，都有教师、学生和教材之间的协同作用，教材有密有疏，课堂节奏也应有密有疏。新课开篇应是"多密度""重负荷"的运动，教师应趁学生兴趣正浓、锐气正盛，抓紧深入强化，把有效时间用在刀刃上。之后再调整疏密，可以继之以舒缓的小插曲，回味切磋，使学生愉悦地度过一节课。

10. 断续结合，具有节奏性。每一节课的教学都渗透着动态节奏，每一节课的教学不能平均用力、匀速前进，而是要有间歇、有休止。教师要善于加上休止符，呈现教学过程中的小链条。断续间隔、互补，创造富有节奏的课堂气氛，既要有"续"，又要有"断"，时断时续，使课堂讲解呈现出节奏美。

(二) 提问的设计

提问是指教师在课堂中，针对学生现有知识、技术、经验以及当前的心理水平，从内容、目的、特点等出发设置提问，并引导学生对提问者加以回答、探讨，得出结果，并借此熟悉学生的学习状况，让学生更进一步地了解知识点，进而掌握技巧、形成能力、发挥智慧的一种课堂教学方法。在提问的过程中我们要坚持以下一些准则：

1. 难易适中，注重科学性。提问并不是要我们单纯地回答对和不对，要以思考性的问题为先，从问题的最近生发区开始入手，让他们"跳一跳才能摘桃子"。如果一些难度很大的问题，提出前要注重前期设有铺垫性的问题。

2. 新颖别致，注意趣味性。问题的表现形式与角度都要新颖而别致，让学习者形成强烈的兴趣，进而积极思考。

3. 因势利导，注重实用性。课堂形式千变万化，教师在发问中应注重于针对情况有针对性地提出。既不能不顾课堂教学形式的改变而生硬地照搬课堂中设置好的问题，更不能在问题回答不上来时就一个劲地追问，而要多用引导的问题启发或诱导他们。

4. 面对全体，注重广泛性。班级中每一位学生都有自身的特点，对于每一位学生的特点提问，应善于设置难易不同的课题，使全班程度差异的每一个学生都有经常接受询问的时间，而不要只询问个别"尖子生"。

九、板书设计教学策略

合理的板书设计，可以结合教师讲述的教学活动内容，给学生提供关于知识信息的视觉通道的信息，使学生与从听觉得到的信息彼此印证、相互衔接，有助于知识建构；也可以提示知识信息的线索与结构，从而推动知识点的条理性与系统性发展；可以为识记、保留、反映课堂知识提供线索，成为教师把注意力聚焦在共同知识的现实载体，以便提升课堂效果，达到理想的效果。在板书设计的过程中应遵循以下几点准则：

1. 求实，富有直观性。板书是为教学服务的，它一方面要有利于学生梳理、积累知识，帮助学生理解、概括课文、启发思维、提高能力；另一方面，要便于教师施教，实现教学目标，完成教学任务。所以，板书设计必须具有实用性、可操作性。另外，板书是以"纲要符号"的形式作用于学生的视觉的，所以还应强调直观、通俗易懂。

2. 求准，富有科学性。语文板书要准确地反映课文，要客观地表现教材，要科学地图解重点、难点、疑点，做到语言文字正确规范，内容概括完整、系统，结构严谨、逻辑严密、形式活泼，富有表现力。

3. 求精，具有简练性。板书最忌烦琐啰唆，动不动就来个"满天星"，写在黑板。那些事无巨细、面面俱到、繁琐冗长的板书设计，一则很容易冲淡问题难度，面面俱到就相当于"猴子扳苞谷"，二则会占用教师有限的上课时间，严重影响课堂效率。所以板书设计者应该加以磨炼，炼字炼句、炼音炼色、炼趣炼味，以做到书之有度。

4. 求序，富有条理性。文章写作讲究顺序，教学中的板书也应在一定程度上反映这种顺序，作品的线索顺序、情节发展、性格心迹、游踪线路、思路文路……都为板书的条理性提供了设计的依据，因此，板书应富有条理。

5. 求新，富有独创性。现代社会要求培养学生的创新能力，要做到这一点，首先教师要能创新，体现在板书上，那就是不仅要会编写书面的教师板书，而且还要会编写符号形式、图表格式、图表的板书；不但能使用传统板书（黑板板书），更要能使用现代板书（电教板书）；不但要能清楚、正确、精要地体现教学内容，更要设计符合心理规律的、令人耳目一新的形式。总之，语文板书应丰富多彩，要经常变化，时有创新，做到新颖性、趣味性、灵活性、多样性相结合。

6. 求美，富有艺术性。美观大方的板书，能使学生赏心悦目，折服于教师；相反，乱七八糟的板书，不但影响学生的学习效果，而且会给学生留下不好的印象。那么，怎样才能使板书富于美感呢？首先，粉笔字应工整规范、流畅醒目，教师的字虽然不一定都达到书法家的水平，但是每个人都应具备毛笔、硬笔的基础知识和基本能力；其次，板书的设计要新颖独特、变化多样、生动灵活，不要千篇一律都是一个模式，提纲式、图示式、情节式和形象式板书可交替使用、综合运用；再次，要安排好板书在黑板上的布局，布局不同，得到的效果也会有很大的出入。

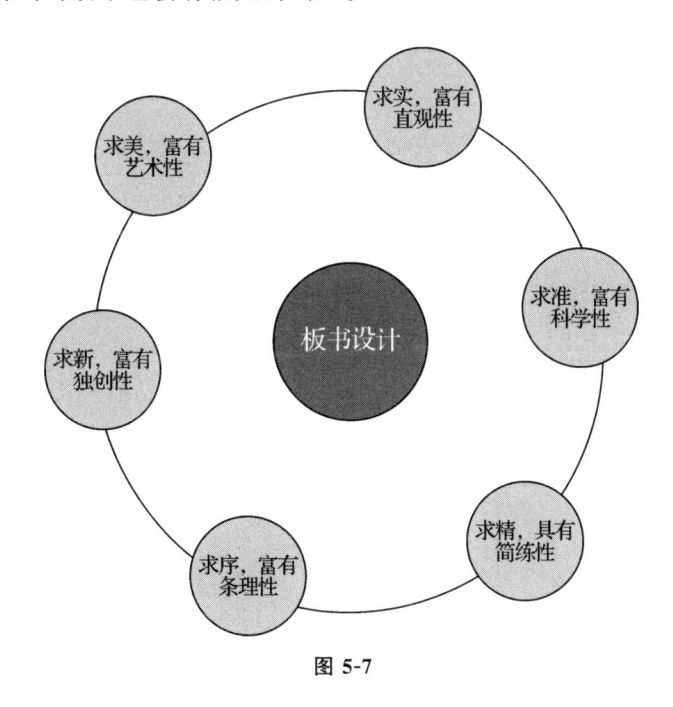

图 5-7

十、教学评价设计策略

教学评价似乎是由教学目的、原则、内容和方法等派生出来的环节，但它是不可缺少的承上启下的环节，是推动教学不断向前发展的重要环节。"语文教学评价"是依据一定的教学目的和标准，在系统搜集资料并加以分析的基础上，对教学过程及结果所作的价值判断。[①] 语文教学评价主要以教师和学生作为评价主体，以学生的学习状况作为评价客体。语文教学评价实际上包括两部分工作：（1）搜集评价对象的相关资料并加以分析；（2）对评价对象的学习状况进行价值判断。现在，人们越来越注重评价作为学生认识自我和发展自我的实践过程的作用。语文教学评价有以下几个特点：

1. 诊断性

强调诊断性功能的主要目的是改善教与学，并需要评价适应与发挥每个人的能力与能力发展倾向，而以目标完成度的评估取代了传统的以等级与甄选标准为主的评估。

2. 全面性

目前对学生的评价多采用测验和考试，这通常只能测量学生学习的一部分，对于那些最有意义的学习方面。如学习动机、情感以及态度方法等，必须采用其他方式来测量，这样才能做到评价的全面性。

3. 多元化

所谓多样性，是指评估主体与评价手段的多样性，在不同方面运用各种手段对教学质量作出评估。

语文课堂教学评估同时也具有测试学习成绩、评估教学方法、考核管理水平、收集反馈数据、预示发展走向的作用。

第四节　高中语文核心素养提升策略

一、教学目标的具体实施内容

语文教学目标有着丰富的内容，为了更清晰地把握这些内容，根据目标设计的理论与现实依据，我们可将语文教学目标设计作以下分类：

1. 从课程的三维目标出发可以分为：知识与能力目标、过程与方法目标、

[①] 全国十二所重点师范大学联合编写. 教育学基础 [M]. 北京：教育科学出版社，2007：198-199

情感态度与价值观目标。知识与能力目标：基本知识主要包括人类生存所不可或缺的核心知识和学科基本知识；基本能力包括获取、收集、处理、运用信息的能力，创新精神和实践能力，终身学习的愿望和能力。过程与方法目标：主要包括人类生存所不可或缺的过程与方法。过程指应答性学习环境和交往、体验，方法包括基本的学习方式（自主学习、合作学习、探究学习）和具体的学习方式（发现式学习、小组式学习、交往式学习等）。情感态度与价值观目标：情感态度不仅指学习兴趣、学习责任，更重要的是乐观的生活态度、求实的科学态度、宽容的人生态度。价值观不仅强调个人的价值，更强调个人价值和社会价值的统一；不仅强调科学的价值，更强调科学的价值和人文价值的统一；不仅强调人类价值，更强调人类价值和自然价值的统一，从而使学生内心确立起对真善美的价值追求以及人与自然和谐和可持续发展的理念。比如我们在《师说》这篇文章的教学目标设计中，我根据三维目标设计成：

知识与能力目标

1. 了解有关"说"的文体知识，了解古文特点及韩愈在文学史上的地位。

2. 指导学生通过翻译课文，掌握、积累文言实词虚词以及词语的特殊用法、特殊文言句式。

3. 了解文中所采用的论证结构，学习正反对比的论证方法。

过程与方法目标

1. 通过阅读和翻译课文，积累文言知识。

2. 教师点拨，学生自主探究，学习借鉴本文正反对比的论证方法。

3. 分析文章的整体思路，引导学生背诵全文。

情感态度与价值观目标

点燃学生继承中华民族传统美德的热情，古为今用，树立尊师重教的思想，培养谦虚好学的风气。

图 5-8

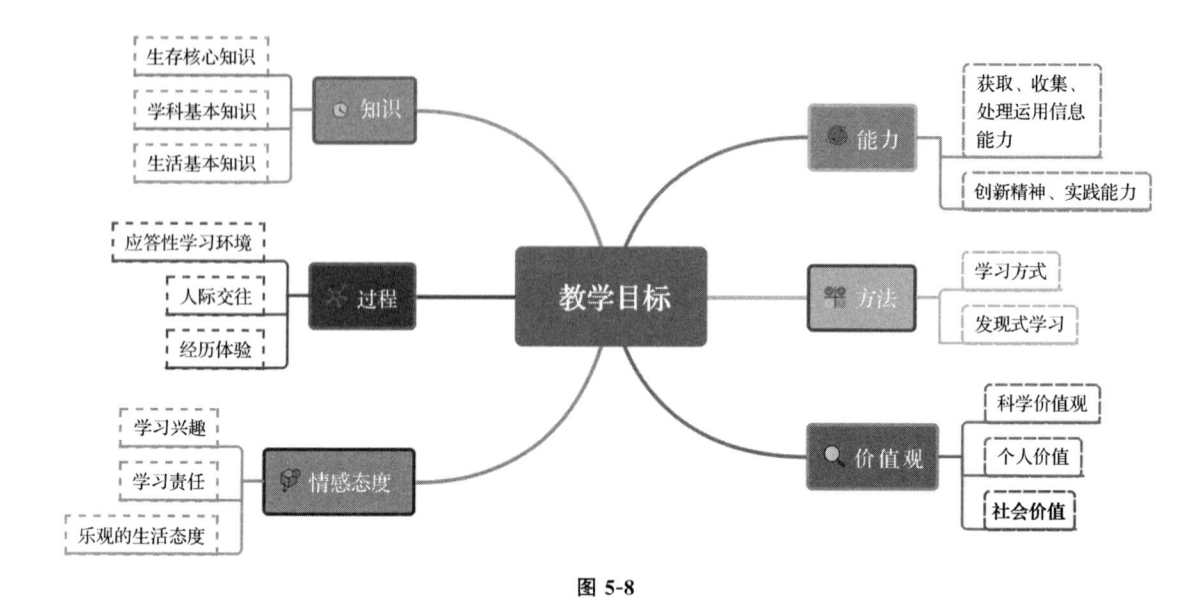

2. 从目标行为方式出发可以分为：结果性目标和体验性目标。

结果性目标是告诉人们学生的学习结果是什么，"知识与技能"领域多是结果性目标。体验性目标是描述学生自己的心理感受、体验或明确安排学生表现的机会，主要应用于"过程与方法""情感态度和价值观"方面的目标。语文教学设计中结果性目标的学习水平可以分为以下三类：

（1）了解水平。这是语文结果性目标中最基本的学习水平，它要求学生具有一定的语文基础知识积累。

（2）理解水平。这是结果性目标中的第二个层次水平，它要求学生能够对所学习的内容进行归纳和整理，形成自己对文章的初步理解。

（3）应用水平。这是结果性目标中的最高层次水平，它要求学生掌握一定的语文知识和方法，并将其灵活运用。

3. 从思维（学习过程）出发可以分为："积累·整合""感受·鉴赏""思考·领悟""应用·拓展""发现·创新"五个方面的目标。这五个方面可以分为三个层次。第一层次是"积累·整合"。它符合学生的认知情况，在积累的同时，强调学生对所学的内容进行不断地梳理整合，以实现言语经验的系统化和结构化，使得学生语文素养的各个方面能够融会贯通、整合为一体。"感受·鉴赏""思考·领悟""应用·拓展"是第二个层次。它呈现了语文学习活动的主要过程，突出了高中语文课程着重培养学生应用、审美和探究能力的基本思路。"发现·创新"是第三个层次。它是从语文探究、创新方面对学生的语文学习提出更高的要求，体现了语文素养培养的更高目标。这五个方面的目标是从学生的思维水平和学习过程的角度进行分类的。比如在上面的"继承中华传统文化"就属于"创造·发现"类的目标。

一般情况下，语文教学目标表述的基本要素有四个：行为主体、行为动词、行为条件和表现程度。

（1）行为主体应是学生，而不是教师。因为判断教学效果的直接依据主要是学生有无进步，因此，语文教学目标陈述必须从学生的角度出发，行为主体必须是学生。尽管有时行为主体"学生"两字没有出现，但也必须是隐含着的。

比如，在教学设计时，可将教学目标设计为"学习借鉴本文正反对比的论证方法""了解义中所采用的论证结构"。应该注意的是，在设计教学目标时，教学目标的陈述主体一定是学生，教师起引导的作用，尽量少地使用"使、让"等带有命令语气的词语，比如"使学生领会作者不满现实、向往光明的精神""使学生的口语能力得到锻炼、思想认识得到提高""使学生体会作者写景状物的方法""使学生通过关键词句的分析，把握文章的语言特色""让学生了解有关词的知识""让学生更加热爱高中、关心高中的事业""教育学生应坚定思想、树立正确的价值观"等等。

（2）行为动词尽可能是可测量、可评价、可理解的。行为动词是目标陈述的谓语，要说明通过学习后，学生应能做什么，做到什么，这就要求教学目标中的行为动词应力求具体、明确、可观察、可测量，而不应是笼统的、含糊的，以便于教学时把握和评价时适用。比如，在"知识与能力"方面我们可以使用诸如"学习、熟悉、了解、识记、回忆、认识、熟记"等准确的动词，在"能力目标"方面我们可以使用"运用、应用、使用、说明、分类、概述、归纳、概括、判断、提供、预测、推断"等词，准确表达教学目标。

4.行为目标的陈述有两类基本方式：结果性目标陈述方式、体验性或表现性目标陈述方式。结果性目标陈述方式明确告诉人们学生的学习结果是什么，所采用的行为动词要求明确、可测量、可评价，"知识与技能"领域多是结果性目标。体验性或表现性目标的陈述方式描述学生自己的心理感受、体验或明确安排学生表现的机会，所采用的行为动词往往是体验性的、过程性的，这种方式指向无需结果化或难以结果化的目标，主要应用于"过程与方法""情感态度和价值观"方面的目标。

二、教学内容的具体优化内容

我们的教学内容主要需要在融合语文核心素养的基础上凸显教学内容的育人功能，努力优化教学内容。课程标准指出："语文课程应致力于学生语文素养的形成与发展""充分发挥语文课程的育人功能"。为了实现这一目标，我们应把学生的发展放在首位，合理组织教学内容。

首先，要用超前的思想力求具体内容的优化。传统教学过分强调量力性、系统性，主张一切适应现有水平，习惯于无差度、慢节奏的所谓"循序渐进"。教学的本质在于从适应到发展，这种被动迁就、消极适应，必然压抑学生才智的发展。超前教育的思想，就是要使教学内容有适当的难度，在现有的水平上设置"跳板"，激励"起跳"，保持"小跑"的速度，从而不断获得发展。

其次，要用系统的方法力求教学内容的整体优化。语文教学内容是一个多层次、多结构、多要素的复杂系统，而系统的魅力就在于整体，"整体的功能大于各部分功能之和"。从横向整体看，要注意处理好左右关系、主次关系、点面关系，既要体现综合性，又要突出轻重感，防止面面俱到、蜻蜓点水，或顾此失彼。从纵向整体看，要努力使教学内容系统化，建立科学的网络结构，达到"有序性"与"科学性"的高度统一。目前所使用的语文教材大多是"文选型"教材，或以时间为序，或以程度为序，或以作家为序，或以文体为序，或以内容为序，百花齐放，各有所长。但是，语文教学是以提高学生语文素养为宗旨的，教学内容的系统，不能只是从文选系统的规律出发，还必须从学生语文素养提高的规律出发。

（1）精选教学内容，明确教学重点和难点。要选择适宜贴切的内容。第一，与目标无关或关系不大的内容必须删除；第二，所选内容在学生的"最近发展区"内，既以学生的心理水平为基础，又有发展性；第三，所选内容要有启发性，能锻炼学生的思维，启迪其心灵。明确教学重点难点的依据是教学目标、学生现有水平、教学内容的特点，应做到重点突出、难点分散、疑点明确。

(2) 优化和重构语文课程资源。语文教学内容设计应该沟通课堂内外，充分利用学校、社区、家庭的课程资源，开展综合性学习活动，拓宽语文学习的空间，让学生更多地接触语文材料，增加他们语文实践的机会。要创设语文学习的环境，设计多种形式的语文学习活动，增强学生在各种场合学语文、用语文的意识，多方面地提高他们的语文素养。语文课程资源的优选和重构，是语文教育生命力的表现。

在教学形式上我们也可以用一些新的科技媒体手段，但是在使用的时候我们要正确处理主与辅的关系，讲究实效。使用现代化教学媒体不是教学目的，而是一种教学的辅助手段，要突出语文学科教学特点，不可喧宾夺主。

三、导入和收束的具体优化策略

1. 导入的具体优化策略

导入要从学生实际出发。学生是语文学习的主体，教师教学内容的好坏，往往都是要通过学生的学习成绩得以体现的。因而，作为教学内容一部分的导入，要从学生的角度出发，符合学生的实际情况，用学生能够理解的内容来进行，充分配合学生的不同特点。如下几种类型是最有效且最实用的方法：

(1) 开门见山，揭示中心

开门见山，是一种比喻。"开门"就是教学开始，"见山"的"山"是指本堂课的核心要点。这种方法是利用精练的语言，将本课的讲解中心简短揭示出来。

(2) 解题释义，进入课题

题是文字的眼睛，精准精炼的文题具有画龙点睛之妙。正确把握问题，条分缕析，将会收到事半功倍之效。将介绍与研究论文问题纳入本教材的内容，一方面有助于学生从总体上理解本文要旨，理解编者的精心设想；一方面又能够帮助他们进一步地掌握论文主题和文章的紧密联系。

(3) 背景介绍，便于理解

背景即背后的内容、故事，更具体是包括了小说形成前后作者的写作原因、构思，以及小说形成之前的社会景况、环境和相关事实，以上所谓的作家背景、时代背景、内容背景等，都可以成为小说形成的原因。开场白向他们讲述创作形成的原因，帮助他们对创作全面深入地认识。

（4）借用名言，激发兴趣

"名言"泛指为人类所熟悉理解的寓意深远的格言、警句、诗歌、成语、对联，或典故等，具有振聋发聩的作用。有的名言来源于名家之口、名家之文，如中国古代教育家孔子在《论语》中的许多语句甚至可以脱口而出，如"有朋自远方来，不亦乐乎""学而不厌，诲人不倦"等，也有的名言是通过客观实践的验证，为我们所称道并在日常生活中应用的词汇、俗语、谚语，如"三个臭皮匠顶个诸葛亮""三人为众，聚沙成金"等。借鉴了上述名言，并运用在课堂上的方式进行，特别引人注目，新颖而别致，能调动和培养学生的学习兴趣。

（5）温故知新，自然过渡

叶圣陶先生说过："既要温故，又要知新，把以前读过的温理一下，回味那已有的了解和体会，效益绝不比上一篇来得少。"老师在课堂上，应重视承上启下，指导学生温故而知新，并结合旧知识，重新引入教学知识。结合过去学习过的知识，以旧知引入新知，并通过对他们曾经学过的和本课有关内容的关联开讲，来诱发他们的好奇心。不论是语言、形式或是内容，民族文化内容都是有可以关联的东西，即根据它们的同类或类似，抓其特点而生发起来，并连接将要学习的新知识，通过这种中介式的衔接之语给他们一种轻松顺畅、水到渠成之感。

（6）投石激浪，巧设悬念

教师通常一上课，就创造一个问题环境，让学习者把目光很快地聚焦在教师所问方面上，这也是最常见的思维导入方式。而教师所发问的范围，也通常以文章为核心向外辐射——或就作者、就文字的来源发问，或就情节发问，或就主题发问，或就文字的表达方式发问等。教师凡所发问，均有特定的思维力度，给学习者一个疑问，从而引发胸中思想的涟漪，为走进新课做铺垫。巧设悬念，诱发学生的学习兴趣；设计疑问，以引起学生学习积极性，而此法通常在课堂教学上是为教师对文章中的一些情节进行渲染，或故意不将谜底说明。如此才能引发学生进一步思索，首先让他们产生了束手无策之感，继而又经过对知识点的层层交代，最后忽然一抖"包袱"，说出答案，消除疑团。他们感觉豁然开朗，有"柳暗花明又一村"的快感。而排忧过后的愉快，又让他们精神更为激动，仿佛思想之舟驶入了科学的彼岸，实现了理想目的，他们顿觉精神更加爽快。

(7) 情感熏陶，创造佳境

古人云：感人心者，莫先乎情。情感是教育教学中的魂魄。在语文课的开头阶段，教师用富有感情的话语创造一个具体生动的情景，能激起学生的情感体会，并诱发学习者兴奋的心情，让学生的思维与情感同课文内容形成强烈共振。这个形式类型的引导，重在感染力，即以景感人、以情感人。

(8) 提出疑问，启迪思维

问题解答包括指名解答和集体问答二类。所问内容，学生可以从各个角度、各种方面提出，只要内容能够与正文讲解一致即可，而恰当的问题也能启发学生的思考。

(9) 讲述故事，吸引注意

故事引导是指：一、通过与课文内容相关的小故事，促进对主要内涵的认识；二、通过与课文内容有关的实际生活中的故事，巩固学生理解课文内涵的基础，提高和升华学生思想品质；三、从课文内容中引申出来的故事。它的优点是，教师讲解的故事，不仅能引起学生的注意，也能让学生在不知不觉中"悟"出故事中的道理，进而与新课件内容建立起学习联系。

(10) 利用实物，加深印象

"实物"，指真实之物、实际之物，包括有生命的，无生命的，或指仿照之物，或指标本。一般为小巧之物，或挂立于黑板，或置放于讲台，拿取方便，便于演示。由于使用了实物，有直观性、形象具体、真实感、可信性的效果，能够让学习者有直观的感性认识，从而增强对教学对象的印象，因此语文课教材要根据教学内容间或使用，让学习者颇觉新奇。

(11) 播放录音，活跃气氛

播放录音，是指将与课文内容有关的声音资料在课堂上播放，以诱发学习者的注意，如已谱为乐曲的古代诗歌，与音乐有关的戏曲演员唱腔等，都可以成为声音输入的素材。这不但便于学习者掌握音乐的内涵，也能让学习者在音韵、演唱欣赏上获得相应提升。这种引导方法拓宽了学生眼界，陶冶了学生性情，同时充实了课堂教学内涵，激发了课堂气氛，使课堂的教学更加活泼。

(12) 放映视频，直观感受

视频教学是现代化教育方式，属于直观教学。通过声、光、影像等电子信息技术的结合与应用，使目前的教育方式更趋多元化，通过声、光、影视等激发学习者感官，相比于单纯的灌输，其感知效应更好。这样的引导，不但使课堂别开生面，而且趣味横生，深受学生喜爱。

导入类型

01 开门见山 揭示中心
02 解题释义 进入课题
03 背景介绍 便于理解
04 借用名言 激发兴趣
05 温故知新 自然过渡
06 投石激浪 巧设悬念
07 情感熏陶 创造佳境
08 提出疑问 启迪思维
09 讲述故事 吸引注意
10 利用实物 加深印象
11 播放录音 活跃气氛
12 放映视频 直观感受

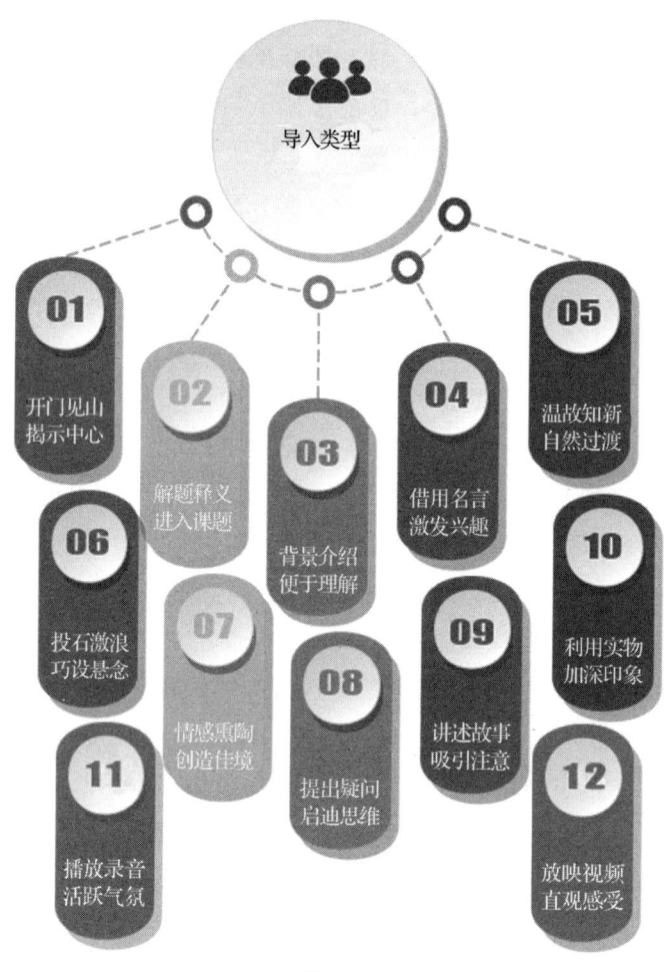

图 5-9

2. 收束的优化策略

在收束的环节，有几种方法：

（1）升华情感，引起共鸣

情感指人对客观事物能否满足自身的需求而形成的态度感受，同时也是人的心灵活动机制的核心。晓之以理，必先动之以情。所以，老师在课堂教学中应通过各种手段对学生实施情感的传播。这在课堂教学的最后一个阶段——文章收束处也不例外。在一般情况下，教师应根据文章中的重点知识点，运用饱蘸深情的文字，来创设一个特殊的环境，使得学生在情感上"共鸣"，从而产生课堂高潮。

(2) 总结回顾，强化记忆

当课堂结束时，由教师将课堂教学内容简明扼要地加以概括总结，让学习者通过总结在课堂上学到的知识重点、能力练习点等，把印记于大脑中的散乱知识点进行梳理，然后分条概括，并明确其线索，让它成为更便于记忆的形式。

(3) 点评议论，提高认识

点评议论法侧重于用具有思辨特色的话语激发学生的理性思维，从而提升自身的思想认识。一情感，一理想，二者兼顾不悖，互相弥补。

(4) 讨论归纳，复习巩固

教师在提出问题、学生积极思考并进行讨论发言的基础上，由教师或学生对讨论发言归纳总结，充分肯定学生的积极性和讨论发言的正确内容，同时对学生在讨论发言中所表现出的错误认识予以纠正，通过归纳使学生对问题答案有一个较完整清晰的认识。

(5) 板书收结，清晰明确

教师在讲课过程中，将重点词语逐步板书，最后将这些重点词语联结起来，点明中心，作为结束；或是在课文分析结束时，将提纲板书再勾画牵连，进行总结，起到直观、醒目、清晰、明确、便于记忆的作用。

(6) 诵读课文，重现情境

教师在课程将要结束的时候指导学生再次诵读课文，一是能够提高学生的诵读能力，二是能让课文中的内容和情境再次呈现在学生的脑海中，起到加深印象的作用。

(7) 布置作业，巩固所学

这是课堂教学常见的一个结束方法，虽然朴实简单，但却非常有用。这些方式都是对老师课堂教学水平的一次检验，是对学生学习效果的一次检验。布置作业的方式是多种多样的，总之要围绕"巩固知识记忆，激发积极思维，提高实践能力"这一总目标进行设计。

(8) 引入作文，读写结合

引导式写作是指学生针对课文内容，以及写作特点，设计写作训练，或是片段式的，或是全面性的，把老师所教知识，以及作品写作技巧，转换成学生的作文能力；既要有教师的具体指导，也要有教师的批改讲评，使学生既要了解语言的基础知识，也要具备作文能力，以此实现读写融合的目的。

（9）联系现实，贴近生活

联系实践是指学习者通过紧密联系与教学相关的社会生活现实，认识生活事实、活动事实和完成课堂教学任务的方式。紧密联系社会生活现实，有利于学习者认知真实世界，了解社会；紧密联系学生的学习现实，有助于他们认识自我，激发学习积极性，形成好校风；紧密联系学生的日常生活现实，有助于他们明辨是非，革除恶习，发扬正气。联系生活实际，要真实亲切，恰如其分，不可生搬硬套，牵强附会。

（10）知识拓展，思维延伸

知识拓展是指通过运用既有知识或在原来知识的基础上，扩大学习者的思想空间，增添新的认识，运用新的技巧，巩固已学知识，获得新的营养而完成学业的方式。这种方法是对学习者掌握基础知识能力的再提升，是对学习者把基础知识能力转化成一种技巧的再实践，这样做既扩大了知识面，又

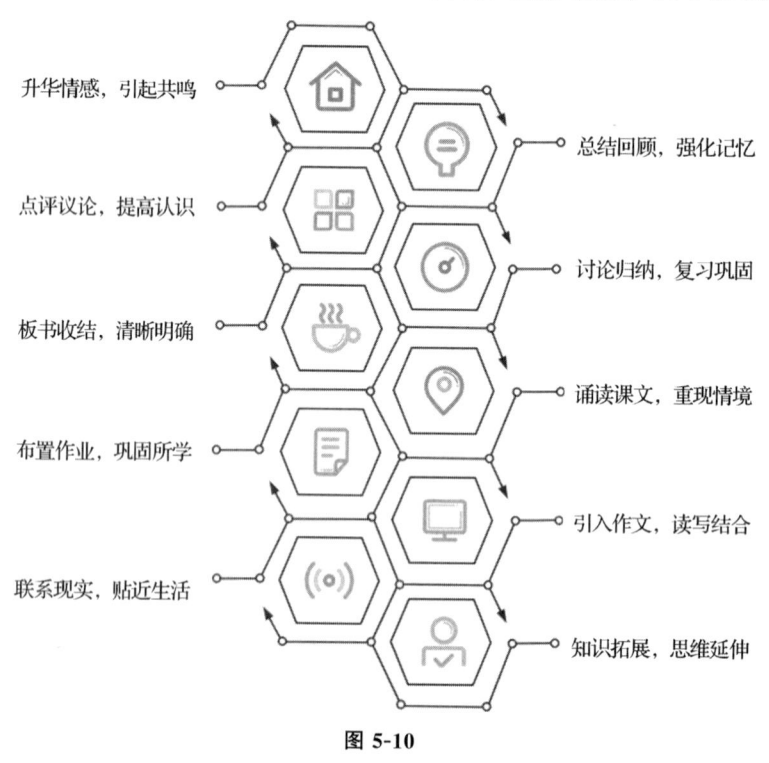

图 5-10

增强了认识的力量。思路拓展是指，教师在教学结束时对教材内容的中心概念或某个方面心有所感，生发开去，或举例，或阐述事理，思路也不断拓展。这种扩展方式，既提高了学生的知识含量，也拓宽了学生的认识视角，促使学生思路拓展，实现了思想的共鸣，双向共振，进而保持了课堂气氛的活泼。

四、讲解与提问的具体优化策略

1. 讲解的具体优化策略

落实到具体的课程讲解中，我们可以使用如下讲解方法。

方法一："总—分—总"

课堂讲解分为三个阶段。第一阶段为整体感知阶段，让学生大体了解课文"写什么"。在教师的引导下，学生通过初读课文，对课文有一个总体感受，形成初步的整体印象，大致了解课文写的是什么时间，什么地点，什么人物和什么事件，用什么写作方法表现的。这个阶段，学生对课文的理解是笼统、肤浅的，也是不够精确的，还须进一步深入，然后便自然进入第二阶段"怎样写"。通过教师的提问、点拨、讲解，较深入地搞清文章的结构，理清文章的思路，划分段落，归纳段意，掌握课文重点段、中心句、关键词语、突破难点、重点，了解作者叙事、写人、状物、写景、抒情、议论的方法。在这一阶段，主要训练学生理清文章思路、划分层次的能力，写作能力和理解句段、归纳分析的能力。讲解至此，不算结束，教师还要引导学生升华到理性阶段，即第三阶段——整体回归阶段。这是在学生理解课文各部分内容的基础上，进一步弄清部分与部分、部分与整体的关系，使学生能把它们综合为一个整体，对课文产生立体认识。这个阶段主要让学生解决"为什么"的问题，即领会作者为什么要写这篇文章，为什么要这样写。这个阶段教师讲解的任务：一是要引导学生对课文内容、作者思路、表达形式等方面作整体理解；二是要启迪学生求异思维，使他们针对课文提出自己的新见解，把理解教材推向新高度。这个阶段重在培养学生准确掌握课文内容和表达形式的能力、判断能力和求异思维能力。

方法二：重点突破、四面开花式

即反映内容的问题，以这一个点为重要突破口，指导学生掌握内容全篇，从而顺利完成复习工作。这种讲述方法跨度大，但省时，效益又大，还可以引导学生了解复习方法。设计这种讲述模式，教师要注重抓住"两种思维"，即课本作者的思维、学生的思维，做好两种结合便实现了将课文教学要点和学生逻辑思维培养紧密结合。只有这样才能反映教和学思想的"闪光点"，才能破解课堂教学的要点、难题，顺利完成课堂教学目标的"突破"。比如在《荷塘月色》中我们的重点就是"分析行文线索，体会情感变化。引导学生身临其境地感受荷塘月色的别致美景，把握文章节奏，为接下来的写作积累方法"。

方法三：问题引领、一线串珠式

教师认真钻研教材，运用变序教育的思想方法，认真设问，用提问指明方向。有的文章哲学性很强或内蕴含义很强，但我们如果无法掌握内容，按自然次序讲授，却又很费时费力，我们也无法直奔关键、攻克难题。教师将文章中的关键或问题设置为悬念的提问，并指导他们反顾全文，进一步探索，逐步接近，打破悬念，克服困难。这样的讲解方法，不但让学生自始至终在强烈的阅读欲望和探索问题的愿望中实现目标，同时提高了教学中教师与学生双向沟通、反馈的效率，增强了实效性。

方法四：多课比较式

语文教材中单元的课文，总体分析往往有其共性，但仔细推敲，各篇又个性鲜明、特点突出。讲解这样的单元，应围绕共性，各有侧重，通过比较，显现个性，使学生准确掌握这类文章的写作方法，也就是通过事物的各个侧面，来认识事物的整体。运用比较的方法来进行讲解，可将两篇比较或多篇齐下，比异求同，深化认识，可以异中求同，也可以同中求异。比较讲解重在培养学生关联式的思维方法、综合性的思维方法、区分的思维方法，有助于培养学生创造性的思维能力。

2. 提问的具体优化策略

（1）是非式提问

问题的表述形式为"是不是"。是非式提问是教师在提出某个命题（如知识的陈述、教学内容的理解等）后要求学生对其正误进行判断、辨识的提问。这种形式可以作为启发学生思考的起始问题，后面随着学生答问的情况接着问"为什么"，则可以将思考引向深入。

（2）特指式提问

提问的基本表达方式为"是什么（谁）""什么（谁）是"。所特指的提问，一般用作提高学习者对原有知识记忆水平的提问，也可用作指导学习者掌握新知识的提问。了解新知的特指式问题提出之后往往跟着提问"为什么"，其意义是防止思想现象的表层化，诱导学习者不但"知其然"，而且"知其所以然"。

（3）选择式提问

问题的表述形式为"是……还是……"。答案式问题是指同时提出多个含义相关、接近或相反的命题，而学习者必须进行判断的问题。通常情况下，在学习者作出抉择的时候，要求学习者指出抉择的依据或原因，学生答问时必须对提出的选题加以比较辨析，必须对有关的信息加以研究、整理、取舍。因而，该种提问方式富有启发意义，能够培养学习者对比、研究、整合的思考能力，而且辨析、说理能力也得到培养。使用选择式问题的重点是明确选择点。

（4）比较式提问

比较提问是为帮助学生对所学知识明确了解，指导他们对近似、相关甚至相反的东西加以对比、看出差别的一个提问方法。进行对比的东西可能是从某篇文章来的，也可能是其他东西引来的。比较的领域也比较宽泛，字、词、句、段落、篇章、概念、方法、语言等均可以展开比较。通过这种提问方法，可以培养学生的分类、对比、概括、总结、再概括的能力，从而促进了对学生思路缜密性、理解全面性和能力的训练，是语文老师们常常使用的一种方法。

（5）查考式提问

这种询问方法既可用来掌握学生对旧有知识的记忆状况，又可用来掌握学生对新知的掌握情况，目的在于获取反馈资料，从而按照要求改变课程的教学过程。查考式提问一般用在某一课程的开始阶段，作用是确立旧知和新知的关系，为学习者搭建运用旧知掌握新知的平台；亦可用在最后环节，作用是检验教学效果，推进课程。

（6）直截式提问

直截式问题法是指直接就问题的本质作出正面提问，问题的表述必须简单清楚的一类问题方法，其优点是由于问题清楚无误，而不使人费解，其缺点则是由于问题的直白显露性，若问题本身难度不足或启发性不强，则很容易大大降低思考训练的效率。这种问题方法使用的关键原则是，由于问题位于知识和智慧相互结合的关键处，因此问题本身就应该具有启发性，以达到创造问题情境、启迪思考的目的。当然，假如问题本身就已具有一定难度，又或是对问题的回答涵盖内容广泛，也就不能在设问的方式上再设定理解障碍，而以直截式为好。

（7）扩展式提问

拓展式提问是旨在指导学习者从各个方向、各个视点、各个侧面展开思路的提问方法。拓展式提问犹如一个中心原点，从这开始，学习者能够从各个方向寻找答案，所以拓展式问题的回答并非唯一的，也不能强求一致。拓展式问题属技能练习题，利于提高学生独立思考水平、转换视角反思的能力等。也正由此，拓展式提出问题的学习历程也正是养成扩散思路、求异思维、关联思路、想象思路等先进方式的学习历程。

（8）理解式提问

答问的内容是对所学内容的理解。提问意在引导学生对所学内容从整体到局部，又从局部到整体进行反复思考，以达到深层次的认识。学生答问的过程中以分析、综合、概括为主要思维活动方式。从认知水平看，理解式提问已脱离了低级水平层次，不再停留在对事物的表层认识。但是，它仍止于对所学内容本身的认知，因而，其认知水平尚未进入更高级层次。尽管如此，由于引导学生对所学内容的理解既是教学的目的之一，又是培养学生阅读能力、发展思维的前提和手段，因而理解式提问是课堂教学中运用得最经常因而也最重要的一种提问方式。

（9）评鉴式提问

评鉴式提问是对所学内容进行欣赏、鉴别或评论。评鉴式提问可以用在引导学生进行理解性阅读时，也可用在要求学生运用知识解决具体问题时；评鉴的对象可以是精彩的名篇，也可以是不成功的习作；可以赏析文章的内容、形式，也可以畅叙自己得到的启示、体会；评鉴的方式可以比较分析，可以品读品味，可以讨论或默思；学生答问的过程中，要综合运用所学知识，综合运用自己多方面经验，综合运用多种思维方式进行独立思考，对问题的解答，要融进自己的感受，往往带有一定的主观色彩。因而，评鉴式提问是最富启发性、创造性的提问方式，是学生思维最活跃、多种思维可同时得到锻炼的提问方式，是既充分锻炼、又充分展示学生语文能力的提问方式，可以说，它也是最易受学生欢迎的一种提问方式。从答问的认知水平看，评鉴式提问显示了认知的最高层次。

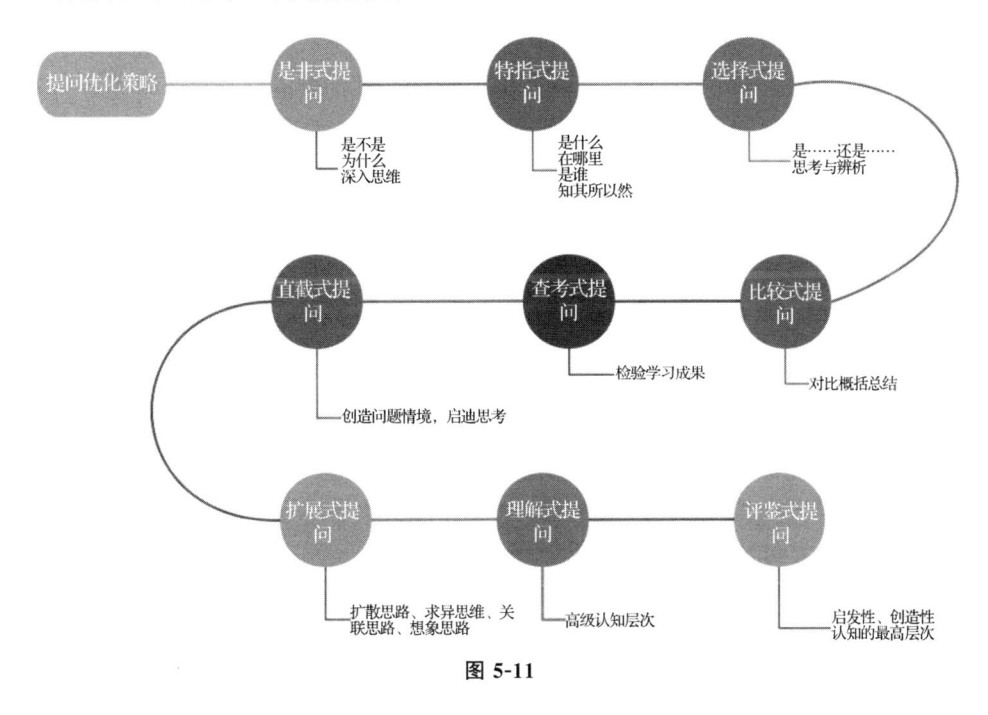

图 5-11

五、板书设计的具体优化策略

在板书设计上，我们要做许多的准备工作，绝不是简单的即兴写在黑板上就可以解决的。首先我们要钻研教材，概括内容。任何一则优秀板书的产生都是教师对教材深入研究的结果。由于课文内容繁复，教师不可能把课文照搬到黑板上，这样做大可不必，也浪费时间。因此，教师必须对课文进行研究，在深入全面把握内容的基础上进行概括，设计出的板书才能提纲挈领、精要准确。通常，备课应该做到明要求、顾全局、抓重点，然后在此基础上设计板书。其次，我们要选择形式，表现内容。经过对教材的阅读、分析、概括、归纳、提炼，接下来就可以考虑用什么板书形式来表现内容了。板书的形式很多，到底选用哪一种板书来表现才合适？这就要看教学的目的、课文的类型以及具体的教学内容了。总之，内容应与形式相得益彰、互相配合，只有这样才能取得良好的效果。最后，我们要精心修改，定格内容。板书不管是语言文字，还是内容结构，都是教师对教学内容的一时认识，随着对教学内容认识的深入，就会发现自己原来设计的板书的不妥之处，于是就会对它进行修改。修改板书时，根据具体情况，可以对原来的板书进行局部调整、加工润色，也可以作大修大补，使之趋于完善。修改板书也与修改文章一样，可"趁热打铁"，及时修改；也可以将设计好的板书置于一边，隔几天或更长一段时间再进行修改，或许会产生新的思想、新的形式。

在板书设计的形式上，共有七种可参考：

（1）结构式板书。这是目前最常用的一种板书。它体现了篇章的基本结构、线索以及情节的发展与演变，有助于学习者了解作者布局谋篇的方式，也适合于情节性较强的作品、线索清晰的散文，以及经典的议论文。

（2）提纲式板书。这类板书就是用文章总结出各段落、层次的大意后，再以提纲的方式写出来的，它不仅可以锻炼学生的文章总结能力，还可以训练学生拟写作文课程提纲的习惯。

（3）线索式板书。所谓线索式板书，便是把作品的主要线索作为板书内容的基础，将其他知识点书写于与线索相应的地方，这样板书教材的优点就是线索明显，逻辑明确，既可以简明扼要地表现小说的内容，直观凝练地展现作家的创作思想，又有利于体现人物、事情的思想价值，以及作品的表现手法。

（4）图表式板书。这种板书是以描画示意图或绘制图表的方式，将重点知识点表现出来或将知识点分门别类地综合在一起。

（5）形象性板书。这类板书主要特点是利用各种简单的插图将内容表现出来，它具有直观性，形象具体，可让学生对所学内容一目了然，巩固印象，强化记忆，并调动学生思考的兴趣。

（6）对比性板书。这种板书是将几个事件（或一个事物的几个方面）放到一起加以对比。这有助于训练学生的观察力、分析、鉴别能力，诱发他们深入思索，发现事件的性质及前后的变化等。

（7）归类性板书。它是一个将带有相同特征的事件或问题排列在一起的板书样式。它可帮助学习者按类型认识、记住知识点。例如，文言文中的文字、词汇的板书常使用这一形式。

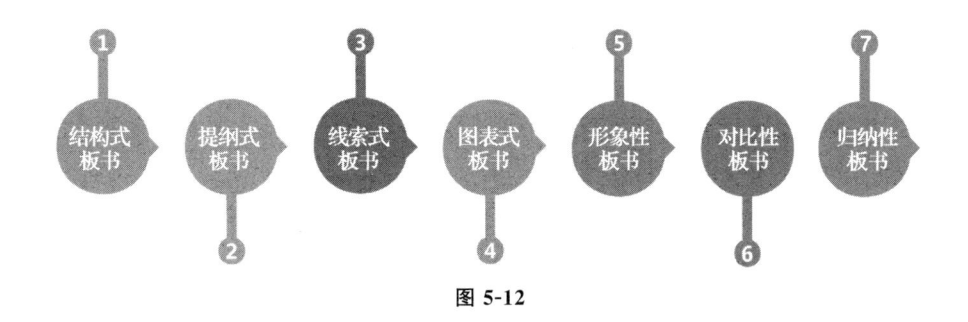

① 结构式板书 ② 提纲式板书 ③ 线索式板书 ④ 图表式板书 ⑤ 形象性板书 ⑥ 对比性板书 ⑦ 归纳性板书

图 5-12

语文课的板书虽然千变万化、各不相同，但归结起来，要符合具体课文的情况。而课文情况又是多种多样的，有时采用某一种板书形式，还不能准确、全面地反映课文的面貌，而教师要熟练运用板书形式，将多种板书课题形式搭配运用，把对教育的意图及诸多要求熔于一炉方能解决问题，内容精简概括、一目了然。

六、教学评价设计具体优化策略

语文课堂教学考评按差异的方面可分成各种类别。根据考评内容的综合水平可分成单项考评和整体评价；评估手段可分成定量评估和定性评估；按评定的特点和作用，可分成诊断性评判、生成性评价和结论性评价；按评估依据的要求可分成相对衡量、绝对评判和个体内在差异评价等各种评定方法；按评判主体，可分成自评和他评。

(1) 单项评价和综合评价。单项评估时就学生在某一方面的语文能力加以评估，而综合评价时指对学生加以全面的、系统的评估。两者必须结合起来，语文教学评估才能达到整体的效果。

(2) 定量评价和定性评价

定量评价是对信息通过定量分析的方式作出的判断，它适合于测定语言的、较低水平的语文能力。定量评价是以说明、阐释的方式作出的判断。定性评价通过描述性的方式作出判断，能考察定量评价无法确定的范畴，并可考核学习者较高的阅读理解能力、鉴别判断能力和口头或文字的表达能力。

(3) 诊断性评价、形成性评价和终结性评价

诊断性评价是在一项活动开始以前，为了使其活动更合理地开展所作出

的判断性、确定式评价,即对评价内容的依据、情况加以判断,目的在于掌握评价内容的依据和状况,从而进行指导。形成性评判一般在授课环节中实施,目的是透过对已处于开展与实施阶段中的活动作出意义上的价值评判,以研究教与学环节中所出现的困难或不足,从而建立适用于教育目标的方法或教学途径。而终结性评价则是指在活动完成之后,对教育效果所作出的评判,即对业已完成的活动作出价值评判,目的是为各种判断或决定提供信息、根据。

(4) 相对评价、绝对评价和个体内在差异评价

相对评价是以某一团队的总体情况为依据,判断个人在团队中的相对地位。它注重个人内部的对比,主要适应社会组织对学生的筛选要求。绝对评价是以课程任务为依据对学生掌握能力的水平的评价,它只关注学生对自己课程任务的了解水平。个人的差异评估是以个人为尺度,对一个领域中各个层面的能力差异进行横向对比,并对学生各个阶段的学习成绩进行纵向对比的评估。

(5) 自评和他评

自评,是指评价对象根据教学目标和评估准则,对自己所作出的客观评估;他评,是指评价对象之外的组织或个人对评价对象所作出的客观评价。在实际教育评估中,应当把教育评估和学生自评及其他主观评估紧密结合在一起,让不同的评价主体以各种不同的视角进行价值评判。

在评价中还必须有明确的规定。第一,语文课程考核的目的不光是为了检验学校完成课程目标的水平,是为了考核和提高学生的语文学业和老师的课堂,提高课程设计,优化教育质量,以便有效地推动学生的成长,不应该过于注重考核的鉴定与筛选作用。第二,要注重语文课程考核的整体与全面,主要从基础知识与能力、思想与认知、情感意识和价值观几方面展开考核,从而整体检验学生的语文素质。语言教学具有强调情感感受与体验的特征,所以定量与客观化不能作为语文课程考核的重要方法。应防止语文评价的烦琐化。第三,生成性评价与结果性评估也是必不可少的,但要强化生成性评估。建议通过成长日记的形式,获取可以体现学生语文学习进程与成绩的信息,包括有关学生平时成绩与发展潜质的信息、学生的自主反思与小结、老师与同伴的评论、来自父母的信息等。第四,定性评估与量化考核相结合,更要注重定量分析评估。教师和班主任对学生的语文学习档案资料和考核情

况加以研究，真实地评价他们语文学习的进步与缺点，并给出意见。以真正有意义的事情来评价他们。对于他们的平时成绩，要采取奖励、赞扬等正面的评价方式，采取激励式的评价，尽量从正面进行指导。第五，实施教育评估时要重视与对老师的指导、学生的自主评价和对学生的互相评价相结合。加强对学校的自主评价和互相评价，并必须由学生或家长共同参与教育评估过程。在考核时要重视学生的个体差异，鼓励每位学生的全面发展。要全面运用各种考核方法，成绩只是衡量的方法而已。第六，按照各学段总体目标达到的条件，把握关键问题，突破关键点，实施全方位、整体综合的评估。从基础知识和能力、学习过程与方式、情感态度与价值观等三个主要方面，对学生识字与书写、诵读、作文、口语交际、综合性练习等五大领域，按照各学段目标完成的基本条件，指出把握关键，应突出的重点，并给出全方位、整体综合评估的指导意见。

七、课堂教学架构的具体实施策略

课堂始终存在于特定的时间与空间之中。从知识的角度看，课堂总是由几个环节构成的。教师们应当将特定的课堂教学过程，组织成几个教学活动过程，并一环一环地向前推动，从而实现课堂教学任务，并完成整个课堂教学工作过程。从课程结构的角度看，课堂由教师、时间、课程、教学活动任务、教学模式等基本要素组成，而课堂教学的过程在实质上便是与这些基本要素之间协同产生作用和互动的过程。如此，便构成了一种在特定时间和空间内相对固定的诸课程元素的组成形式和教学过程，也便是课堂结构。

语文教育新理念认为：教师与学生并非处于语文教育的被动位置，而是语文教育的有机部分，更是语文教育的创造者与主人；语文教育不只是语文教育灌输与实践的活动，更是语文教育创生与发展的活动。语文教育不但是教师带学生学的活动，更是师生互动、平等交流、共同成长的活动。语文教育应该在教师平等交流的环境中展开，学生永远是语文教学的中心，要把他们当作独立的个体来看待，要注意情感、知识、人生观的正确引导，崇尚独立、参与、探索的阅读方法，强调语言知识的实用性。

在语言教学的新阶段，曾经产生许多富有特色的语言课堂设计。例如魏书生的"定向、自修、研讨、答疑、自测、自结"的"六步授课法"，明确了学生的学习主体地位，以内容论、掌握论为基础和行为指导，意在提高学生的自修水平，是一个获得成功的授课结构方法；洪镇涛的"启发设问、读书思索、探讨切磋、归纳总结、练读练写"的"五环节教学法"，实现了以老师为核心、以学生为主体的课堂指导思想，将语言逻辑思维练习贯彻在整个教材当中，使学生的语言意识与逻辑思维得以共同成长，是一个可资参考的语言课堂方法；钱梦龙的"三主四式"引导法，"三主"：以学生为主体，以教师为主导，以训练为主线，"四式"：自读式、复读式、教读式、操作式；颜振遥的"启、读、练、知、结"的高中语文自学辅导方法。此外还有潘凤湘的"八步教读法"、蔡澄明的"点拨方法"、张富的"四分""三度"教学方法、程翔的语言课堂教学结构模式设想、上海市育才高中的"读读、议议、讲讲、练练"的教学方法等。课堂结构各有自己的特点，且操作性强，对加强语文教学有很大的实用价值。不过，由于这种教育课堂模式并没有针对语文课本中各种文体的课文教学作出具体的说明，而且各种文体的课文具有不同的教育课堂构成，因此选择合适的教育课堂结构可以增强学习者对课文内容的认识，进而提升学习效果与质量。

在课堂教学结构设计中，教师可根据不同的教学目标、不同的课文内容、不同的学生特点采用合理恰当的课堂教学结构，提高教学效果。

第六章

学生主体模式下的语文教学

语文核心素养概念的提出，首次确定了语文课程中所要实现的基本价值观、必备品质和关键能力的培养，并整合了知识与技术、过程与方式、情感态度与价值观的三个目标。因此，长期以来关于语文课程的性质、含义的争议，也有了比较科学的清晰界定，这是一大独特的理论贡献。随着课堂的相应变革，"填鸭式"教学的桎梏被破除，形成了一个以学生为主体、教师为主导的新的教学模式，这就要求教师必须基于我们的实际情况，结合"三维目标"思考语文课程的价值、含义和实施路径。

第一节 知识与技能的提升

"知识与技能"的考核历来是各类学习评估项目的重中之重，在新一轮新课程改革的背景下，高中语文学习评估从三维目标入手，既考核学生语文学习的"知识与技能"，也重视对学习"过程与方式"和"情感、态度与价值观"的考核。要搞好新课程改革背景的"知识与技能"目标评价，就需要明晰何为"知识与技能"目标评价，其评估的基础有什么。本节将从以下三部分进行解释：一是有关概念的界定；二是"知识与技能"在高中语文教学中的体现；三是高中语文"知识与技能"学习的具体实现途径。

```
              ┌── 陈述性知识
              │
              ├── 程序性知识
        知识 ─┤
              ├── 策略性知识
              │
              └── 心理表象和整块知识
```

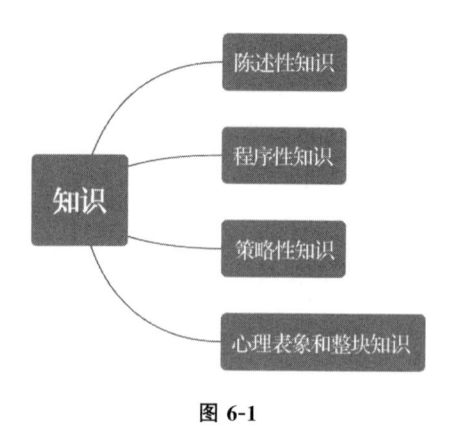

图 6-1

（一）"知识与技能"概述

1. 语文知识划分：现代认知心理学广义的知识观念是研究语文学科划分的理论基础。

（1）陈述性知识

陈述性知识主要反映事物的状态、内容、性质、发展变化的原因，用以回答事物是什么、为什么、怎么样的问题，比如说明一个事实、表述一个观点等，因此又称描述性知识。这种知识具有相对的静止状态。语文课程关于"语言"和"言语"的规律性知识，当属陈述性知识。

（2）程序性知识

程序性知识主要反映了活动的流程和步骤，可以用以处理是什么、如何做事的问题。由于程序性知识在实质上是一种关于对外服务的操作程序和方法，所以又叫操作性知识，也可以称之为动态性知识。在语文课程中，大量的听说读写的语言行为规律，便是一种程序特点知识。程序性学习能够使个人的实际活动定向，将一个程序性知识转化成一种熟练的行为模式，个人也便学会了技能。比如，怎样甄选和运用词汇，如何判断与选用句式，怎样概括句意，怎样培养良好的语感，怎样把握文章的大意，怎样收集和分析资料，如何鉴赏和评价文学作品，怎样观察生活，怎样考察历史事件和历史人物，如何运用修改文章的符号等等。有效的语文课程与教材应当促使从陈述性学习向程序性学习过渡，并促进学习者在语言运用过程中逐渐形成熟练的驾驭语言的能力。这也是当前语言教育内容变革的一种重要趋向。

（3）策略性知识

学习策略指的是在教学情境中，学生对学习目标的理解、对学习方法的使用以及对学习进程的把控。学习策略的本质属性，是对知识的自我监察、反省与调节（元认知）。学习方法指的是学习者用在编码、保存、运用等过程中的方法和技巧。比如，在书上画线、写批注、作笔记、编提纲、记忆术等都是具体学习方式，它们是学习策略的知识和技能的基石，是学习方式的一种基本组成。学习策略作为一种教学的执行与监控体系，它是由学习方法、学习的调节和控制、元认知三个层次的基本要素构成的。在其中，学习方法是学习策略的知识和技能基石，元认知则是学习策略的核心内容，而调节与控制这两大手段是沟通学习方法与元认知的"桥梁"所在。

（4）心理表象和整块知识

表象意义有广义和狭义之分。广义的表象指在人的心理活动进程中形成的各类形象，同时囊括记忆表象与想象表象；狭义的表象仅指记忆表象。表象在语文教学中有着很重要的作用。且不提构成文学的规模庞杂的文化形象，就是在普通的实用性文字中，表象也随处可见。一些教育家认为，在一个完整的知识单元中一般都存在着陈述性认识、程序性知识、策略性知识，有的还包括空间信息的表象，并且还有着社会化意识和人文性意识。对于这样完整、系统的知识单元，有教育心理学家提出用"图式"这一词表述。从现代认知心理学的知识分类观念来看，"图式"不但涵盖了概念的、命题的网络结构，同时含有解决问题的方式和步骤等。在图式中的陈述性知识，已经组成为一套比较系统的分层级的网络；而程序性知识，已经组成为一套有时态顺序的产生式系统。

用广义的知识观来看待当前的语文教学知识体系，人们便不难看到：在语文课程的基础知识教学中使用的更为广泛的是陈述性知识，鲜少涉及程序性知识，同时也缺少方法与策略性知识。

2. 语文技能

语文教学的基本任务是语文能力教育。语文能力是指人在经过系统的学习后能独立完成听、说、读、写等诸项语文活动所必备的基本技能。它需要学生具备以下几种基本技能：

```
                    ┌─ 识记
                    │
常见技能分类 ┤─ 运用
                    │
                    ├─ 理解
                    │
                    └─ 分析
```

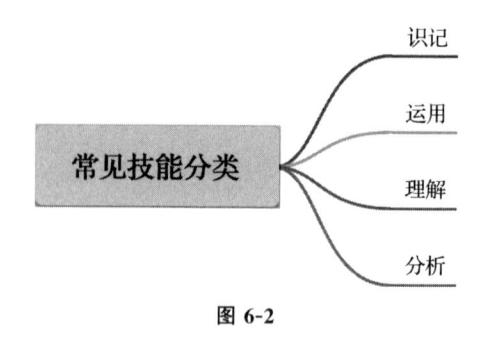

图 6-2

（1）识记。语文学习的基础就是语文知识，而掌握语文知识的方法离不开识记。常用方式主要有：①三位一体法。适用于生词汇。通过从音、形、义三个角度识词记忆。②诵背默写法，适用语文知识以及名言佳句。通过反复背诵、默写等方式进行识记。③图表归纳法。适用于语文知识。对知识点按学习要求分项梳理，生成表格，并逐条识记。④对比记"异"法。适用于较容易混淆的语言基础知识。进行例句对照研究，找到差异的意思各不相同处，以对相异点进行识别与记忆。⑤卡片摘记法。适用于名言佳句和写作素材的整理。按卡片记录内容，分门别类地编存，经常翻看。⑥歌诀诵记法。适用于较不易理解的语文基础知识。按一定次序、内容或特点编制成易诵易记的歌诀，以诵促记。

（2）运用。语文知识是语言学习的基石，熟练地应用语文知识必然是语文技能的重要组成部分。

用法包括：①结构分类与辨识法。适用于短语构成，句式结构及句中词性、用法的认识。进行结构分类，从词义、句意及词所处位置剖析。②分类修正法。适用于修改病词，分析句式构成，从句法、逻辑、遣词、修辞手法等角度寻找错误原因，并进行修正。③遵章循章法。适用于语文知识的使用。按运用方式、技巧、格式，根据具体的语言环境进行使用、查改。④技巧转换法。适用于句式结构与句型转换。按照句式结构特征与句型句式查找转换要点、规则，并根据技巧、规则进行转换。⑤对照模仿法。适用于修辞与句型变换。按照例句样式，仿照造句。⑥翻译划分法，适用于文言文句中词性、用法和句子结构分析。将句子翻译为现代汉语，再分析句子构成，并按照字义和词所居位置加以分析。⑦依体为文法。适用于写作谋篇。各种字体的篇章虽无固定谋篇模板，但往往异中有同。根据一般的范文模式，整体谋篇为文。

（3）理解。接收和传递信息，首先要对材料的字、词、句、段、文等加以了解，弄清其意。

常见的理解方式有：①拆释合意法。适用于拆词释义。拆词释语素，合语素义。②语境取意法。适合于同语释义。先通过对词汇的说话环境解释，把理解之意代入原句，词汇通畅，句意固定。③探源联意法。适用于源于典故的词汇释义。先探明源意，再联想情景，最后用情景取意法解释。④抓中心句法。适合于领悟语段意。找出语段能表白言事说理意义的表意中心句子，并据此领悟语段意。⑤综合概括法。主要应用于了解文字大段和全篇意。把词语段意分门别类整理概括为大段意，根据大段意，加作者态度和看法，联系时代，再综合总结为全篇意。⑥词义角度法。主要应用于词义的含义。抓住在句子中表意的重点词汇，从词语的角度，结合表达方法来理解。⑦联点揭义法。主要适用于词语含义和语境表现的方法。结合句意或描述，按文意联系历史背景、篇章主旨、人物情感、表现手法等进行说明。⑧直译思想方法。适用于文言文句意理解。按照上下文句意，翻译已掌握的文言文，联系上下文意，运用现代文句意理解方式完成释义。⑨置身其间法。主要运用于人物思想情感以及环境描写方面的品位鉴赏。置身于其境，扮演人物形象，通过咀嚼构成角色的语言、心理、行动描写和环境描写的词句，在词义、语意、标点符号等几个重要方面加以体味欣赏。

（4）分析。理解材料，常常需要从相关方面进行分析。

常见的方法是：①文体划分方法。适用于文章段落层级分类。由于各种文体都有自己的谋文方式，区分文章段落层级首先要看作品结构，从作者写作构思出发，再按照文章顺序逐步展开。②嚼句循意法。主要适用文中指代关系。抓住与指代相关的词语认真读嚼意，然后从句子是什么、表达了怎样的主旨以及怎样进行表达等方面入手断意。③炼句断意法。主要运用于长句句意。通过抓句中表达了什么，表达了怎样的主旨，用了什么表达方法，从锤炼句开始断意。④句群条件法。根据适用段的主要材料检索，用划定句群的方法来剖析语段，找到各个句群中言物说理的主要表意词，然后进行条分缕析。⑤联想扩展法。适用于提供材料的记叙文写作。弄清所提供资料中的人与物，扮演材料中的人物形象，置身其境，并进行联系与想象等。⑥技巧视文法。适用于文章写作特色评价。考虑文章体裁，由立意、选材、组材、语言、表达方法等方面入手，用例句评价。⑦抓词评析法。适用于作者观点和态度的评价。寻找表达作者情感和看法的词语，从情感和看法入手评价。

我们常常对知识与技能，以及它们相互之间的区别缺乏明确意识。因为知识和技能之间存在于生我、我生等彼此衍生和相互作用的依存关系之中，而且形成了孰重孰轻的不平等。首先，所有人都会承认的是——人类劳动带来了文明。亦即劳动带来了知识。这就说明了知识是劳动（技能）的科学概括，故首先是技能派生知识。但经过知识的传播，反过来影响技能，在技能的不断发展中才能发展丰富知识。漫长的发展历程促使它们形成了生我、我生的相互作用关系，从而产生了"技能—知识—技能—知识……"循环演变和发展历程。通过人类漫长的历史演进与开发过程，人们的知识库日益积累充实，从而产生了学会技能前首先要掌握知识的深刻认识，忽视了新科学知识同时也要从技能（劳务）中继续总结成长的要求。"且看每一项新的科学成果是由科学家们通过艰苦的实践和深入实际的考察研究所获得，并由此将其研究成果概括为新知识进行传播。"这句话阐释了由科学家率先掌握前辈所传递下的知识，进而转化为技术劳动者运用科学知识指导技能的实践实验活动，从而在技术劳动中实现了创新创造，总结出新的技能理论知识，这正是对知识和技能的循环演进与发展过程的反映。所以，在高中的语文教学中对知识和技能都应该一视同仁，既不可轻视知识也不可轻视技能。

（二）高中语文的基础知识范围和基本能力层次问题分析

1. 高中学生特点分析

高中生正处在生命的某个特定时期，在这时期，身体的发展高峰已然到来，身体开始到达相对完善的程度，但是心灵的成长仍然比较滞后，很多人还不能完成心灵阶段的断乳。其认知也从形象记忆、机械记忆、不随意识记逐步转变为抽象记忆、意义识记、随意识记。情感和意志发展的冲动性与草率性逐步降低，高中学生意志的自主性与坚持性得到迅速提高，果断、自控能力提高。自我也具备独立意识而不过分依靠老师，能较自发地学习，较有意识地作出自己判断，并具备一定的创造力。

高中学习还具有其独特性，虽然它属于基础教育，但也具有很强烈的升学预备教育的特征。在中国现阶段，高考升学竞争非常激烈，而这样激烈的竞争给中学生们造成了很大的心灵压迫。因此学业不适应也是每位高中学子最易遇到并且也比较难以解决的问题。高中对专业知识的要求对比初中来说更高，明显高于初中学习难度的学业使许多高中生不堪负担，老的复习方式也早已不适合新的教学任务要求。初中学习很多是要靠记忆，而高中学习则大多是要识记与理解。初中教师的授课多是知识，而高中的教学则更强调与课程之间的联系，需要理论知识联系实际。所以高中语文复习的过程就是思考的过程，形成能力的过程。

根据高中生上述的心理状态与学业特征，高中语文课程的设置要充分结合这个阶段的教育特点，区分将什么知识列在高中语文教育范畴之中，培养高中生哪些语文能力才能适应语文教育实践。高中语文知识本身就是成体系、有序的，而高中语文能力也是起步能力、达标能力、个性发挥能力循序渐进逐步发展的过程。所以我们要针对语文基础知识与能力内在的共同特征，根据高中生体质、心智情况实施合理有序的教育，让高中学生们能够更加顺畅地进行这个阶段的学习与过渡。

2. 高中语文知识范围划分

相关专家将人类历史的三个认识转变阶段界定为：原始知识型向古代知识型的转变、古代知识型向现代知识型的转变、现代知识型向后现代知识型的转变。而语文知识作为人类历史认识的一个微观领域，随着人类历史认识的转变，语文知识也在不同阶段出现了转变。首先从语文课程的命名出发，陈黎明老师就已经表明了，在整个20世纪的我国现代学校语言教学中，语文课程的命名都经过了一个读经讲经—作文、辞章—中国文字、中国文学—国文—国语、国文—语文—汉语、文学—政文、革命文艺—阅读、写作—阅读、表达的发展历程。其次，在《普通高中语文课程标准》（2017年版2020年修订）指导下高中语文学习教育的研究范围也在不断拓宽，涵盖了教育心理学、文章学、语言学、接受美学、教学法等多个专业学科领域和有关的学科知识。通过全方面、多角度、多层次地审视高中语文知识的教学，找准高中语文知识在教学中的位置，并充分地发挥其应有的教学功能。

现代意义上的语文学科知识领域不但包含了作为一个科学领域的教育课程，还应包含文章学、文艺学、文化学等诸多领域的基础知识和基本理论知识，并以特定的科学逻辑次序编排而成。简而言之，指高中语文课按特定的科学逻辑次序把语言学、文章学、文艺学、文化学领域的基本知识和基础理论结合起来，并主要以一篇篇的文字作品表现出来，从而为高等教育课程的语文教育发展打下认识基础。由于人类精神构造和语言逻辑体系没有充分和学生身心成长结构相和谐、相一致，所以不是全部的自然科学领域的语文内容都可以作为教学课程。唯有一个适应教学需求，既顾及自然科学本身的逻辑秩序又兼顾学生掌握科学的心理秩序的语言学科知识，才能适合基础教育课程语言学科的内涵，从而实现掌握语言基础知识和提高语文能力的完美融合。

在传统高中语文教育知识体系中，新理论知识的产生既是必然的，也是必要的。它必须要包括语言学、文章学、文艺学、语言科学等多种学科的新理论知识，将这些学科的基础知识转变为传统高中语文教育基础知识，同时必须要充分考虑到高中学生将在多大程度上掌握、吸收这种基础知识，并将一些确实有利于高中生掌握语文、使用汉语的基础知识吸收，切不可将传统高中语文教育知识体系作为大筐子。传统高中语文教育知识范围的划分必须根据学校教育实践，并联系汉语的特点而确定。传统高中语文教育知识范围的许多长处都值得探索和汲取，不要为了在传统中产生和出现的一些不适应现代需要的新知识框架，而把传统知识体系加以全盘否定。本文根据汉语言特色，汲取传统中国语文教育优势，并结合高中语文教育实际情况，将高中语文教育内容分类为语文基础知识、文学知识、文章常识、历史基础知识。内容详见表6-1：

表 6-1

高中语文知识范围框架表	
范围	内容
语言知识	语音、文字、词汇、语法、修辞、标点符号等
文学知识	诗歌、散文、小说、戏剧
文章知识	记叙文、议论文、说明文、应用文
文化知识	古代、现代、中国、外国

3. 高中语文能力层级划分

高中教育是中国基础教育的主阵地，对于培养学生的基本能力水准、知识能力、人格素养具有重大作用。因此我们应该以提高学生学习方法与学习能力为先，唯有如此方可真正达到高中教学的有效性和教学目标的可持续性。而学习能力的培养，则必须在对学习者能力层次的认识和把握的基础上，有计划规划、有目标实施；必须全面、完整、正确地评估。高中语文教育是学校教学的一项重要内容，语文教学的内涵和功能主要反映于中国语文课程体系。因此，高中语文的评价问题，必须根据中国语文改革的具体实践。

新课程将高中语文教材的中心任务确立在"语文素养"问题上，从横向框架上来看，先从语文课程的基础知识点入手，并从课与课之间、单元与单元之间、册与册之间关系入手，逐步建立了知识与技能、过程与方式、情感态度和价值观的三个目标系统；从专业框架上来看，高中语文的课程目标结构应涵盖在"积累与融合""感受与鉴赏""思维与感悟""运用与扩展""发掘与创新"五大领域方面，在此基础上，又具化成必修课程和选修课程的学习目标，当中必修课程的基本目标涵盖"阅读与鉴赏""表达与沟通"两个组成部分，选修课程的基本目标内含在"诗歌与散文""小说与戏剧""新闻与传记""语言文字运用""文化论著研读"等五大领域。

高中的语文课程教育以培养学生语文实践能力为主线，把多种能力的综合训练贯彻到全部教育过程和教学之中，并进行了选择配置、有效组合、合理编排。但由于语文这个学习科目中的各种因素往往是比较散乱的、多种多样的，部分因素还相互交错，因此培养的语文能力比较分散。本文以借鉴考核大纲中对语文技能的级别分类为基础，并对高中语文教学能力加以分析，让我们对语文技能的训练有一种感性的理解。见表6-2：

表6-2

高中语文能力层级框架表						
	一	二	三	四	五	六
课程总目标	积累 整合	感受 鉴赏	思考 领悟	应用 拓展	发现 创新	
语文能力	听	说	读	写		
必修课程	阅读与鉴赏				表达与交流	
语文能力层级	识记(A)	理解(B)	分析综合(C)	鉴赏评价(D)	表达应用(E)	探究(F)
学生能力	起始	一般	特殊			

根据考核大纲，对上表中语文能力层级作出以下说明：

识记能力（A）即识别与记忆的能力，是语文能力最基础的层次。能力级别为A类。该级别需要学生有意识地指明并写出必须辨认或牢记的具体内容，包含语言、字体、作家作品以及文艺体裁、文化和文学知识，以及名言警句等。而这部分知识最能体现一个人的语文功底，是在高中语文教学中至关重要的教学内容。

理解（B）即领会事物并作最基本的理解，是在识记的基础上再提升一级的技能层次。技能级别为 B。在识记的基础上，利用识记的方法对材料中的意思加以领会与理解。针对内容材料，要能了解其语言的意思、理解其内涵，并能作出内容甄别和直接、简洁的说明。理解重点主要是古文翻译中与当代文翻译中的词汇语句，比如古文的实意含义、虚词用法、词种活用，与现代汉语中不同的句法、文句理解、词义翻译，以及当代文的词汇掌握、词语理解、内容甄别分析等。

分析综合能力（C）即分解剖析和归纳整合能力，是在认识和掌握的基础上提高的能力层次。能力级别为 C。而分析综合能力就需要能对阅读材料和文字材料加以分解剖析和归纳，整合内容。分析是把整体材料按相同的属性分成几个部分，而综合则是把分散的要点集合为总体。虽然分析与综合是两种相互独立的能力层次，但这两个能力在思维过程中又是密切联系的。其重点是对古文阅读以及当代文阅读的总体规律更深入地理解，比如对古文的内涵分析、重点概括、作家观念分析等概括，对当代文的内容分析、关系分析、构成分析，以及对段落的阅读方式、内容要求、中心思想和作家观念的概括等，而对于语言表达技能则不作过多要求。

鉴赏评价（D）是对书籍资料的鉴定、欣赏与评说，并以认识、了解与研究结果为依据，在阅读领域建立的知识层次。技能级别为 D 类。欣赏点评是高中语文写作技巧中重点应用的一种层级，需要学习者对欣赏作品的表现进行评说，对表现方法进行欣赏，对作家思想进行辨别。当然这里提到的评说、欣赏和辨别都是初级的。比如在古诗文写作和现代文写作中词曲欣赏、作品（作者）思想观点分析、表达方法鉴赏判断等。

表达运用综合能力（E）指学生对语文基础知识和技能的综合运用，是以认识、了解和分析综合能力为基础，并在语言表现方面逐渐发展的能力层级。能力级别为 E。包括对语句和整篇文章的驾驭能力。在高中语文中，表述与运用能力层级则专指表述与写法。

探究（F）指研究问题难点，进行发掘与探索，是在认识、了解、分析总结、鉴别判断的基础上建立起来的功能层次。技能级别为 F 类。关于该级别技能的使用，目前的高中语文教材尚处于发展时期，并未建立相应以上级别的技能体系，此处就不过多讨论。

六个层级的能力培训，反映了语文水平培训的全面性，在六个学期的高中语文教育实践中，循序渐进地完成了纵向水平的逐步提高，这也反映了才能培训的可靠性。在高中课程的公共参与意识上需要确立预期指标，但是经过了解后，在学习才能方面提高到了什么水平，获得了什么学习才能，达到什么成绩，都是根据阶段性能力水平需要确定的，并且动态递进的。有的能力总体目标可以在第一节课或者某个单位就能够完成，有的能力目标或许需要经历一学年或一学期，或者二三年后才真正地达到完成。能力水平的提高还需要有个近期、中期与远期的获取阶段。对在中小学语文中知识的评价，可以比较科学合理地完成教学任务和课程的安排，便于学习者循序渐进地提高语文能力。

（三）学生的语文"知识与技能"目标提升策略

1. 知识提升策略

知识的学习是一种内部的，而且是极其复杂的心智活动过程。关于它的具体内部机理与实现过程，目前，人们还缺乏一种明确的理论描述，因此不同的心理学派针对不同的理论依据，有着不同的理解。掌握基础知识的内在学习过程，对掌握和了解基础知识具有十分关键的意义，想要帮助学习者掌握基础知识，可从这样一些方面着手：

首先是知识的获取。只有获取到知识，才可以掌握和运用它。可以从以下几方面入手：

（1）开发学生兴趣，产生动机，保持注意力。好奇心是培养学生最佳的教师。好奇心是我们的力量之源，注意力是我们把握知识点的大门。注意与兴趣二者紧密联系才能提高学生对基础知识的把握。从"教"的观点出发，凡不同的刺激，如教师授课的音调抑扬顿挫、高低起伏，语音活泼而富于感染力，课本的多姿多彩，教师姿势动作多样、自然等都能够充分调动学生的主观积极性，有利于引起学生的注意力。所以，教师在课堂过程中灵活运用多变的刺激，才能充分调动学生的主观动机，形成学习主动性，让学生维持高度的专注。

（2）通过激活既有知识，使新旧知识之间建立联系。建构主义学习理论认为学习的过程是学习者积极主动建构知识的过程。① 对上述的研究成果可以这样解释：科学知识并非经由教师传授和讲述而获得，而是学习者主动地和外界条件交互作用的结果。而这个"与外部环境的交互"需要以学习者本身的知识经验作为基础才能顺利完成。新科学知识要获得意义，使新旧知识建立联系，那么学习者自身储存的认识框架中不但应具有相关的科学知识，而且这些储存的科学知识应该处在活跃阶段。所以教师在授课进行之前，应该先给学习者一个启发性的知识点，即上课时的"引导部分"。教师以活泼、通俗易懂的话语呈现材料引入，不但能够相对轻松地唤起学习者已储存的原有知识，同时也能够提高学生进行复习的激情与动力。而引入材料应该是那些与新知识点有密切联系的录像、动画等。学习者也可作某些内容概要的复习，为新知识点的讲授做好准备，并发挥"组织者"的功能②。比如，在学话剧《雷雨》这一节时，课前导入可以给学生播放《雷雨》中的高潮片段，让学生进行欣赏，并分享自己对戏剧角色的情感态度，然后再播放话剧的尾声部分，让学生根据原文来分享自己的心得体会。再加以其他教学步骤。这样不仅能够调动学生的学习热情，同时通过欣赏剧目，能够对剧目中角色的理解更加生动和具体，如此再去实施教学活动将会取得事半功倍的成效。

其次是知识的保持。知识的保持在教学过程中是个至关重要的阶段。一旦知识无法被保留，无法融入学习者的知识系统之中，边学边遗忘，那么即使收获再多，最后也无法获得，最后的结果便是一无所获。"保持"的作用，在知识中十分关键。下面就以两个策略介绍怎样加强对知识的保存。

（1）复述策略

实验结果表明，在单位时间内的短时记忆只能处理5~9个单元的信息项目③。但是为了让学生已有的内容被记住（储存），一次输入的信息量就不能太多，必须保持在5~9个单元的阈限之内。同时，学生也不可能记住所有学习过的知识，随着时间的推移，学生会逐渐遗忘已经习得（获取）的知识。所以要保证自己掌握的知识点不被遗漏，得到巩固，还需要不断地对自己掌握的内容进行回忆（复习），即"复述策略"。主要根据以下几点进行回忆：

---

① 路海东. 教育心理学[M]. 长春：东北师范大学出版社，2002：209.
② 加涅著. 皮连生译. 教学设计原理[M]. 上海：华东师范大学出版社，1999：67.
③ 陈琦，刘儒德. 当代教育心理学[M]. 北京：北京师范大学出版社，2007：185.

①利用首因与近因效应

美国心理学家卢钦斯（A. S. Lochins）的研究中发现了"首因效应"和"近因效应"的存在。首因效应是人初次认识人或事物时，从心理上逐渐形成了对某人或某事有情感影响的定势，并进而影响了日后对该人或某物的态度判断①。近因效应指的是有人或特殊事件在近期出现在大脑中，因此影响了对该人或某事件的基本认识②。可以这么总结：在一节课的教学过程中，最易于让学生们记忆保持的东西就是刚开始上课时和结束时的内容。基于上述结论，教师在课堂教学过程中可将难点或重点置于课程的开始，在中间环节可组织学生对重点和难点加以突破巩固，同时在课程完成时对重点学习内容加以汇总和梳理，这样学生就能够运用首因和近因对重点知识内容加以把握。

②及时复习

德国心理学家艾宾浩斯经过试验，归纳出了记忆与遗忘法则："学到结尾的一刹那间，遗忘就会开始，遗忘的过程呈现出先快后慢的特征"。依据"艾宾浩斯遗忘曲线"，人们就能够归纳出：学会复习的最好时机是记材料后的一天以内，即不超出 24 小时，最晚也不超出二天即 48 小时。在这一时期里，对已掌握的知识点稍加重复就可以记住。过了这一时期，丢失的比例就会大大提高，占 70% 以上，甚至占据了全部掌握知识点的大部分，要恢复记忆的困难度也会增大。所以学校的复习工作要应用这一法则，而不能觉得在所有时间学习复习都一样，要按照遗忘法则，组织学生有效地开展复习，而不能直到把所学内容忘记殆尽之时才进行复习。

③集中复习与分散复习相结合

根据艾宾浩斯的遗忘与记忆规律可以获知，进行及时复习还没有办法彻底解决忘记问题，还是会有部分东西被遗漏，所以我们在集中精力学习复习以后还必须持续地进行多次重复，这样才能取得较好的记忆效果。比如，当有人给了我们一个 11 位数的手机号码时，或许当时我们有了回忆，但不能够长期保留，而如果没有回忆，很快就会忘记。只有经过几次的重复记忆以后，人们才可以更长时间记住这 11 个数字。有实验研究证明离散重复的效率高于集中式重复，亦即分次重复的效率要高于一次集中式重复。而且，随着重复

---

① 皮连生. 智育心理学 [M]. 北京：人民教育出版社，1996：365.
② 路海东. 教育心理学 [M]. 长春：东北师范大学出版社，2002：209.

时间的延长定时重复的时间间隔也会逐渐拉长。

④多种记忆方法（方式）结合

记忆的方法（形式）多种多样，有交替记忆法、自测记忆法、讨论记忆法、理解法、尝试会意法、对比记忆法①等，学习者既能够选择一个最合适自身的方法，也可将各种方法有机地结合。在复习时，复习的科目最好互相更替，而不能长期复习同一个科目，这样才能减少对脑力的负荷，从而提高记忆效率。讨论记忆法尤其适用于新课程改革下的学生自主学习模式，在学校中以分组形式就同一个问题展开讨论，经过讨论学习者不仅能够掌握所学内容，而且还能够让所讨论的知识点得到长时间的保持，这也是一个非常好的记忆方法。科学的记忆模式，不仅能够大大提高学习效果，同时能够加快知识累积速率。所以，要提升学习效果、促进知识累积，必须学会科学地记忆。

⑤促进认知结构的改组与重建

现代心理学和教育学都指出，"知识的掌握不仅是知识简单机械的保持"，而是要"经过学生原有认知结构的改组和重建"②，才可能真正使知识重新得到掌握。因为学生们新掌握的知识，和原来的认知结构之间存在着逻辑语义上的关联，使他们新习得的知识的结构成为一种网络，知识和认知之间形成了多元关系，并非单一关系。正是如此，促进他们对新习得的知识进行了解与把握，有助于调整知识的保存方式，从而减轻记忆负担，提高对知识的保存。而学习者们一旦忘记了其中的某个知识点，那就能够通过与之有联系的学习方法来回忆起忘记的知识点，使知识再次得到掌握与保持。就如同用数根绳将几个小球相互连接开来那样，只要握住中间的某个小球，就能够拉动其他小球，进而拉动整个网络。据此，教师应引导学生针对自身的具体状况采取各种记忆手段与复习对策，采用各种学习的技术，对已掌握的知识加以进一步地重复利用与转化，将已有的好储存的知识点形成一种有联系的网络，以此推动认知结构的调整和重构。

2. 技能提升策略

语文技能的提高主要涉及表达与交流、阅读与作文几方面的内容，包括：

---

① 皮连生. 智育心理学 [M]. 北京：人民教育出版社，1996：54.
② 车文博. 心理咨询大百科全书 [M]. 杭州：浙江科学技术出版社，2001：23.

(1) 表达与交流技能提升策略

注意老师课堂用语的示范作用。"近朱者赤，近墨者黑"，教师的课堂用语对学习者的语言表述影响特别大，由于潜移默化的影响，学习者在不知不觉中也就与教师的话语具有了一定的相似性。而教师的课堂用语不但对学习者产生了榜样示范作用，而且也在一定程度上决定着课堂语言的有效性。为了提高学习者的语言表达意识，首先就应该要求教师的用语正确标准，起到对课堂话语的榜样示范作用。教师在课堂中，力求做到用语正确、精炼、清晰，讲述得有条不紊，而且一定要恰当合理地使用政治概念、科学术语，而尽量避免口头话语的运用。

为学习者提供表达条件，提供表现平台。课堂学习是学生掌握基础知识、技能培养的重要阵地。流畅准确的表述与讨论，是获得优秀课堂教学成绩的重要前提之一。《普通高中语文课程标准》（2017年版2020年修订）非常强调学生的课堂参与度和学习探究性，而课堂则以学生间的互动讨论为主，于是学生间的互动也就更加重要。教师们在课程设计与课堂教学执行过程中，要坚持《普通高中语文课程标准》（2017年版2020年修订）改革的教育宗旨：以学生为主体。课程以学生探究为主，从每个学生的已有知识储备、能力水平入手，并有意识地创设一些师生、生生互动环节，以培养学生的表达与交流能力。但因为各个学生之间的知识储备与表现能力有差异，因此教师要区别对待。对语言表达能力偏弱的学生可提供几个基本的问题，并尽力创设轻松愉快的交流环境，减轻他们的心理负担，引导他们发语。对于水平较好的学生可以设计若干相对复杂的探究性问题，充分发展学生的表达能力。在小组讨论中，必须保证每位学生都投入到讨论当中，争取每个小组同学的积极参与。对待有问题的学生，教师不要指责，要友善地纠正，但这并不代表对他的问题放任不管，必须尽快促其改正。

(2) 阅读技能提升策略

苏霍姆林斯基曾说过：作为老师，如果不想方设法地让学生产生高昂的情感和振奋的智力的内心状态，而急于向学生传递知识，这样的知识只会使人形成淡漠的心态和厌烦的心态。如此看来，导语是阅读教学中必须走好的一步，是调动学生对读书的兴致与渴望的开始。用话语感染学生顺利进入情境，教师通过运用充满感染性和形象性的话语，提升阅读课堂艺术魅力，让学生在美妙的话语流动中真正感受并认识到语言与表达之间的和谐统一，使

| 251

学生形成内心的震撼与共振，从而调动学生的读书兴致。有了读书兴致，进而学生带着兴致主动读书，从而达到主体精神的提高。学习者如果可以在阅读中写出感受、品出感受，形成相应的读写能力，那么学习者读写技巧的提高将会成为必然。

①主动朗读

朗读课文，通常需要朗读得简洁、明确、快慢适度，意思可以充分表达就可以了。尤其要注意纠正传统诵读中的那些没有快慢韵律，也没有高低抑扬顿挫的一字一顿的读法，这是一个很缺乏意义的朗诵方式。对于传统的朗诵方法，我们只是通过勉强的诵读方式，单纯地根据文章的含义而诵读下去，但其实传统朗诵方法必须借助有声文字的表现力来反映文学作品中的形象，还常常运用动作、手势、语言运用、声音效果等辅助手法，来增强文学感染力。诵读能力的培养目标，可以分成按顺序递进的 3 个阶段：朗读能力最低阶段的特点是准确明白地诵读，可以用普通语言明白响亮地诵读，不念错字、不添字、不漏字、不重叠、不倒置、不停顿、不读断句。第二个层次则是准确流利地诵读，能流利连续地成句、成篇地朗诵，读准字音和声调。最高层次的是眉目间传情达意地朗读，能够通过停顿、语速和语气变化等朗诵技法正确地传达作者的思想感情。蒋维乔将诵读之方法分成三类：一是机械诵读法，是以文字朗读之，作用是朗朗上口，可练熟口齿，使敏而确；二是伦理阅读法，一字一句，分析至明，目的是使文章之意义跃于心而发诸口，思其思绪与文章联络；三是审美阅读法，注重于声调的抑扬与顿挫，目的是使作者之声调，拂拂然于我喉舌相习，以畅发作者之思想与感情。在课堂上，可以透过读音节、念词语、写词汇、听词组、写词语等课文结构，训练学习者的诵读，或者透过朗诵、抽读、句段、轮流念、诵读、比读等各种形式练习诵读，不同的诵读形式也能够结合运用。灵活选择诵读形式，有助于增强诵读效率，提高对语文的认识。课程标准把这一要求贯彻到了各个不同入学阶段中，并在各阶段又有侧重，以表现从易到难、循序逐步。针对学生"用普通话准确、流利、有感情地朗读"这一要求，在第一学段表现为"学会用"，凸显"学会"二字，这就表明是在教师的指导示范下完成，反映了"实践过程"；第二学段凸显一个"用"字，强化了学生的实践，在"用"字中逐渐养成自己朗诵的良好习惯，并逐步形成朗诵能力。第三学段所表述的"能用"则体现了学习者运用的结果，这既是最高要求，也意味着学习者朗读技能基本形成。

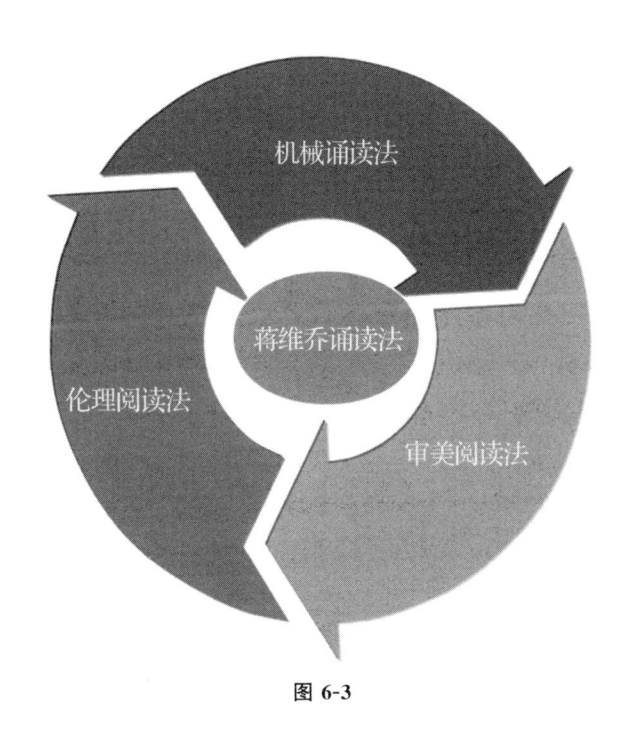

图 6-3

②精读、略读互动

夏丏尊认为"读书通常分为两种：一是略读，一是精读。略读的目的在于理解，在懂得内容；精读的目的在揣摩，在鉴赏"[①]。高中的读书课程，通常要求学生认真研读课本、精学选篇、详细诵句和分析，在上课时进行研讨。略读一般是学生自选，不是由老师指定，学生只求得其大意，一部分在上课时研讨。

精读的教学，根据《国语标准》"先全体地概览，而后局部地分析，先内容的吸收而后形式的探求，先理解而后记忆"。20 世纪 40 年代，叶圣陶和朱自清联合撰写的《精读指南举隅》在"前言"中还介绍了精读辅导的具体内容、步骤与方式。课堂教学之前，第一阶段是预习，先通读文章全文，接着背诵和宣读，借此检验学生对文章的掌握情况。然后老师再叫学生认识生僻词汇，学生不仅通过词典辞书掌握其发音和意义，同时还要了解其在一个场所能够用到，在另一个场所却完全没有用。第二阶段是令学生讨论。让他们

[①] 叶圣陶，夏丏尊. 阅读与写作 [M]. 开明书局，1948.

事先预习准备，培养讨论的习惯，分析他人的话，以中肯的观点来表达自己，以平心静气的态度反映自己和他人的看法。第三阶段的训练，首先要指明诵读，而吟诵则是指身、目、口、耳并用的诵读方式。通过背诵可以让学习者在不知不觉中将诵读的内容合理地化成他们自己的知识。

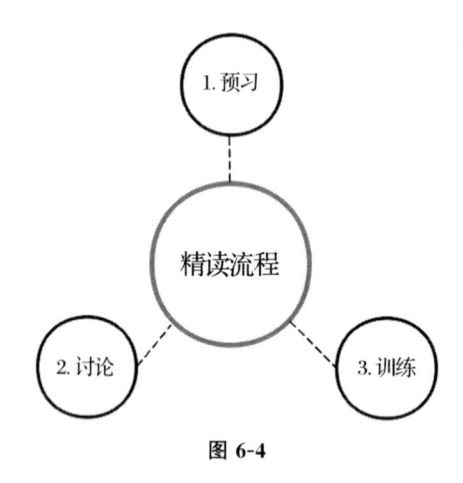

图 6-4

略读教学也是语文教学的重要任务。由于略读大多数时间都要在课外完成，所以较难指导教学。课程标准要求略读课文多半由学生自习，还有一些在授课时候进行。

在由叶圣陶和朱自清共同撰写的《略读指导举隅》的序言中，他花了较大篇幅论述略读的指导。对教师来说，精读是准备，而略读是应用。略读指南主要包括在版本引导、用校勘学、目录学的知识。读前引导中，首先进行版本引导，运用校勘学、目录学的知识，帮助学生阅读能够选择的好读物。二是序目引导。因为序文的作用一般是全书的提要或点评，要使学生形成念书时先看序文的习惯，就要培养他们先读标题的良好习惯，因为标题代表了全书的眉目，有提要的意义。三是参考书籍的引导。是叫我们查阅汉字音义、经典词汇等来历的方法书。同时也要读与阅读的书目相关的参考图书。但是还要考查学生的创新能力，考察图书馆的基本设施后，要帮助或引导学生学会用参考书。四是以读书方式引导。不管阅读什么书刊，都应该抱着认真研究语文的心态。五是问题引导。指导学生在阅读时总得先认清一些问题，当然问题一定要提出的才合理，提出的也有价值，让学生把应该记住的记忆出来，把应该感受的体验出来，把应该研究的问题探究出来。第二步则是学生根据教师所引导的方向去读书、参考和研究，并需要随时作笔记。笔记内容可分为碎屑的摘录和完整的心得——通过阅读报告，养成良好习惯。第三阶段则是学生在课内的报告与研讨。虽然认真读书多数时候都在课内进行，但略读则是在课外学习中进行，因为只有将课堂内外的读者都互动起来，才能有助于学生认真读书的主观精神养成。

③自主阅读

学生是自由读书活动的主角，教师要引导学生在自己的主观能动的基础上选取自己最想读的材料和内容。从自由阅读中，学生开始有了自身的读书感受和阅读收获，并注重于自身的反思。当学生对读书内容出现问题时，老师予以相应的帮助也是十分必要的。毫无疑问，语文的教学过程是学生读书能力培养的绝佳过程，而教师的主要任务便是使学生能够尽可能地培养良好的读书习惯，从而提升自身的读书能力与读写水准。读书能力的培养并非一蹴而就的，更不能是学习者或教师单方面奋斗的结果，需要各方的通力合作。预习，是学生自主学习的开端，是他们进入自主学习阶段，并形成有意义学习心向的最好的途径之一，而预习同样也是学生进行独立阅读之前的必要准备。不过，这里所说的预习，并不仅仅包括学生了解字词方面的基本问题，而是指教师应尽量充分地根据课程目标，引导学生根据一些具体的阅读内容，进行有目的、有方向的预习。这一阶段也是学习者自己发现知识价值，实现知识增长、认知成长的阶段。学生经过预习，对文章内容、格式、观点等有了自己的认识、思考、判断和方法，并可以制定自己的读书计划，在自己读书中也可以带着自身的认识、要求和任务去积极思索。

④交流分享

语文课程中，在学习要求中指出"合作学习作为一种互动交流式的活动，在组织形式上最大的贡献就是形成了具有特色的合作学习小组这一新型的结构联合体"[1]。阅读环节并非学生的单打独斗，而应当是每个学生相互之间进行交往的行为。把每个学生分类后由教师确定合作阅读的对象，由教师和组内人员协商阅读任务达成的方法，在交流活动中充分分享自身的学习经验，让学习活动也变成"赠人玫瑰，手留余香"的佳话。让所有成员参加学习，并让每位学生都表现出自身对阅读内容的认识，同时教师也要确定好每位学生在组织中所承担的职责，为每一位队员都分派好工作。学生扮演的人物可

---

[1] 刘永康. 西方方法论与现代中国语文教育改革[M]. 北京：人民出版社，2007.

以按照他们的想法不断变化，因此能使每个学生都得到自身带来的感受。我们可以对班级成员职责作这样的设置：

观察员：主要负责监督成员参加读书活动的情况，督促并引导部分不情愿或保持沉默的学生主动地参与到读书活动中。

检查员：避免本组成员以肤浅的解答问题的形式应付教师，使各组意见较好地达到一致。根据课文内容、导学案及参考书判断学生是否可以提出问题等所有的可能性，只要都可以进行即可完成。

记录员：主要搜集和总结各组读书的全部内容，询问各组同学对所读的内容及对讨论内容的思考和理解，总结出本组学习的方法。

信息收集人员：负责询问其他小组中难以解决或者根本没有解决的问题，并帮助其解决问题；负责搜集工作小组需要的材料。

分组发言者：主要在本组把教师布置的学生工作情况和本组对课题的进展向大家介绍。

如教师在讲解《荆轲刺秦王》这篇课文后，在学生解开了生字词问题后，让他们再看课文，画出不易掌握的字词和句式，接着展开小组朗读，排除困惑，再进行自己的翻译，最后以四字词组来对每一句的段意精心总结。小组在读书中，各学生开始承担自己负责的任务并积极参与读书，班级的资料收集人员可以随时到班里观察，再了解其他班级存在的问题，报告小组同学一起商议以便帮助他们解决问题，教师也由此了解到学生的阅读情况。

教师在引导合作读书任务时，不但要要求每位学生完成自己的预设任务，还要综合考察小组学生整体的合作读书任务完成情况，并适时地给予小组的学生成功学习的机会或鼓励。当小组学生实现了自己的读书目标后，教师还要指导学生对自身的读书情况作出一次综合的评价。合作阅读充分利用了课堂教学中动态因素的相互作用，建立了教师之间、学生之间的相互交流的良好教学局面，从而促进了课堂中的人际交往。在合作读书中，让学习者成为伙伴共同达到目标。所以在主动读书的教学中，合作读书最能充分调动学习者自主读书的积极性，也有助于培养学习者读书的能力。

第二节 过程和方法的创新

新课标中首次将学习的"过程"和"方法"放到课程目标中加以强调,这在我国的教育理论中确实是一个极具创新的命题。然而对于这样的提法,《基础教育课程改革纲要》中对"过程与方法"的目标中,却仅仅有了提法,而没有就其内容进行从概念和教学过程等角度的研究与定位,这让教学一线的教师们不免生出许多不解与困惑。关于语文教学的"过程与方法"是怎样的,所以,全面解析"过程与方法"目标的具体含义,对于在我们今后的课堂教学中有效实现这一目标,有着重要的意义。

表 6-3

	"过程与方法"的体现
总目标	积累·整合: 在语文积累过程中,注重梳理,形成富有个性的语文学习方式;了解学习方法的多样性,掌握学习语文的基本方法,根据需要采用适当的方法解决问题。 感受·鉴赏: 感受艺术和科学中的美;体会中华文化的博大精深。 思考·领悟: 乐于进行交流和思想碰撞,在相互切磋中加深领悟。 应用·拓展: 积极参与先进文化的传播和交流。 发现·创新: 学习从习以为常的事实和过程中发现问题,培养探究意识;尝试新的方法。
必修课程	阅读与鉴赏: 第3点: 注重个性化的阅读,获得独特的感受和体验;学习探究性阅读和创造性阅读,发展想象能力、思辨能力和批判能力; 第4点: 灵活运用精读、略读、浏览、速读等阅读方法; 第5点: 对古诗文能"诵读",并"背诵一定数量的名篇";

续表

	"过程与方法"的体现
必修课程	第11点： 注重合作学习，养成相互切磋的习惯； 第12点： 学会灵活使用常用语文工具书，能利用多种媒体搜集和处理信息。 表达与交流： 写作： 第1点： 学会多角度地观察生活； 第6点： 养成切磋交流的习惯； 口语交际：学会演讲；积极主动地发言，恰当地应对和辩驳。
选修课程	诗歌与散文： 第3点： 借助工具书和有关资料进行阅读； 第4点： 学习鉴赏诗歌、散文的基本方法； 第5点： 组织文学社团，交流体会。 小说与戏剧： 学习鉴赏小说、戏剧的基本方法；朗诵、表演、比较研究、专题研究等方式是小说、戏剧综合性学习的过程。 新闻与传记： 对广泛搜集的资料进行核实、筛选、提炼。 语言文字应用： 阅读领域：能综合运用获得的知识能力和方法；运用多种方式展开交流和讨论；应用文领域：力求准确、简明、得体；交际领域：积极参与演讲、辩论、演出、集会等活动。 文化论著研读： 第2点： 借助工具书、图书馆和互联网查找有关资料；有侧重地进行探究学习； 第3点： 学习运用科学的思想方法发现问题、分析问题和解决问题；在阅读过程中注重反思，探究论著中的疑点和难点。

续表

	"过程与方法"的体现
实施建议	教学建议： 　　帮助学生掌握学习的方法；尊重学生在学习过程中的独特体验，创设良好的自主学习环境，帮助学生探寻适合自己的学习方法和途径；重视探究的学习方式；倡导合作学习，鼓励学生积极参与讨论，学会沟通、协作和分享；教师要灵活运用多种教学策略，组织和引导学生在实践中学会学习。 评价建议： 　　要突出整体性和综合性，从知识和能力、过程和方法、情感态度和价值观几方面进行考察。

一、"过程与方法"概述

从词源角度看，所谓"过程"，《现代汉语词典（修订本）》将其解释为："事情进行或事物发展所经过的程序"[①]。所谓"方法"，它起源于希腊词"μεζα"（沿着、顺着的意思）和"οδοσ"（道路的意思），在汉语中"方法"则泛指人们对于解放思想、行动等问题，在实际或理论上所采用的所有门路、程序和手段等的总和。

从教学角度上看，并在阅读了大量的相关文献后，笔者对"过程""方法"深层次的内涵有了多方面的理解。

首先，过程可以说包括了学习时空的流动、知识信息的获取、学习活动的发展和认知方式的改变等动态化的过程。这样的"过程"主要包括教师的课堂过程、学生的课堂过程以及教材的形成过程，三者的合理展开反映出把知识纳入学习者的一生发展中的存在意义。

其次，我们必须把握教学方法，在教和学的活动中，教师的角色就不仅仅表现在"传道、授业、解惑"几种工作领域方面了，古人云："授人以鱼，只供一饭之需，授之以渔，则终生受用无穷"；美国教育家布鲁姆曾指出，老师并不是以一味地灌输知识为主要目标，而应该先使学生掌握正确的学习方式，以形成自学能力；在高中语文新课标中也明确，学生们应"了解学习方

---

① 中国社会科学院语言研究所词典编辑室. 现代汉语词典（修订本）[Z]，北京：商务印书馆，1996.

法的多样性,掌握学习语文的方法,能根据需要,采用适当的方法解决阅读、交流中的问题"[1]。

从以上对"过程"和"方法"的阐述可见,两者有其内在的一致性,内隐在知识与方法之间;二者相互依存,"过程"中也包含、渗透着"方法","方法"也形成和体现在"过程"之间,成了一个具有动态性的有机的整体。

对于"过程与方法"是否成为教学目标这一话题,张汉林老师在他的《谁的"过程与方法"——三论"过程与方法"教学目标》一文中提出了具体看法。他提出"教师教学的过程与方法就只是手段,学生要掌握的思维过程与方法才是目标,前者为后者服务"。他的这一观点从逻辑角度上讲是行得通的,"教师教学的过程与方法自然不是学生学习的目标,学生实然的思维过程与方法也不是目标,学生应然的思维过程与方法才是目标"[2]。

史秀玲在与齐兆生教授一起编写的《"三维目标"与中国语文教学》一文中也指出:"'过程与方法'目标是从培养学生的智力和思维能力的层面上提出来的可操作型的目标,因此在实施这一目标的教育教学的过程中,应着眼于引导学生学会学习,鼓励学生自主学习,合作探究,乐于交流和沟通,并通过亲历体验等发展学生的思维能力"[3]。

我们也应该从当前《普通高中语文课程标准》(2017年版2020年修订)模式下的高中教学和相关课程的课程标准中对"过程与方法"这一教学工作目标的具体化内涵的阐述中去体味。比如,地理环境课程明确提出,需要学习者"试图从教学和生活发掘地方社会实际问题,与别人协作,开展调查研究,给出解决的措施";英语学科认为,"老师要有意识地帮助学生建立符合自身的学习策略,并具备持续调节自身的学习策略的能力";高中物理学科则需要学习者"经过物理概念和基本规律的学习活动,掌握物理学领域的研究办法""能规划并控制自身的学习活动,有初步的自主学习能力"等。

综合从上述的各个视角以及对"过程与方法"总体目标内容的了解和界定,笔者认为"过程与方法"总体目标应视为《普通高中语文课程标准》

---

[1] 中华人民共和国教育部.高中语文课程标准(实验)[S].北京:人民教育出版社,2003:3.

[2] 张汉林.谁的"过程与方法"——三论"过程与方法"教学目标[J].历史教学(中学版),2007(7).

[3] 史秀玲,齐兆生."三维目标"与语文课堂教学[J].学科教学探索,2006(12).

（2017年版2020年修订）教学方法中一个至关重要的方面，其实正是要使学习者真正获得可持续成长和终生成长。它既可能变成教师组织课程的一个目标，也是为学习者更好地亲历学习、掌握合适自身的教学方法服务的，所以"过程与方法"总体目标正是为了让课堂教学的流程变成师生之间、生生之间进行对话、互动，并一起观察、反思、探讨的流程，也同时是一项为了让学生学会学习，在课堂教学中掌握教学方法、技巧，并建立高效的学习策略的目标。

二、"过程与方法"目标在高中语文课堂教学中的有效实施情况

1. 新课改的执行者——语文教师

（1）做好角色转型定位

李镇西老师曾将新课程改革中的学校教师们这样界定为："教师是新课程的参与者，开发者""教师是'平等中的首席'"。[①] 的确应这样。教师们要在彻底抛弃传统的教学方法中，在教学流程的管理、教学的组织、教学的实施上具有居高临下的绝对权力。教师首先要担任学生学习的组织者与引领者。

《普通高中语文课程标准》（2017年版2020年修订）理念注重在课堂中教师的共同参与、平等交流，而教师也只不过是组织者。这是个很灵活的、多变的过程，因此课堂教学设计中要能适当地给学生创造自主学习和合作交流的空间和时机，这也是最关键的学习资源。如个别学习、与同伴互动、分组协作、组际互动、班级交流等，都是在《普通高中语文课程标准》（2017年版2020年修订）中常常使用的课堂组织形态，教师在其中首先要随时洞察和掌握学生的思想情境，适时调整施教导向，并相机予以肯綮的引导与支持；要善于创造情境，营造浓厚的求知气氛，并充分调动学生的好奇心、主动和创造性。寓教于乐，力求活泼，又要能敏捷捕获学生思想中的瞬时火花；要能合理掌握教学的节拍，张弛自如，不听任学生信马由缰，在快乐中训练他们的自律意识和美学辨别能力。

在自主性学习活动中，教师仍应注重于协助学生们建立切实的学习目标，并确定和调整达到目标的学习方式；指导他们形成良好的学习行为和学习方

---

① 李镇西. 我看语文新课程改革. http://ja.3edu.net/zwsl/lesson-78930.htmL.

式。其要旨应做到导而不发，引而不露。引导教育可以是对课堂上教学学习方式的点拨与思想启迪，也可能是在知识点的分析中发掘出教育元素，对学生的审美认知水平的熏陶。它也可能体现为一种启发，当学生迷茫困惑、不明其所之时，教师并非简单地告诉方向，而是循循善诱，以启迪其更丰富的思考潜力；也可能体现为一种鼓舞，当学生望难却步，畏葸欲退时，教师并非板着脸训斥或勉强地逼着学生走，而是重新燃起他们内心的精神之火。

其次是教师要能屈身下顾，并作为学生学习活动的主要参与者。

在传统的课堂模式里，教师常常自认为是传播知识的圣者，学生则完全处在被动的学习中，教师严格要求的是怎样将知识结论准确地传递给学生，学生则常常把课堂理论奉若神明，只为听记下来。如此，难免扼杀学生学以致疑的探索能力，也不能真正发展他们的智慧与思维的创造力。新理念需要教师在课堂中成为一名积极的参与者，要随时洞察学生的知识状况，包容和理解他们的疑惑，愿意聆听他们的"不和谐的脉搏跳动"，平等地和他们展开互动，一起探索获得更恰切的方法，并能适时地给他们理论上的帮助与学法上的指导。当他们的思想发生偏离或者错误之时，教师就必须作为一个保持冷静的思考者，成为他们往思维顶峰攀爬的指路者，或者成为一个人文精神的守护神。

（2）提高自身综合素养

新课程体系进一步完善了自身结构，其教学内容结构、教学内容实施、教师考核与管理等诸方面，均与传统教学比有了很大的革新与跨越。在以往教学中，教师们主要是独立承担并解决课堂教学中的各种困难。但几年之后，由于教师的专业本位思想越来越顽固，许多教师经常不自觉地画地为牢，将自身束缚于专业壁垒当中。鉴于新课程的宽涵性与渗透度，用这一传统的知识去满足教师自身需求，其后果是可想而知的。这就要求教师们必须保持更加开阔的心境，保持终身学习的信念，并进一步地对自身的传统教育课程加以重新检视、反省，从而改善重组自身的知识，让自身获得更为宽广的教育眼界。"把好自己的门，串串'邻居'的门"，除了基础知识之外，还应该兼容并蓄，涉及更多的专业范围，如此方可做到驾轻就熟、游刃有余。

学会利用课堂各类资源的基本技能。教学内容不应该或也不能够作为独立的教育资源，"以本为本"已变成历史。教师应该学会积极地有创造性地使用这些有效的各类资源，为教育教学服务。带领学生走向课本，走向教室和校园，充分地使用校外各类信息，在现代社会发展的环境里开展教学工作。以往教师常拘泥于课本，危害了创造力的发展。校本课程的发展需求老师不但会"教"书，而且会"编"课本。教师们可依据课程要求，选择自己认为最合适的学科类型和教学内容，并决定课程教学信息资源的开设、使用，从而引导学生进行研究性、创新性（研究、实践、调研、试验等）、感受性（动脑、动口、动眼、动手等）和实用性教学活动，以达到学习的多元化。

2. 现代信息技术

互联网技术应用于教学，彻底改变了以往以教师为核心、以教材为核心、以课堂内容为核心的狭隘课堂思想，改变了传统语文教学的思维方式，极大充实了语文课堂的资源。它可以用鲜活的、远超文本的文字画面激发情感、审美感受，促使学习者体会课文的思想情感内容；它还可以使语言教学化难为易、化静为动、化抽象性为具体性，直接展现出事物的实质与内在联系，进而提升学习者的能力；它还可以培养学习者的兴趣爱好，进而增大课堂的容量，增加课堂价值。多媒体演示式教学有利于教师和学生面对面沟通，进而发挥教师的思想引领功能，也便于教师引导学生进行互动与讨论式的教学。当然，这些教学模式在高中语文课堂中，也显示了某些不足：

一是固定的教学流程限制了课堂。多媒体演示教学的教学内容和顺序往往是事先安排好的，一般不易根据课堂生成的新情况进行修改，而课堂是千变万化的，因而有时会出现预设的教学程序和课件束缚课堂的尴尬局面。

二是课件束缚其思想。因为教材的全部掌控在教师手里，易产生"现代教育技术环境下"的教师中心，学生的思想也由教师的思想所控制。

三是精美的画面观赏替代文本解读。由课文所演绎出来的形象生动的画面如果使用不当，可能会先入为主，使学生丧失自己对文本阅读的个性化理解和想象，产生思维上的依赖性。

为了避免这些缺陷，让多媒体演示课堂更好地为教学服务，我们在选择多媒体演示课堂的方式上，必须坚持下列准则：

辅助性原则。多媒体教学的应用不能喧宾夺主，不能用看视频取代读文字，不要用视频讲座取代教师的讲解与师生交流。希腊哲人，教育家苏格拉底认为：没有什么方法，比师生之间的交流更能培养交流技巧，更能激发思考能力。交流最能够开发学生真正意义上的思考，对培养学生的思考能力会产生很大的促进作用。

启发性原则。多媒体教学的运用要能够激发学生的创造思路和想象力，能够产生阅读期待，调动学生的探索兴趣，促使学习者与文字直接对话，而不仅仅与课件交谈。不要用课件的形式将教师的读书结果直观奉献给学习者，而是要激励学生去探索真理，并亲自采摘成功的果子。

恰当性原则和实效性原则。教材的切入时间要合理，对于语文"言""意"转换能力的培养要有"最优化"的认识，可用或不要的地方就不要。一幅图画，一个声音，甚至一幅实物，它们同样都能发挥很好的心理辅导功能，而且比制作教案时更加实用（尤其在农村）。而粉笔课堂教学板书的特性则是"灵动"，能随机应变，和学生思想方向一致，不可不要。在电子教学的预设教学目标改变，或形成了新的教学目标之后，粉笔课堂教学板书才能够应急，对电子教学板书的演示内容则应作适当取舍。

3. 语文教学研究观念的转变

当前，中国评估改革的总方针是注重平衡发展，淡化甄别和选择，促进评估功能的全面转变；重视综合评价，重视差异，促进指标的多样性；强调质性评价，定性与定量有机地融合，达到评估方式的多样性；注重社会参与互动过程，自评与他评有机地融合，达到评估主体的多样性；重视社会发展与转变过程，总结性评估与形成性评估有机地融合，达到评估目标的转化。

具体到对语文课堂教学的评估上，其变化主要体现在以下两方面：对课堂教学有效性的评估和教师对学生课堂活动能力的评估。这两个方面的变化都有利于语文在课堂教学"过程与方法"维度的有效实现。对课堂教学有效性的评估要从过去只重视教师对学生学业成绩的评估，到更重视教师对学生自身全方面能力的评估；由只考核他们的知识成绩到重视他们获取知识的过程；由只考核他们对学科框架和现成结论的掌握能力到全面考核他们对科学知识进行思考的能力。总之，将重视成果的质量。

三、高中语文"过程与方法"目标的有效实现途径

遵循对中国语文课堂教学中"过程与方法"维度目标的正确理解，如何才能在课堂教学中有效地落实"过程与方法"的维度目标，并切实做到使学习者有一种学习亲历的过程，并能深入到心灵，从而使其在感受和活动过程中真正会学，喜欢并学习呢？在教学课堂中，教师的课程设计就显得尤为

重要。

由于语文教学着重在实践——学生亲身实践，所以整个语言教育活动中必须将一个又一个的教学活动有机地串联起来，而这些项目或能调动语言学习者的阅读积极性，或能形成阅读期待，或能使他们积极主动地讨论下一个课题，或能使他们形成自主学习的行为等。那么，教师如何通过精心组织这些课程，使整个语文课程的"过程与方法"维度任务得以更高效地完成呢？途径有如下几种：

1. 创设情境

情境的创设，能够贯穿整个教学活动的始末，这有赖于课前的引导。一个精彩的导入，常常能够创设一个良好的环境，调动学生学习的积极性；或形成阅读期待，或有助于阅读的进一步探索和品位提升等。

如《荷塘月色》一课的导语设计：用 Flash 动画或剪辑后的影片，播放 2~3 个宁静美丽的月下荷塘画面，然后老师用柔和轻快而又朴实的话语穿插，同学们很快就会在脑中自动形成优美恬静的月下荷塘形象，从而突出良辰美景，并捕捉学生们喜欢美好事物的心灵，使语文课成为一个强大的磁场，牢牢地吸引学生。

情景创设的方式有很多，可以是以情动人，也可以是讲故事，或是介绍背景；可全用语言表达，也可借用其他各种媒介，因文而异，表现形式也可多种多样。但导入词的设计主要目的就是制造读者期待，从而引发读书趣味，但同时也需注意要满足各个阶段的学习者的认知心理，要保持给学习者及初阅文章的个性化读者的第一印象。

如课文《廉颇蔺相如列传》可设置两种导入方法来作比较，A 可设置为初方案，B 则为改良过后的方案。A 以历史真实生活为切入点，"班上有两个学生，小明和小伟，其中小明是个很有能力的人，但他不懂得谦虚，做事情总是莽莽撞撞，很容易冲动；小伟也是一个才华横溢的人，但其性格却与小明截然不同，他谦逊、稳重，有一次，小明做了对不起小伟的事，事后，小明反应过来也找小伟道了歉。你们是怎么看待小明和小伟两个人的呢？"B 答案以历史真实事件为基础导入故事，把史书中最真实的人物廉颇和蔺相如的故事讲述出来，并讲述故事所产生的历史背景、走向及其最后的结局。

我们把两种方法加以对比，就可以看出：引言 B 更加成熟一些，符合高中学生喜爱了解历史事件的心态，更能激发高中学生的学习兴趣，而且暗扣课文的比喻讲解艺术，还附带说明了课文的历史背景。而引言 A 则更加稚嫩，像面对小学生，在目前的阅读教学中也有"理念先入"的情况，教师往往在指导学生阅读文章前，就利用了预习目标题、教学目标介绍、课文引导词等预读环节，对课文的具体内容作了太多提示，降低了学习者亲身读书的实际力量，也影响了学生独立读书的思考空间，这样不利于学生读书能力的养成。所以，我们在设计导语的时候必须要保证给学习者对初读文章的个性化阅读的第一个印记。

情景设计作用的持久性，还取决于教师准确地掌握课堂教学的感情色彩，选用最中肯、最准确、最生动的话语来表述所要教学的知识。语文的魅力在哪里呢，不就是在语言的优美、文字的优美上吗？当学生可以体会到教师话语的韵味，并为之所吸引和熏陶时，当然就会进入到语文当中去体会作者的深情，而他们的感受也会是非常深切的。

苏霍姆林斯基指出：老师讲课才能的好坏，很大程度上直接影响着学生在课堂的大脑劳动效率。简单、富有艺术感染力的语句既能引起学习者的注意力，调动学生的思想活动，又能丰富学生的想象力，让学生得到艺术感染，得到美的体验。

总之，语文课堂教学应该创设活动情境，写作课堂应该创造生活情景，口语交际应该创造真实情境等，充分调动学生的积极性，充分调动他们的激情，积极地投身到课堂学习当中。

2. 加强朗读

"读"贯始终。语篇的文字教学、阅读教学、作文教学都要"读"，我们的高中语文课堂教学不能没有琅琅的读书声，这就是语文课独有的"语文味"。但是今天，我们的中学在语篇课堂教学诵读的声响还很稀少，课堂教学中间或可以听见的，要么在新课伊始，要么在行将上下课之时，而且这种的朗读声往往还流于形式。有些老师也觉得，如朗读占用的学时太长了，或者课堂任务难以完成，就直接弃之无用。语文课堂教学必须立足于文本、紧扣文本来分析内容。引导学生走进文本，"读"是至关重要的手段。读的方式形式多种多样：可能是默读，也可能是听读；可以是小声念，也可以是大声念；可以是自由诵读，也可以是齐诵读；可以是领诵读，也可以是所有角色诵读；可以是配乐诵读，也可以是范诵读。这样的"读"可以让我们加深对文本的印象，"读"可以帮助我们理解文意，借助"读"可以展开探究，总之，"读"

就能够提升读书的效率。采用多种形式的诵读，使学生可以欣赏文字的优美，在诵读中受到教育，潜移默化地对他们的心理起到培养效果，要比说教好得多。

当然，读书也不可滥读，每一种阅读方式都必须使学习者有所感受，并且愿意去阅读。而在古文课程中，诵读是古文教学的传统方法，是主打项目，是至关重要的。比如在文言文《廉颇蔺相如列传》一课，处处都充分考虑到了阅读的妙处。首读时需要学习者根据课文注释，或大声自主朗读课文，或将不了解的字词画下来，或尝试用一两句话阐述故事大意。这样以听带思，以听带练，充分调动了学生的积极性和主动性，引导学生进行正声正字正形和正确句读的教学活动，同时通过读，学生基本掌握了文章主要内容，也掌握了文意，巩固了对文章的认识，为下一环节的教学活动打下根基。第二，读要求学生分组合作，分角色朗读，以探究人物性格和角色说话时的语气，并加以评价。分角色诵读，要以理解为依据，这就要求学生更加自主地去研究人物性格和角色说话的语气。这样的诵读活动便成为学生在教师的引领、帮助下，自主探究、自我发掘的活动。学生会充分调动自身现有的知识去理解课文，从而建立起第二文本，进而产生了全新的诵读体验。这样的学习过程，不就是我们在新课改中所积极推行的吗？

3. 设计有价值的问题

此处的"问题"指上课老师谈话探讨文字内容的主要问题。它当作思想的激励物，激发学习者的思想，引领学习者走向文字。目前，提问过多是语文教学中的一个主要问题。"提问"之"弊"鲜明地体现于课堂教学的有："步步为营"地提出变成牵拉着学习者向"板书"靠拢的梯子；"提问群"变成协助老师绵延滔滔讲析的桥梁；"碎问碎答"变成桎梏学生创造思想的网络。因而，设计"少而精、有价值"的主要问题也就变得尤为重要了。通过"有价值的问题"的设置，能以精、短、实、活的问题启迪课堂教学，革新教学方法，革除传统阅读教学中的多问多答和碎问碎答，精炼内容和教学流程，凸显学习者的主题阅读优势，能形成以学习者为主导的整体性阅读、个性化教育、探究性阅读教学。

现在许多的课文教学，给人很明显的印象就是"虎头虎尾马蜂腰"。"激趣导入"和"作家介绍"等很出彩，"补充扩展"的部分也很充实，但是学生对课文中的语言内容却学之甚少，大多是浮光掠影，浅尝辄止。所以，问题的设置，首先应该立到课文上来，抓住重点，把握课文的内涵和特点，然后设计好成为学习课题，才能够指导学生开展更有效的阅读，进一步挖掘课文。语文阅读教学课题设置时，可从篇章的具体内容脉络上着手设置。这种问题创设的方式，更有利于学生全面了解课文的内涵，掌握篇章的结构特征和编写方法，从而培养学生全面认识文章内容的意识。通过针对不同的文本设置出不同的题型，帮助学习者全面地掌握不同文本的结构特征与编写方法，培养综合理解文章内容的读写技能。

其次，问题的设置，更富有创造性和台阶感，更富有开放性和趣味性，给予学习者自由思考的余地更大。因为我们认知世界的基础规律就是由表及里、由浅入深、由具体到抽象、由单纯到复杂的，学生认知语文更是如此。我们必须按照认识原理来设置问题，让问题根据教材逐步深化，循序渐进，给学生铺设向上的阶梯，让他们容易接受。提问富有开放性和趣味性，往往比较易于引发他们的好奇心，易于与教师形成互动，对他们逻辑思维的发展和技能的训练具有重要的意义。

此外，问题的设计，也要具备广泛性。问题要面向全体同学，但不能把课堂教学化为针对"尖子"的课题，以免挫伤大多数学生的兴趣和主动性。对于困难大的课题，要让基础较好的学生解决，而对于一些中等难度的问题，要通过充分调动学生激起他们的兴趣爱好，给他们提供一个自我表现的平台，让所有学生都能参与，一起进步。

4. 开展合作探究性学习

协作学习，是指学习者群体在组织或群体中为实现自己的主要任务，有具体的负责分工方式的互动性教学。在合作教学中因为有学人的共同参与，使得教育过程远远不止是一种理解的过程，同时更是一种互动的过程。

首先，组织的课程可以训练学生的社会适应性。这提供了学生彼此沟通、相互了解的平台。在合作教学中，学生要懂得将自己融于班级当中，共同学习、合作学习，这样增强了学生的合群性；同时也培养了他们善于倾听他人建议的好品格。在小组中协作教学，让他们觉得要想让自己在学业上更有收获，需要在小组之中的每个组员彼此协助，共同取长补短，并虚心听取他人的建议，就这样养成了各组人员善于听取他人的建议，并帮助原本组员共同提高的好品格。

其次，组织的训练也可以提高学生的自主权与独立性。一个拥有自主能力、自主权与独立性的人,是指一种对事情有自己独特的想法和看法,并勇于提出自己的观点,具备良好人际交往技能的社会开放型人。小组交流、练习是培育这一类人才的有效途径,小组同学可以在小组中进行全面的知识、逻辑思维和勇气的锻炼。经过小组成员间的交往,学生可以自由地把自己的想法用语言表达出来。培养自主交流、产生独特想法的本领。

第三,组织与学习之间的共同目标关系为学生主体性培养创造了力量来源。所谓共同的目标关系,即组织中拥有一致的目标,只有在每个成员都达到目标后,个人自身才能实现目标,获得成功。而如果组织中只有一位达不成目标,其他人达不成自己的目标。通过这种共同目标关系就可以建立良好的互补的人际关系,以一个既利于个人自身成功也利于其他人成功的形式进行合作。这就可以调动组织成员的集体自豪感。由于彼此支持、互相激励,每一个成员都可以更大程度地体会到尊重并被其他成员所接受,从而对实现目标更加积极、主动,对成就动机也更加强烈,由此调动起参与学习、乐于学习的积极性与动力,给学生主体性的训练和开发带来了无限的动力。

成功的协作教学在语文课堂教学中也同样不可忽略。但是,并非所有教学内容都必须实行小组协作教学,也并非有了小组协作教学的形式就万事大吉了,只有当内容在学习者个人确实无法解决的情形下,才必须由学习者们展开分组协作交流讨论,从而一起解决。这样的协作教学才有意义,而这样的协作教学也才是一个全新的教学方式。协作教学必须要真真切切,应避免流于形式,不顾及学生的实际状况,或者仅仅为满足新一轮教育课堂变革的需要,而单纯地让学生们围坐在一起,表面上热闹红火,但实际上是一无所获的"花台子"。开展协作性教学时要注意以下两点:

第一,合理组织协作教学组织。当成立了合作学习小组之后,首先针对学生的知识基础、兴趣、认知水平、心理、父母家庭、年龄等各方面因素加以综合判断,再考虑到组织中的成员能力搭配,进而形成若干个学习小组。固定合作学习小组的同桌二人交流、前后桌的四人小组讨论、自由的小伙伴或临时小组讨论与交流等是高中语文课堂协作教学的主要形式。

第二,发挥教师的主导作用。教师永远是团队与合作教学的最积极、热心的设计师和导师。不管在有团队的小组讨论中,或是在平时的学习交流中,教师都要牢记自身的引领职责,并尽力解决盲目的、无意义的合作教育活动。

学习的探究性内容如何落到学生实处?在语文课堂教学中,教师作为班级合作课堂的设计者与引导者的角色，尤显重要。第一，教师应赋予各合作小组具体的学习任务。一个意志活动总是由某种动力诱发的，小组参与学习的任务就是为他们主动性开发创造了动力来源，再加上教师对参加活动的过程与行为成果的评估会更加调动学生互助研究的积极性。例如，古文课堂教学中，教师在全面了解课文、疏通课文大意这一过程中，学生的独立阅读必然会遇到某些文言词汇、句读困难的问题，便可组织他们开展分组协作阅读，通过共同质疑问难，以高效率更好地完成阅读任务，这样合作学习就充分提高他们的理解水平，从而满足学生的求知欲和完成阅读任务的成就感，学生又何乐而不为呢？其次，教师还应提供有利于探究的问题。问题的设计对调动学生合作研究兴趣必不可少。教师教导学生所探究的社会问题一定要有相当的深度，给予学生较大的独立思考的空间，同时又和学生的社会生活背景和旧有科学知识相互联系，还可以使学生在社会实践中获得新认识，通过训练学生分析社会和研究问题的能力，能让学生在学习中得到全面发展，让学生更乐于协作与共享。

5. 渗透学法指导

"过程与方法"的概念强调学生在课堂中要有了解亲历的过程，使他们懂得方法，并了解学到的方法、诀窍和途径。让学生"学会学习"已变成现代教育的特征。因此，高中语文身为各类信息技术基本载体的工具学科，其教育就不应囿于让学生"学会"书本的内容，而应当对他们加以学法引导，让他们学会阅读，从而让他们具备自主增值知识的智能素养。

适当的学法引导对学生正常学习心理的建立，具有正面的影响。它以适应学生实际、适应学生的学习需求为出发点，以帮助学生培养发现、分析、解决实际问题的能力为着力点，并以此激发学生凭借自身的力量去取得成功的动力，从而使学生在初步的学业成果中感受凭自我实力完成的成就感，进而激发起更强烈的读书兴趣和实现人生价值的更高愿望。如此，学生的"情"和"知"就会在语文学习中紧密结合，从而产生勤奋认真、不怕艰苦、追求真知的良好的学习心态。

如何在新课程教材中实现对方法指导的整合与渗透呢？

其一，对教学方法的选用应有能力去指导学习，教育过程中注意激发学生自悟与总结学法。

高明的教学方法是：寓学法于教法中。而教育活动既是学法的实施，也是学法的落实。因此，对古诗词的课堂教学活动可分成以下四大领域：细致辅导的"吟读"，悉心点拨的"译读"，创新设计"悦读"和恰当指导"背读"。它们环环相扣、层层铺设、步步推进，整体过程以"读"纵贯始终，创意迭出，余韵悠远，大大增强了学习者对古诗的感知、认知、感悟和拓展能力。尤其精妙的是，对古诗词的课堂教学活动本身便是诵读经典诗词方式的具体体现。

其二，在课堂教学活动中老师要演示和点拨新教学方法，并帮助学生迁移和应用新教学方法。

榜样引路，让学生有"法"可循，易学易会；启迪点拨，让学生排除障碍，变难为易。学习与研究文学人物形象、欣赏小说文字、掌握作品的逻辑结构与情感变化等都是文章欣赏学习的难点与关键。而怎样去研究，从什么方面去研究，则成了困扰我们的问题。如在教师讲授《雨霖铃》中，就需要学生们品评文章的写法，看看作品究竟美在何处？教师为开阔学生的视野，在学生的文章评论中作出恰当的点拨，并在这一过程之后作出有效的归纳，让学生们在实践中学会赏鉴散文创作技巧的方法，而这些办法又便于学生迁移应用，达到了"得法于课内，受益于课外"，堪称一石二鸟。

综上所述，老师的教必须注重于学生的学，在学法中渗透学法，必须突出启发与诱导，必须将教的进程变为一种自"导"的进程；要把课堂教学变为一种在老师引领、指示下，学习者自我探究、自我发掘的进程，从而切实将语言教学中"过程与方法"的层次要求落到每个学生实处。

第三节　情感意识和人生观的养成

情感、态度和价值观目标综合了三方面的因素，想要更全面、系统地掌握情感、态度和价值观目标的含义，必须正确认识它们的内涵以及相互之间的关联关系，从总体上掌握情感、态度和价值观目标。

一、"情感、态度与价值观"概述

1. 情感

从社会心理学的视角，情感是指人类对客观事实和自己的主观需求间相互作用的能动表现，是指人对真实事件是否符合自己需求所形成的某种主体情感，包含感情、内在感受、需要、欲望、利益要求等一连串的身心表现的总和。在新目标中所提及的情感"不仅仅指求学热忱和兴趣，还包含爱、喜悦、美学趣味等丰富多彩的内在感受"。积极的情感对人类进行各种行为都具有重要的推动意义，它一方面能够增强人的认识的主动性和创造力，也能够推动人的思维能力的提高；而另一方面，强烈的、稳定的情感本身便是某种强烈的意愿驱动力，它一方面能够提高人的勇气和信心，并强化人的意志和能力。所以在课堂教学活动中，我们在重视知识教学的同时，还必须认识到情感因素的直接影响，通过优化课程目标，提高课堂教学效果，培养教学乐趣，从而培育学生的学习热忱，以便有效地帮助他们了解知识、掌握技能。

2. 态度

态度是指在特定的社会情境下，个人对人、物或事件，以一定的方法作出客观反映的、内部构成上具有相对稳定性的某种心态倾向。态度一般是由社会价值成分、意识成分和意志成分三个方面所组成。《普通高中语文课程标准》（2017年版2020年修订）中的心态"不仅指学习态度、学习责任，更是指乐观的生活态度、求真的科学态度以及宽容的人生态度"。态度并非生来就存在的，它是以个人价值观为内参考系，再以社会规范为外参考系，经历了顺从、接受、内化等三步递进过程而形成的。由于态度是无法简单变化的，所以态度一经产生即具备了长期性和相对稳定性，作为人格、个性发展的主要组成部分，必将对个人、群体和社会发展产生重要的影响。好的学习态度往往是一个与高级社会化的需要密切联系的，相对固定的与意义深刻的情感现象。"情感"与"态度"之间往往是密切相通的，适切的情感也必然会形成积极的心态。

3. 价值观

"价值观"一词在国内外的论文和书籍中大批涌现，然而，迄今尚无公认的界限。马克思主义哲理指出，价值观是人们在认识各种具体事物的价值的基础之上所形成的对事物价值的总体的看法和根本观点。英国莫尼卡的观念也基本相同，主张价值理念是个体对事件和活动的含义、必要性的总评估和看法，是让人据此而采取行动的一个基础性的原则、基础信念、理想以及准则。《普通高中语文课程标准》（2017年版2020年修订）中的价值理念"强调个人价值与社会价值的统一，科学价值与人文价值的统一，人类价值与自然价值的统一，强调让学生从内心确立起对真、善、美的价值追求"。科学的价值观是我们精神的核心内涵，是引导我们言行的基本准则，是影响我们精神健康成长的基础因素。而价值理念也通常是与情感、态度等相联系的，一个人的情感和态度通常可以决定个人对价值的导向，也就是说，有什么样的情感和态度常常都会产生相应的价值取向。

情感、态度和价值观三者间彼此关联、相互影响、彼此渗透，共同形成了个人的性格品质。从横向层面来说，这三个基本要素之间有着相对的独特性，分别构筑了人的非理性世界的相对完美的画面；从纵向层面来说，这三个基本要素之间则是逐步递进的，三者共同组成了一种从底层到高阶的不断内化心灵的团体。

通过对以上情感、态度和价值观目标三方面原因的剖析，我们可以对情感、态度和价值观目标作出以下定义：即通过教育方式，让学生对学习过程有一个更加深入与主动的感受，从而增强学习兴趣和学习动机、形成积极的情感，以便于在面临事情的抉择时能有良好的合理的内心状态，对身边的事情也能有科学的评估与认识。

3. "情感、态度与价值观"目标和"知识、能力"目标之间的关系

随着新一轮课程改革的推进，学校教学各项任务的基本形式也发生了许多改变。各学科按照新一轮基础教育课程改革的特点，课堂教学任务要围绕着"知识与技能，过程与方法，情感、态度与价值观"来设计，被称为课堂教学的"三维目标"。"知识与技能，过程与方法，情感、态度和价值观"三个方面具体在中学语文课程中，不仅仅是教学目标的三个层次，而是包括教育对象的三个层次，是一个事物的三个层面。在教学活动中，三个对象是相互影响、彼此渗透、密不可分的一个整体。

知识、能力是支撑着情感、态度和价值观实现的基石；在三维教学目标中，知识目标占据独一无二的地位，若脱离了知识的获得，那么能力要求以及情感、态度和价值观也就没有了生成的媒介。能力和情感、态度和价值观

并非凭空就可以产生的，而是在特定的认识基础上，在教师的指导下不断产生的。而学生的能力与学生的情感、态度和价值观都是在对基础知识的掌握、认知、内化和应用的过程中逐渐产生的。情感、态度和价值观，则对学生的知识、技能发展起到了巨大的促进作用。列宁曾说过："没有人的情感，就从来没有，也不可能有对真理的追求。"这句话说明了人的情感对知识产生的激发、促进作用，端正的情感、态度和价值观，就可以在人们学习知识、获取能力的进程中，起到重要的促进作用。积极的情感体验和端正的学习心态，可以使学生的学习中具有明确的驱动力、强烈的动力和积极性，进而极大地推动知识的获取和技能的养成。

从上述研究中可看出，认识总体目标、意识总体目标和人格情感、态度与价值观总体目标是不可分割的系统，它们既彼此独立，又相互促进，并共同以实现人的全面、和谐的成长为最终目标。这就要求教师要对中学语文课的三个课程任务间的联系有合理的理解，在实际课堂中融入三个课程任务，不但重视知识、技能目标的达成，而且重视情感、态度和价值观目标的合理实现。

二、"情感、态度与价值观"教育在中国语文课堂教学中出现的问题现象

1. "情感、态度与价值观"目标在语文课堂教学中的问题体现

（1）教学目标设计中不重视"情感、态度与价值观"目标

经过对部分教师教案的调研表明，相当部分教师对"情感、态度和价值观"的关注度不足。针对这一类对象的教学往往缺乏指向性和操作性。如用"树立正确的三观"框题"情感、态度与价值观"总体目标，有的教师这么设计：经过教学，使学生建立正确的世界观、人生观和价值观。此表述明显是笼统的、缺乏操作性的。还有一些教师尽管在教案中写明了"知识目标，能力目标，情感、态度与价值观目标"三个部分，但在教学过程设计中只强调基础知识的讲解，而缺乏对学生"情感、态度与价值观"目标的明确指导。

（2）教学内容未与学生的生活相联系

教学内容主要是指教材内容，是师生之间进行教学活动的基础，教师对内容主体的处理，会直接影响学生对内容主体的接收与内化过程。对于实现

"情感、态度与价值观"目标，教师不可以像讲解知识要点那样，单纯地采取介绍的方式，将"情感、态度与价值观"目标"教"给学生。一般来说，情感、态度与价值观是没法"教"出来的，而是要求教师通过创设情境、创造气氛，并通过学生自身去感受、去领会的。因为学生应试的实际压力以及高中阶段学业任务繁重等因素，导致教师们在处理课程时往往仅仅重视考点的内涵，而不善于发现课程中与学生现实生活密切相关的资源，从而导致学生们不能够得到切身实际感受、领悟的机会。再加上高中的教学内容本来就有些枯燥和乏味，所以不少学生觉得学习语文课什么作用都没有，也不愿意去上语文课。在这样的情况下，语文课的"情感、态度与价值观"目标得到贯彻更为艰难。

(3) 教学方法不利于"情感、态度与价值观"目标的落实

教学方法，指为了达到教育目标，在教育活动中为了达到目的师生共同采取的各种的手段与措施。经过研究表明：一方面，教师一般情况下只是单纯地照本宣科，片面地使用讲授法；另一方面，因为教师注重学生练习中的配合和互动，所以经常采取探究的课堂教学，这无疑为课堂提供了清新的环境。但有些教师却片面追求教学研讨这一活动，对研讨的目的、时间和内容没有加以精心的设计与指导。例如只要是问题，不管难易，或者一些根本没有探讨意义的小问题都要进行讨论；而讨论时间却往往不能保证，有时问题还没有到探讨的阶段，小组讨论就在老师的要求下结束了等。每一种教学方式都有其优点所在，但也有相应的局限性。例如讲授法对于认知目标的实现非常有益，但却很难落实能力目标与情感、态度和价值观目标。所以在课堂上，教师应将各种教学方法有机结合起来，并且要保证教学方法的正确使用，从而顺利完成教学目标。

(4) 课堂的教学环境不利于渗透情感、态度和价值观

课堂教学氛围是课堂教学工作赖以开展的基础环境之一。课堂教学环境又可以分为课堂心理环境和课堂物理环境，而在课堂心理环境中最重要的就是师生和睦交融的关系。新一轮的课改实行以来，在"以人为本"的教育理念的强力冲击下，师生关系朝着民主化的方向前行了一大步。但由于"师道尊严"的教育思想深入人心，特别是由于教师的身心、智慧、知识和社会身份等诸方面的特殊性，师生仍然有着自身的不平等性。再者，由于教师们长期以来的教学观念导致与学生之间的交往是一个单渠道的授受联系，而在教

育上也是"我讲你听"的专制型人际关系，教师在课堂教学中并未向学生提供表达感受的机会，也并未与学生进行交流来达成了解，致使学生在上课时不敢畅所欲言，不敢表达自己的观点。学生唯有"亲其师"才会"信其道"，但在这样的教学氛围中，是很难融入情感、态度和价值观的。因此，构建基于相互尊重，彰显发展精神的文明、平等、和睦、交融的新型师生关系，还需要我们不断努力。

(5) 课堂教学评价不利于"情感、态度与价值观"目标的落实

在教学中，我们最关心的是教师的评价。学生在学习上的每一个进展，如果受到了教师的激励、肯定，学习的动力也往往会成倍地提高。所以在课堂教学中，教师们应该尽力地从多种视角去考察学生的综合能力与素养，特别重视对学生在知识与技能、过程与方法以及个人情感、态度和价值观等方面的成绩，作出恰当而且具有启发性的评估，以帮助学生不断提高、发展。

透视今天的课堂就可看到：老师的评论大都很笼统、过分流于表现形式，而且评论基本上以赞扬、鼓励居多，表现形式单调。例如"解答得很好""请坐，谁再来解答补充一点""解答得很有创造性"之类。在"师道尊严"的影响下，课堂教学评价过分强调评价信号的单向传播，课堂教学评价的主体比较单纯，而忽视了评估的多向互动性，教师们过分注重学生对知识的掌握，而疏忽了对中小学生情感、态度和价值观的指导。

2. "情感、态度与价值观"目标上出现问题的原因

(1) 教师对"情感、态度与价值观"目标的认识有偏颇

随着新一轮的课改步入了普及与反思的新时期，多数任课教师都对在此次新课改中所提到的"情感、态度与价值观"均有了一定的理解，但这些理解仍有一定偏差。学生将"情感、态度与价值观"目标看作是为顺利实现学习与技能任务的一个过程，却不能从根本上意识到在语文课中将"情感、态度与价值观"目标成为自己的任务的必要性，正是这样具有偏颇的理解导致了"情感、态度与价值观"目标中的关键作用被明显弱化，从而不利于课堂学习的高效开展。

(2) 教师落实"情感、态度与价值观"目标的主动性不足

相比于三维目标中的另外两个教育目标来说，"情感、态度与价值观"教育目标则是一个内隐的生成性教育目标，它更加强调人的非理性因素的养成。所以，在现实的教育中，相比于知识、技能教育目标，"情感、态度与价值

观"教育目标的达成要更复杂。而且，在中国传统的教育理念的影响下，老师们认为课堂任务就是将知识点传授给学生，而课程标准要什么老师就讲什么，而在这种定势思想的影响下，部分老师也不愿意"跨越雷池半步"。故而教师在实际课堂教学过程中，自然而然地也就十分强调知识点目标的实现，而忽略了存在范围内隐性的情感、态度与价值观目标。

（3）教师教学中实现"情感、态度与价值观"目标的能力有限

经过对一些教师的访谈后发现，虽然教师们对"情感、态度与价值观"目标中的关键地位都非常认同，但是在教学中却发现力不从心，不清楚通过哪些具体的操作策略可以切实而有效地实现"情感、态度与价值观"目标。教师也是教育活动的主要参与者，但教师自己的能力如何直接影响课程目标的实现。尽管在新课改全面实施之后，地方政府与教师教育主管部门都提出了相应的教师训练计划，但培养的对象主要是理论知识层次的教育内容，而缺乏教师在课堂中具体实现"情感、态度与价值观"目标的实际指导。

（4）升学压力是造成难以落实"情感、态度与价值观"目标的主要因素

就目前情况来说，高考仍然是选拔人才最有效的机制，通过考试也能够考出知识和能力，但考不出学生的真正情感、态度和价值观，如许多人知道如何答题拿分数，但就认为上述知识都是虚假的。但是否考上了本科，上什么样的大学对他们来说作用还是很大的。也因此，广大老师、父母、校方最关注的并非学生情感、态度和价值观上的改变和成长，而是学生高考的实际成绩如何，"升学率高的学校才是好学校，能教出好分数的老师才是好老师"，这种思想对教师的行动起了指导作用，因此受高考指挥棒的制约，教师在实际课堂教学中只能单纯地注重学习目标的实现，而忽略情感、道德和人生观理想的正确贯彻。

三、完成"情感、态度与价值观"教育的有效策略：移情换位

1. 实现"情感、态度与价值观"目标的关键：执行有效教学策略

加涅是美国当代知名的教育心理学家，被誉为"学习和操作研究领域"和"学习分类和促进学习手段方面"的权威。他运用教育心理学原理，结合教学实践对知识的获取、人们的活动、教学任务、课程和教育程序设计方法等教学理论与学习现象进行了广泛的探讨，从而充分说明了人的各种知识和

教学法之间的内在联系。有效教学策略理论也是加涅的有效教育论思想中的主要部分。

教育是一项活动，是将老师的"教"和学生的"学"相结合的教育实践的总和。有效教学就是指教师按照学校活动的客观规律，完成一定的教育目标，以符合社会和个人的教学价值要求。

现代的教育要求人们重视教育的终极效用，教育必须面对全体学生，促进每一位学习者的全面发展，所以教育一定要能够适应时代对教育的需要，实现个体对社会的利益最大化，达到效果的最优化。有效教育理论必须随着社会的需要而完善，关键要做到教育的社会化与人性化。语文课程的教育终极效用必须是丰富而全面的，必须使学生的知识获得提高，体现在学习者的思维能力要经过知识来获得提高，培育学生创新的意识、提高学习者掌握知识的途径和技巧、培育学习者的自我意识与终身学习的意识等。语言教育也应重视每个学生健全的心灵成长过程，让他们在身心健康方面，德智体美发展方面，以及在合理的思维与情感态度和人生观方面和对周围环境的适应性方面，都有均衡的发展。

教学的核心价值就是培育健康的人性，也就是以文化培养人的主体精神，以训练人的自主生活、自我创作能力。德国杰出的教育心理学家奥苏贝尔曾这样指出，实现学习意义的两个内在要求，第一条就是学习者必须具有与学习教材相适应的认知结构；而第二条是指学习者要具备掌握学习材料的心向。前者涉及的是知识的可接受度问题，而后者则涉及的是知识的乐于接收问题，即学习者乐于掌握和接收。所以，在现代新课程观的背景下，意义教育不但应当关注知识的可接受度问题，更应当关注知识的乐于接收性问题，千万不能再重复在传统教育背景下的"牛不喝水强按头"的尴尬。所以，知识的可接受性与对知识的快乐接受性是实现对情感因素高效教育的关键。

2. 实施高效教育的重要观念："移情换位"

在实际生活中，我们为增进人际关系中的相互了解与理解，往往会让自己或别人站在对方的视角上去观察与思考问题，这便是通常所谓的"移情换位"。"移情"，是指把自我投射到他人的心理活动中去，感受他人的情感；"换位"，是指把自我放到别人的立场，作出有关他人利益的考虑。在课堂教学中，尤其是在贯穿着思维与情感要素的课堂活动中，教师之间往往通过移情换位的行为方式，对课堂教学结果发挥积极的影响。

教育并非指单纯的"知识移植"或"知识灌溉"的行为,是指知识的主体与教学的主体之间相互作用的行为。这样就要求教师必须根据一定的教学目标、课程和教学计划,来安排、指导学生预习、听讲、实验、复习课程,以便帮助学生了解基础知识,训练他们的技能、培养他们能力。教师必须永远把学生作为真正的教学主体,才能真正有效地完成教育任务。

3. "移情换位"策略实现的有效途径

(1) 移情换位,教师做好备课准备

教师的同理心换位,首先体现在备课的时候,教师必须顾及学生的实际水平与接受水平。因为如果无视学生的接受水平,教师即使口若悬河也无法达到理想的效果;教师洋洋洒洒自我陶醉说得太深,学生不仅听不懂或者跟不上教学的步伐,还会挫伤他们学习的主动性;而教师说得过淡,学生会兴味索然无精打采,一个真正的教师必须随时按照学生的实际需要和水平改变自己的教学内容和方式,以做到恰当地掌握课程的深度,在教材内容偏深的地方教师应讲得深入浅出,偏浅的地方教材内容则要进行拓展深化,不管采用怎样的新教材,都必须努力做到能让学生学得津津有味。

(2) 教师教学中应做好移情换位

在教学中对不同的学生区别对待、因材施教也是教师移情换位的表现之一。中国古代最有名的教育家孔子曾讲过:"中人以上,可以语上也;中人以下,不可以语上也。"这是说在执教时,应因人而异,分别看待不同的学生,千万不能千篇一律。每一个学生都有他的闪亮点,都有他的特长和才能,老师要懂得当伯乐,善于发现人才,要找出不同才能的千里马,而且要在教学活动中对基本情况好的学生给出较高标准,予以引导,使他们各领域才能脱颖而出;而针对基础较差的学生,教师更应当给予多的关注与协助,必要时开点"小灶",让这部分学生及时赶上。简而论之便是"抓两头,带中心",这是因材施教的一个有效原则。教师也应当在教学内容和方法上多加琢磨,考虑上课时怎样使基础好的学生"吃得饱",基础差的学生"吃得了",这就需要每一个老师都具有赤诚的关爱学生之心。

(3) 发挥移情换位作用,引导学生积极参与课堂教学

课程标准要求课堂以学生为中心,由教师适当引导,让学生积极参与到课堂中,使教师的讲与学互相融合、统一。高中学生具有旺盛的求知欲和表现欲,想要提出自己的见解,展现自己的个性,并希望得到教师、同学们的

充分肯定，这正是高中生希望受到关注的心理特点所决定的。可是如果遭到教师否决，甚至被打断、被嘲讽，高中生敏感的心灵就会产生消极的心理阴影，这将对今后参与课堂和建立正常的"情感、态度与价值观"产生不良的影响。在课堂中，教师要引导学生提出不一样的观点，站在学生角度，充分肯定每个学生的信心，尤其不能对学生所回答的提问作出粗鲁的否决。哪怕里面存有不合理成分，教师也应该注意其中蕴含着创新思想的火花，从而激励学生的课堂参与精神。

（4）移情换位——以学生为主体的"尝试教学"

教育心理学告诫教育者，培养学生学习主动性的秘诀之一便是使他们在学习活动中感受到获得成功的喜悦。教师可根据高中生对未知世界的强烈探索愿望，可在教学上给予他们适当的自主知识与空间，勇于放手。教师可以根据某一课题，让学生充分读书和思索，在此基础上让他们彼此相互探讨，从而大胆地表达自己的观点，接着教师再加以指导。这样完全尊重他们的积极性，使他们经过自身的努力和思索，对所得到的认识结果会感受特别深刻，而在以后的教学活动中，学生也会显示出更高的认识积极性。教师要敢于尝试放手给学生，相信他们的努力，相信他们在探索学习的实际活动中，能展现出令老师惊叹的水平。而教师的恰当指导，更可以养成学生良好的思考方式，而他们在独立探索问题的实践中所养成的良好习惯、意识和思考方法将让他们一生受用无穷。

教师可以尝试把史料运用到课堂教学上，让学生自由地展开询问、质疑，教师则从旁穿针引线、及时评点，提高了解问题的深度与广度，掌控好问题处理的过程，使学生在质疑中求知，提高对课堂教学主要知识点的掌握。在实践教学中老师也应注意：

①点评要多引导。在与学生的交流方面，《普通高中语文课程标准》（2017年版2020年修订）指出要注重帮助和指导。学生的人生观、价值观和世界观都尚未彻底形成，在分析判断方面还有不足，在点评的同时不但要指导他们正确的语言表达和严谨的逻辑思维，同时更要指导他们形成正确的人生观以及怎样为人处世。

②点评时要多赞赏。在处理师生关系问题上，《普通高中语文课程标准》（2017年版2020年修订）强调尊重和欣赏。通过研究学生的心理特征表明，学生对教师的肯定和赏识格外的渴望。教师无论一个眼睛的肯定还是口头的

表扬，都能使学生的自豪感和成就感得以实现，学生也会有更大的兴趣和动机去学习，尊重和了解不但有助于问题的处理，也能让学生在轻松愉快的学习气氛中，完成学习任务。

③点评时要简明。学生处于根据资料进行问题研究与回答的学习过程中，教师是课堂的主要掌握者。教师点评时要起着起承转合的作用，对学生的行为作出简明扼要的评价，而不能长篇大论。

(5) 教师传授知识应从长远出发，做到移情换位

教师的移情换位，还体现在从学生的长远利益着眼，注意培养他们运用历史的思维能力思考问题，在讲授专业知识的同时训练他们的意识。授人以鱼和授人以渔二者相比较而言，教育学生怎样学习才可以彻底解决学习的困难。教师讲授内容虽然重要，但如果能训练学生自己掌握学习的技能，则更胜一筹。对学习者的认知累积来说，授人以鱼的教育导致相加累积，而授人以渔的教育则导致相乘累积，显然后者的学习效果优于前者。《礼记》指出："君子之教喻也，道而弗牵，强而弗抑，开而弗达。"这"道""强""开"的意思是"诱导""勉励"和"启迪"，也就是我们现在所说的启发式教学。而"牵""抑""达"则意为"牵着学""推着学"以及"代替学生对问题做出结论"，这都是由于教师对学生们的学习过多的包办代替。一位富有爱心的老师应该选前者而弃后者，用自身的教学之道去教育学生，将开启人类教育知识宝库的"金钥匙"带给学生，让学生独自去探究大自然与生命之间的奥妙。我们教师也都是从学生中走过来的，我们也需要以自身的专业知识与经历来指导启迪他们，有的教师为学生开列了书单，引导他们如何进行课外阅读，怎样扩大视野，怎样利用工具书、参考书等，怎样在阅读的同时完成进一步的学习研究；还有的老师引导学生进行课外的各类讲演、答辩、朗诵等活动，并不厌其烦地进行指导。这都是教师爱心的体现，也都是教师站在学生角度，从长期发展考虑，枳极培育学生才能的体现。

(6) 保持平等和谐的师生关系，实现移情换位

良好的师生关系也会为学生提供良好的学习心情与氛围。在课堂上，教师必须注意自身的言谈举止、教学方式，以提高自身的专业能力与素养，学生由此也会有意识或无意识地、公开或不公开地对老师们进行评论，他们甚至也会将对教师们的好恶扩展到对老师所授的课程上。而一旦他们对老师失去了好感或不感兴趣时，对他们的教学成果自然也会置若罔闻。所以在课堂

内外的教育中，教师必须发自内心地尊敬与关注每位学生，而不会由于他们的成绩、家世背景、年龄、人格上的不同，而对他们有亲疏的偏颇。教师对待学生一视同仁，要给他们均等的时间和机会，也一定要注意多给那些不自信的学生表现的时间，并给其适当引导，以此提高每一个学生的自信。

教师不能只关心学习成绩较好的学生，因为如果这样就会使其他学生觉得遭到了老师的冷落，毕竟每一个学生都渴望被重视、被关注。由于中学生的心智特点和年龄特征，教师在学生心目中有着很重要的地位，而教师的一举一动也都引起了学生的重视。身为老师，就更有必要用心尊重每一个学生；当然过犹不及，后进生中的部分学生或许是由于各种因素而导致了他们学习成绩不太好，但是如果老师过多关心后进生，就会使部分后进生产生不适，无形间还可能会加大他们的学业压力或导致学业心态的紧张。这就要求老师要尽可能地多认识学生，并对学生的心理特征与心理需要进行更深入的认识，并努力牢记学生的名字，使学生感到自己与众不同，而老师对学生的期待和关注，会使学生对老师形成热爱之情，进而渴望得到老师更多的关心。在这样积极心态与环境的带动下，学生会对学习产生浓厚的兴趣，也会通过自主学习获取专业知识。而学生在这个良性成长的过程中，还将继续学习并进一步探索知识的意义，这对于他们终身学习意识的养成是十分有益的。我们回顾自己的学生时期，都会和眼前的学生有着相似的长处与不足。所以，任何一个教师在教育活动中，都需要时常"换位思考"，站在学生的视角去思考问题，反思自身的教学行为，怎样和学生交流。愿意将自身教育置于学生视角中的教师，除了会获得学生的喜爱以外，也是教师提升教育水准和教育质量的有效渠道。

参考文献

[1] 中华人民共和国教育部. 普通高中语文课程标准（2017年版）[S]. 北京：人民教育出版社，2018.

[2] 赵婀娜，赵亭玉.《中国学生发展核心素养》发布[N]. 人民日报，2016-09-14.

[3] 余文森. 从三维目标走向核心素养[J]. 华东师范大学学报（教育科学版），2016，34（01）.

[4] 中华人民共和国教育部. 关于全面深化课程改革落实立德树人根本任务的意见.

[5] 李学. 搭建语文课程理论与实践的桥梁——评李山林教授《语文课程研究》[J]. 当代教育论坛. 2008（04）.

[6] 王荣生. 语文科课程论基础[M]. 上海：上海教育出版社，2003.

[7] 王荣生. 新课标与"语文教学内容"[M]. 南宁：广西教育出版社，2004.

[8] 倪文锦，谢锡金. 新编语文课程与教学论[M]. 上海：华东师范大学出版社，2006.

[9] 李山林. 语文知识与语文活动关系之探讨[J]. 湖南教育，2006（08）.

[10] 课程教材研究所. 20世纪中国中小学课程标准·教学大纲汇编·语文卷[C]. 北京：人民教育出版社，2001.

[11] 乌兰哈斯. 关于语文课程内容的不确定性的思考[J]. 语文学刊，2009（03）.

[12] 王石番. 传播内容分析法：理论和实证[M]. 台北：幼狮文化事业

公司，1989.

［13］王焕乔，桂英. 语言建构与运用视角下的阅读策略教学［J］. 吕梁学院学报，2019（04）.

［14］魏志军."语言建构与运用"在语文教学中实施的策略［J］. 学语文，2018（03）.

［15］徐云知. 语感和语感教学［M］. 北京：高等教育出版社，2004.

［16］官炳才."语言建构与运用"的教学实施策略［J］. 中小学教师培训，2017（07）.

［17］王宁，巢宗祺. 普通高中语文课程标准（2017年版）解读［M］. 北京：高等教育出版社，2018.

［18］杨蚯鹏. 语言建构与运用在高中语文教学中的内涵浅析［J］. 语文教学通讯，2019（10）.

［19］郑桂华. 关于"语言建构与运用"理解的两个问题［J］. 语文学习，2019（11）.

［20］王宁. 谈谈语言建构与运用［J］. 语文学习，2018（01）.

［21］杨帆."语言建构与运用"在课堂教学的实践路径［J］. 语文建设，2018（12）.

［22］倪佳敏. 从"语言建构与运用"管窥语文教育的规律［J］. 东南传播，2018（10）.

［23］王宁. 语文教学与提高语言运用能力［J］. 中学语文教学，2005（08）.

［24］时健红. 浅谈核心素养视角下语言建构与运用能力的培养策略［J］. 科学大众（科学教育），2019（07）.

［25］曹蕾."语言建构与运用"的理论理解与实践反思——兼对高中语文阅读教学的思考［J］. 语文教学通讯，2019（06）.

［26］贡如云，冯为民. 高中语文核心素养的实质内涵及培育路径［J］. 教育理论与实践，2017，37（05）.

［27］王帅. 国外高阶思维及其教学方式［J］. 上海教育科研，2011（09）.

［28］杜卫. 关于"文学审美论"问题［J］. 学习与探索，1999（04）.

［29］于漪. 弘扬人文改革弊端——关于语文教育性质观的反思［J］. 语文学习，1995（06）.

[30] 吴颖婷. 王国维的教育思想对中学语文教学的启示［D］. 南京：南京师范大学，2018.

[31] 蔡元培. 蔡元培美学文选［M］. 北京：北京大学出版社，1983.

[32] 夏征农主编. 辞海（第六版）［M］. 上海：上海辞书出版社，2009.

[33] 姚兰. 高中语文选修课"语言文字应用"学业评价内容框架建构研究［D］. 重庆：重庆师范大学，2012.

[34] 李吉林. 情境教学的诗篇［M］. 北京：高等教育出版社，2004.

[35] 史大明主编. 语文教学案例选评［M］. 北京：学苑出版社，2007.

[36] 倪文锦，欧阳汝颖主编. 语文教育展望［M］. 上海：华东师范大学出版社，2002.

[37] 裴新宇，刘新阳. 为21世纪重建教育——欧盟"核心素养"框架的确立［J］. 全球教育展望，2013（12）.

[38] 张义兵. 美国的"21世纪技能"内涵解读——兼析对我国基础教育改革的启示［J］. 比较教育研究，2012（05）.

[39] 中华人民共和国教育部. 国家中长期教育改革和发展规划纲要（2010—2020年）.

[40] 彭寿清，张增田. 从学科知识到核心素养：教科书编写理念的时代转换［J］. 教育研究，2016（12）.

[41] 丁帆，杨九俊主编. 语言规范与创新［M］. 南京：江苏教育出版社，2008.

[42] 夸美纽斯. 大教学论［M］. 北京：教育科学出版社，2014.

[43] 程红兵. 围绕核心素养，探究面向未来的课程结构变革［J］. 课程·教材·教法，2017（01）.

[44] 中国社会科学院语言研究所词典室. 现代汉语词典（第5版）［Z］. 北京：商务印书馆，2005.

[45] 邵敬敏. 现代汉语通论［M］. 上海：上海教育出版社，2001.

[46] 黄伯荣，廖序东. 现代汉语（增订五版）下册［M］. 北京：高等教育出版社，2011.

[47] 周一民. 现代汉语［M］. 北京：北京师范大学出版社，2006.

[48] 胡裕树. 现代汉语（增订本）［M］. 上海：上海教育出版社，1981.

[49] 高更生. 论教学语法的学术性［J］. 东方论坛：青岛大学学报，

2002（01）．

　　[50] 张志公．谈谈教学语法——庄文中《中学教学语法新编》序[J]．语文教学通讯，1984（09）．

　　[51] 王荣生．完整地理解"语文知识"的问题[J]．中学语文教学，2007（10）．

　　[52] 胡明扬．中学语法教学刍议[J]．语文建设，1995（04）．

　　[53] 侯婵．高中语文语法教学研究[D]．桂林：广西师范大学，2017．

　　[54] 石鸥．核心素养的课程与教学价值[J]．华东师范大学学报（教育科学版），2016（01）．

　　[55] 张华．核心素养与我国基础教育课程改革"再出发"[J]．华东师范大学学报（教育科学版），2016（01）．

　　[56] 张娜．联合国教科文组织的核心素养研究及其启示[J]．教育导刊，2015（07）．

　　[57] 钟启泉．核心素养的"核心"在哪里[N]．中国教育报，2015-4-1．

　　[58] 陈树发，邹长生，郑勇军，万成．教育心理学[M]．北京：高等教育出版社，2011．

　　[59] 王宁．古代汉语[M]．北京：北京师范大学出版社，2009．

　　[60] 吕叔湘，丁声树．现代汉语词典[M]．北京：商务印书馆，2012．

　　[61] 朱正．文言入门[M]．长沙：岳麓书社，2008．

　　[62] 黄厚江．文言文该怎样教[J]．语文学习，2006（06）．

　　[63] 张先亮．教学语法应用研究[M]．北京：中国社会科学出版社，2006．

　　[64] 张中行．文言津逮[M]．北京：中华书局，2007．

　　[65] 中共中央马克思恩格斯列宁斯大林著作编译局．列宁全集[M]．北京：人民出版社，1986．

　　[66] 高伟毅，刘淼．一线考察：语文优质课例篇[M]．济南：山东教育出版社，2008．

　　[67] 徐林祥．从"文选"到"单元"，再到"专题"——苏教版高中语文教科书编制的新探索[J]．中学语文教学参考，2008（9）．

　　[68] 盖伊·多伊彻．话境[M]．北京：清华大学出版社，2014．

　　[69] 人民教育出版社等编著．普通高中课程标准实验教科书必修二

[M]．北京：人民教育出版社，2007．

[70] 叶圣陶．中国教育科学研究院编．叶圣陶语文教育论集［M］．北京：教育科学出版社，2014．

[71] 滕守尧．审美心理描述［M］．中国社会科学出版社，1985（04）．

[72]（清）阮元校刻．十三经注疏·论语注疏·为政［M］．北京：中华书局，1980．

[73] 陈戍国点校．四书五经（上）［M］．长沙：岳麓书社，1991．

[74] 董蓓菲．语文学习心理学［M］．北京：北京大学出版社，2015．

[75] 张天定．写作心理学［M］．郑州：河南大学出版社，1999．

[76] 易晓明，杜丽姣．当前我国国民审美素养现状、影响因素及教育建议［J］．美育学刊，2013（11）．

[77] 怀特海．教育的目的［M］．北京：三联书店，2002．

[78] 杨伯峻译注．论语译注［M］．北京：中华书局，2010．

[79] 核心素养课题组．中国学生发展核心素养［J］．中国教育学刊，2006（10）．

[80] 于漪．语文教学应以语言和思维训练为核心［J］．课程·教材·教法，1994（06）．

[81] 彭小明．语文素养论［J］．兰州学刊，2004（06）．

[82] 辛涛，姜宇，王烨辉．基于学生核心素养的课程体系建构［J］．北京师范大学学报，2014（01）．

[83] 褚宏启．核心素养的概念与本质［J］．华东师范大学学报（教育科学版），2016（01）．

[84] 左延慧．基于语文核心素养建构高中文言文教学高效课堂［J］．贵州师范学院学报，2017（01）．

[85] 王万青，基于核心素养谈语文学科培养目标［J］．语文建设，2017（03）．

[86] 凌宗伟．论核心素养与批判性思维［J］．创新人才教育，2016（04）．

[87] 陈佑清．"核心素养"研究：新意及意义何在？［J］．课程·教材·教法，2016（12）．

[88] 邓文娟，杨向奎．文本互涉理论在高中语文阅读教学中的应用［J］．教学与管理，2019（15）．

[89] 徐妍."文化传承与理解"在高三学段的探索与实践［J］.文学教育（上），2017（10）.

[90] 蔡明，王立英，张聪慧.语文课程教学设计与实施［M］.北京：高等教育出版社，2008.

[91] 车文博.心理咨询人百科全［M］.杭州：浙江科学技术出版社，2001.

[92] 刘晶晶.语文学科核心素养：内涵及构成［J］.教育探索，2016（11）.

[93] 杨若男.语文核心素养研究［D］.河北师范大学，2016.

[94] 王书军.浅析高中语文课堂教学设计与教学手段的运用［J］.中国校外教育，2009（08）.

[95] 徐英俊.教学设计［M］.北京：教育科学出版社，2001.

[96] 全国十二所重点师范大学联合编写.教育学基础［M］.北京：教育科学出版社，2007.

[97] 路海东.教育心理学［M］.长春：东北师范大学出版社，2002.

[98] 加涅著.皮连生译.教学设计原理［M］.上海：华东师范大学出版社，1999.

[99] 陈琦，刘儒德.当代教育心理学［M］.北京：北京师范大学出版社，2007.

[100] 皮连生.智育心理学［M］.北京：人民教育出版社，1996.

[101] 叶圣陶，夏丏尊.阅读与写作［M］.开明书局，1948.

[102] 刘永康.西方方法论与现代中国语文教育改革［M］.北京：人民出版社，2007.

[103] 张汉林.谁的"过程与方法"——三论"过程与方法"教学目标［J］.历史教学（中学版），2007（07）.

[104] 史秀玲，齐兆生."三维目标"与语文课堂教学［J］.学科教学探索，2006（12）.

后　记

关于学科核心素养和高中语文教育问题的研究，我们首先要明确学科核心素养的涵义，再理解语文核心素养的定义。核心素养是指在学生接受专门或不同学段的某门专业的基础教育过程中，逐步养成的适应个人未来发展与社会发展需要的、具备某门专业特色的必要品质与重要才能。学科核心素养和总体核心素养之间是部分和总体、个性和共性的关系，各个领域核心素养的相互结合构成了学生必备核心素养，同时各个领域核心素养又为学生核心素养的培育创造了一种平台。

其次，我们必须知道语文核心素养是一门课程的核心素养，是整体核心素养在语文课程中的具体化。它是指在学习者接受某个学段的语文教学过程中，逐步实现的可以适应未来发展与社会发展需要的具有语文课程特色的必要品质和重要能力，体现了语文课程的价值。它的研究力求发现语文核心素养发展的历史源头与社会实际需求，研究语文核心素养的形成要素与构成体系，并在此基础上研究语文核心素养在高中语文教育中的具体实现过程，即从是什么、为什么到怎么办的体系研究。语文核心素养研究的结果提出，要适应国际教育发展的新趋势，适应中国教育改革的新需要。

第三，随着经济全球化的发展，各个国家在教育领域方面的交流也在逐渐增加。对于核心素养的研究不单单只是我们国家，全世界各国都在对这一问题进行探讨。培育中小学生的核心素养已成为当前全球各国与地方政府制定教学战略、研究教学思想、探讨教学实际的重大课题。而中国也把握了教育的这一契机，2014年4月，教育部印发了《教育部关于全面深化课程改革落实立德树人根本任务的意见》，首先明确提出中小学生核心素养，同时明确提出把研究和建立"培养学生发展中心能力机制"成为推进中国课改深入开展的关键。2016 年 9 月在我国中小学生全面发展核心素养成果发布会上,披露了当前中国学生的基本素养教育总体架构,共分为六个基本素养阶段,即人文底蕴、科技精神、学会阅读、健康人生、使命担当、实践创造。核心素养研究已经变成教育界关心与讨论的焦点,语文教学核心素养培育也因此揭开了序幕。与此同时,语文核心素养的研究也适应了当前基础教育改革的新需要。核心素养从人的全面发展和满足社会需求入手,解决的是"培养什么样的人"这一教育目标上的根本问题。具体到教学改革上,教育部要求在各学科中确立各学段的学生全面发展核心素养指标,并根据各学科的本质特点,来确定各学科的核心素养。课程的核心素养教学与核心素养训练是部分与总体、个性与共性、具体与抽象之间的相互关系,课程核心素养教学为核心素养的训练创造了途径,课程教学也为核心素养的训练创造了阵地。语文学科的教育价值主要在于它对中小学生核心素养上的特殊贡献,通过研究语文核心素养,就可以充分发挥语文学科在学生核心素养生成与发展上的重要功能。现行高中语文课标的最主要特点,正是关于高中语文学科的核心素养。研究高中的语文知识框架涉及语文建构与应用、创新开发与提高、美学欣赏与创作、文学传播与表达。语文教学是母语课程,母语对于任何一个民族和地区而言都是非常关键的,特别在经济信息化的现今,越来越凸显它的重要性。人类正在呼唤着语文素养更高层次的蓬勃发展,这将意味着教学的理想、语文学习课堂的有效性、语文课评价的科学性,并期待学习者们可以拥有符合社会需求和个人发展的语文教育。以学生核心素养为中心的教学变革,以及教学理念创新、教学方法改革、评估方法改革,会让高中语文课程教育获得崭新的发展机会。这都有待我们以史为鉴,总结世界各国母语核心素养教学的成功经验,并把语文教学放在整个课程体系中重新进行审视,从而展开更全面、更系统、更深刻的语文核心素养探究。

最后,语文核心素养研究的重难点就是对语文核心素养内容构成体系的研究,在对语文核心素养内容展开系统分析研究的基础上,确定语文核心素养的判断基础、形成路径,以及表达方法。通过识别确定语文核心素养体系的组成要素,并给予各要素科学合理的描述与解释,形成语文核心素养架构,从而解析各组成要素相互之间的关联,最后可以发现语文核心素养构成体系的基本特点,对重难点的突破即对语言内涵建构体系进行重新描绘。同时,语言核心能力需要与语言实践活动相结合，才能够达到相应的教学效果。因此语言核心能力也有着更深厚的内涵，语言核心能力要反映语文教育的基本特性，是知识、技能、心态三种层面的综合体现，而终极表现形式则是语文能力和品德。在阐述语文基本素养形成路径的基础上，本书甄别了语文基本素养的构成元素，包括语文应用、文化审美与文化欣赏。其中语文运用是基础，文化审美与文化欣赏则是两翼，不同元素间具有相互促进、相辅相成的联系，从而形成了整个语文知识的构成体系。本书对这一语言结构体系的特点加以分析，并提出语文核心素养是学习者的共同素养，可以进行阶段分类，并且在课堂教学中加以细化。

　　本书结合中学语文课程的特点，对基于核心能力概念下的词语写作课程、阅读、作文教育和课堂互动展开深入分析，同时就一些课堂教学给出具体的方法与措施。期待本书对一线语文老师进一步了解并更好掌握语文核心素养，并且对语文课堂中培养学生的语文核心素养有所启迪，让语文老师真正掌握理论、了解政策，在思想本身有所发展与提高。当然，由于自身水平限制，本文中介绍的某些思想与观点不可避免地存在着某些缺陷，期待同行和读者可以对本书中出现的不足之处提出高见，多加纠正，使我们的语文教育进一步优化！